Soraya KOMPANY
Architecte-urbaniste

Préface de Patrick GOHET
Délégué interministériel aux personnes han

Accessibilité pour tous : la nouvelle réglementation

Analyse des textes réglementaires issus de la loi du 11 février 2005 relative aux personnes handicapées et à leur accessibilité

ÉDITIONS DU PUITS FLEURI
77850 HÉRICY - FRANCE

Crédits photos couverture

Photo n° 1 : Blind woman and seeing eye dog crossing street
Photographe : Altrendo images. Collection : Altrendo.
Image n° 75019848 sur www.gettyimages.com

Photo n° 2 : Handicap access
Photographe : Hadi Djunaedi.
Image n° 407536 sur www.fotolia.com

Photo n° 3 : La vieille dame
Photographe : Pierre-Jean G.
Image n° 3948809 sur www.fotolia.com

Pictogrammes : tous droits réservés

Editeur : Emile Guchet

ISBN 978-2-86739-360-0
ISSN 1955-284X

Sommaire

Préface

L'accessibilité, source de progrès et critère d'excellence

Dans notre société, il est des personnes qui rencontrent des difficultés pour se déplacer, pour communiquer, pour conceptualiser, pour conduire leur propre vie... Les obstacles à leur autonomie et à leur insertion résultent, tout à la fois, de déficiences personnelles d'ordre moteur, mental, auditif, visuel, psychique, cognitif..., mais aussi de l'inadaptation de l'environnement sous tous ses aspects.

Les personnes, jeunes et moins jeunes, qui connaissent ces difficultés sont dites handicapées.

Au fil du temps, pour répondre à leurs demandes et à leurs besoins, s'est construite ce qui constitue aujourd'hui une véritable politique du handicap.

Cette dernière repose sur trois notions essentielles. Au début du XXe siècle, les blessés de la vie du fait de la révolution industrielle et de la Première Guerre Mondiale ont réclamé réparation des préjudices qu'ils subissaient.

Plus tard, les malades de la tuberculose et de la poliomyélite, mais aussi les parents d'enfants qualifiés d'« inéducables », ont demandé à bénéficier de mesures de réadaptation. Il s'agissait, dans l'esprit du temps, de leur donner les moyens de rejoindre l'état et la situation de ce que la société considérait comme étant le citoyen moyen de référence.

Depuis quelques années, les personnes handicapées, et les parents pour leurs enfants handicapés, attendent que leurs déficiences fassent l'objet de la compensation qui leur permet de mener une vie plus autonome et mieux insérée.

La réparation, la réadaptation et la compensation sont donc les trois éléments majeurs sur lesquels repose la politique du handicap. Cette dernière s'est traduite par l'adoption de trois grandes lois : celle du 30 juin 1975 dite d'orientation en faveur des personnes handicapées, celle du 10 juillet 1987 relative à leur insertion professionnelle et celle du 11 février 2005 pour l'égalité des droits et des chances, la participation et la citoyenneté des personnes handicapées. Cette dernière constitue une profonde rénovation.

En premier lieu, la nouvelle législation reconnaît bien les deux causes qui sont à l'origine de la production du handicap : les incapacités dont une personne peut être porteuse et le caractère inadapté de la Cité. Logique, elle répond à ces deux facteurs générant le handicap, par la compensation pour le premier et par l'accessibilité pour le second.

La compensation prend la forme des aides humaines, techniques, animalières qui correspondent à l'état physique de la personne handicapée. L'accessibilité est faite pour que, munie des moyens de compensation qui lui conviennent, la personne en situation de handicap puisse pratiquer la Cité dans toutes ses activités.

La loi va plus loin : elle repense le concept d'accessibilité. Pour ce faire, elle confirme qu'il s'applique, domaines dans lesquels beaucoup d'avancées restent à accomplir, au cadre bâti et aux transports. Elle ajoute qu'il concerne également l'éducation, l'emploi, l'activité sociale, la vie citoyenne, la culture...

Ce n'est pas tout, si l'accessibilité est d'ordre physique, elle est dorénavant considérée comme étant également intellectuelle. En effet, il s'agit de rendre la Cité accessible, tant pour les personnes qui connaissent des limites dans leur mobilité que pour celles qui rencontrent des difficultés quant à leur repérage dans l'espace et dans le temps.

Enfin, la loi du 11 février 2005 comporte des dispositions qui garantissent l'effectivité de sa mise en œuvre. A titre d'exemple, elle prévoit que tout ce qui accueille et transporte du public devra être rendu accessible en 2015 au plus tard.

Chacun l'aura compris, c'est d'une véritable révolution culturelle et institutionnelle dont il est question.

L'accessibilité est un domaine vaste et complexe qui repose sur des éléments techniques précis. Elle appelle donc une réglementation couvrant l'ensemble du sujet.

Par ailleurs, l'accessibilité requiert la mobilisation de très nombreux acteurs : les architectes, les professionnels de la construction, les spécialistes des nouvelles technologies... Pour être effective, elle suppose la mobilisation et l'implication de l'ensemble des responsables publics, en particulier les services de l'Etat et les collectivités territoriales, mais aussi celles des acteurs économiques, des entreprises, des milieux culturels... Pour être effective, elle rend nécessaire la sensibilisation de l'ensemble du corps social et la formation de tous les secteurs d'activités qui viennent d'être cités.

Une mention particulière doit être réservée aux élus communaux et départementaux. Ce sont eux, avec les administrations de l'Etat, qui devront réaliser les plus fortes avancées et fournir les plus gros efforts. Ce sera tout particulièrement vrai pour les municipalités et les Conseils généraux qui seront renouvelés en mars 2008. Ils devront réaliser ce qu'il est convenu d'appeler la chaîne de l'accessibilité.

En effet, à titre d'exemple, à quoi peut servir la mise en accessibilité des trottoirs si les véhicules de transport public ne sont pas munis des équipements matériels, sonores et visuels qui permettent aux usagers handicapés moteur, aveugles et sourds de les emprunter. Une autre illustration : le plan incliné qui dessert un lieu d'habitation, en quoi répond-il aux besoins du résident sourd qui a besoin d'une signalisation visuelle.

La réussite de la mise en accessibilité de notre Cité suppose donc, répétons-le, une sensibilisation et une formation à la hauteur de l'enjeu. Pour les réaliser, il est indispensable, dans un premier temps, de détenir un recueil exhaustif et simplifié de l'ensemble des dispositions législatives et réglementaires qui s'appliquent.

Telle est l'ambition de cet ouvrage. Réalisé par une architecte urbaniste chargée, notamment, de l'accessibilité, des aides techniques et des nouvelles technologies au sein de la Délégation Interministérielle aux Personnes Handicapées (DIPH), il relève ce défi. En effet, Soraya Kompany a participé, avec les administrations concernées et les associations représentatives, à l'ensemble des réflexions qui ont abouti à l'élaboration des textes, ce qui lui permet aujourd'hui d'en offrir au public concerné une présentation claire, précise et complète. Ce travail technique minutieux puise également sa force dans les convictions qui animent l'auteur. Son professionnalisme s'enrichit d'une approche humaine, pour ne pas dire humaniste.

Cet ouvrage constitue un outil indispensable pour toutes celles et tous ceux qui, à compter d'aujourd'hui, entendent rendre notre société accessible à nos concitoyens handicapés.

Ce livre contribuera à ce que, dorénavant, chaque fois que l'on construit ou que l'on réhabilite, la problématique de l'accessibilité ne soit pas oubliée, mais qu'au contraire elle soit prise en compte. Il contribuera ainsi à l'acquisition du « réflexe handicap », comme on peut avoir celui du respect de l'environnement, de la sécurité, de l'esthétique... Il aidera à ce que le handicap ne soit plus uniquement regardé comme une douloureuse réalité, ce qu'il est, mais aussi comme un « atout », tant il est vrai qu'en répondant aux besoins des personnes handicapées, c'est toujours du bien-être et du mieux-vivre que l'on apporte à l'ensemble de la société.

Je souhaite au lecteur qu'il trouve, dans cet ouvrage, les précisions qu'il attend et qu'ainsi il puisse ajouter du sens au mandat électif qu'il remplit ou au métier qu'il exerce.

Patrick GOHET
Délégué interministériel aux personnes handicapées

Introduction

Depuis le 1er janvier 2007, les maîtres d'œuvre, les maîtres d'ouvrage et tous ceux qui entreprennent des travaux dans le bâtiment, dans les transports collectifs et sur les espaces publics sont tenus de respecter les règles d'accessibilité. Ces règles, issues de la loi n° 2005-102 du 11 février 2005 « pour l'égalité des droits et des chances, la participation et la citoyenneté des personnes handicapées », instituent deux grandes catégories d'obligations qui fondent le principe d'accessibilité, ainsi énoncées :

1. « Les dispositions architecturales, les aménagements et équipements intérieurs et extérieurs des locaux d'habitation, qu'ils soient la propriété de personnes privées ou publiques, des établissements recevant du public, des installations ouvertes au public et des lieux de travail doivent être tels que ces locaux et installations soient accessibles à tous, et notamment aux personnes handicapées, quel que soit le type de handicap, notamment physique, sensoriel, cognitif, mental ou psychique. Ces dispositions ne sont pas obligatoires pour les propriétaires construisant ou améliorant un logement pour leur propre usage. »
2. « La chaîne du déplacement, qui comprend le cadre bâti, la voirie, les aménagements des espaces publics, les systèmes de transports et leur inter-modalité, est organisée pour permettre son accessibilité dans sa totalité aux personnes handicapées ou à mobilité réduite. Dans un délai de dix ans, à compter de la date de publication de la présente loi, les services de transports collectifs devront être accessibles aux personnes handicapées et à mobilité réduite. »

Ces dispositions, par les champs qu'elles couvrent, touchent des domaines très larges, comme les immeubles d'habitation, les bâtiments publics, les équipements, les transports, les espaces publics. La loi institue également, le principe de l'accès aux nouvelles technologies et aux moyens de communication et d'information, comme l'accès à l'internet ou à la téléphonie mobile. Elle réadapte l'environnement et améliore l'accessibilité des personnes handicapées, et plus généralement celle de l'ensemble de la population, dans l'objectif d'offrir à tous, une meilleure qualité d'usage des services et des équipements. Cette nouvelle organisation s'inscrit dans une politique générale basée sur le principe de non discrimination, et résulte de la volonté du législateur qui a permis de faire de l'accessibilité, non pas un simple objectif, comme cela a été le cas dans les textes précédents, mais une obligation, avec un calendrier de mise en œuvre et une échéance de réalisation fixée au 1er janvier 2015.

La mise en application d'un tel dispositif a nécessité, dans le domaine de l'urbanisme et de la construction, le recours à l'élaboration de 6 décrets et 15 arrêtés pour réglementer les modes opératoires de chacun des objectifs fixés, qu'il s'agisse de l'accessibilité des bâtiments, de la voirie ou des transports publics. Ces 21 textes qui organisent les différents volets thématiques retenus, définissent les performances à atteindre selon l'esprit de la loi et instaurent les modalités de leur mise en œuvre effective. Cependant, si ces textes traduisent dans la pratique, les principes institués par la loi, pour autant, ils ne sont pas d'une approche simple et leur mise en application est un exercice délicat. Cette complexité de la réglementation rend parfois son utilisation malaisée, d'autant plus que les professionnels et les décideurs sont également confrontés au respect d'un nombre considérable d'autres réglementations. De fait, les règles relatives à l'accessibilité doivent se conjuguer avec un ensemble de textes existants ou nouveaux, comme par exemple, la nouvelle réforme instituant les autorisations d'urbanisme qui apporte de profonds changements dans les pratiques des professionnels de la construction. Par ailleurs, il peut y avoir aussi, des contradictions entre réglementations. C'est aujourd'hui, le cas des dispositions concernant la sécurité contre les risques d'incendies et de panique.

Cette situation peut conduire certains maîtres d'œuvre ou services instructeurs à faire des interprétations qui ne sont pas toujours dans l'esprit de la nouvelle loi qui vise l'égalité des droits et des chances des personnes handicapées. Le risque est alors de compromettre sa mise en application, de multiplier les litiges, et c'est au juge qu'appartiendra de statuer.

Le présent ouvrage a plusieurs finalités :

- apporter des éléments de réponse à ceux qui s'interrogent sur les raisons pour lesquelles, le législateur et l'exécutif ont été amenés, à travers la loi du 11 février 2005, à imposer des contraintes réglementaires aussi complexes, dans les domaines de la construction, de l'aménagement et du transport, pour tenir compte de l'accessibilité des personnes handicapées ;
- faciliter, à partir d'un travail synthétique, la lecture de l'ensemble des règles relatives à l'accessibilité du cadre bâti, des transports, de la voirie et des nouvelles technologies. L'objectif est avant tout, de faire connaître à un public élargi ce droit nouveau. Présenter clairement ces textes est ainsi une démarche qui contribue à les rendre plus effectifs sur le terrain ;
- montrer que l'accessibilité nous concerne tous et que sa mise en œuvre est un puissant stimulateur de la pensée architecturale qui, de tous les temps s'est fixée comme objectif, la prise en compte des exigences humaines. L'accessibilité fait appel à l'imagination et la capacité d'innovation des concepteurs, en tenant compte des besoins réels des utilisateurs de leurs œuvres, qu'il s'agisse des personnes valides ou invalides, petites ou grandes, jeunes ou âgées, etc. ;
- informer tous les intervenants dans l'organisation de la Cité, de leurs nouvelles obligations et rappeler que la France, comparativement à beaucoup d'autres pays européens, a des retards à combler en matière d'accessibilité. Par rapport à l'évolution de la société moderne aussi, nous avons encore des efforts à mener pour faire des personnes handicapées des citoyens à part entière.

Cet ouvrage est organisé en trois parties.

La première partie décrit les populations concernées par le principe d'accessibilité. Il a pour objectif de montrer, à travers des données d'enquêtes et de statistiques, que le problème de l'accessibilité ne concerne pas uniquement les personnes handicapées, mais une part importante de la population, voire même sa totalité. Désormais, il faut tenir compte du déplacement et de la participation de toute personne quelles que soient ses difficultés. Sont concernées par cette approche les personnes handicapées, mais aussi les personnes âgées et tous ceux qui ont des déficiences permanentes ou temporaires. Cette partie permet également de resituer la démarche entreprise par la France, en matière d'accessibilité dans le contexte européen et international. Au moment où les Nations Unies viennent de signer une convention relative aux droits des personnes handicapées, qui met en avant le principe de « conception universelle » pour tous les produits, équipements et services, il a semblé utile de regarder de plus près comment cette question est abordée dans la nouvelle loi française. Longtemps la France a été considérée comme le pays européen le moins bien organisé en termes d'accessibilité. Aujourd'hui, avec la loi relative aux personnes handicapées, la France s'est dotée d'un dispositif global et cohérent non seulement en instituant une nouvelle organisation pour la prise en charge du handicap dans la société, mais aussi en conceptualisant le principe du handicap.

La deuxième partie met en perspective les apports de la nouvelle loi par rapport aux réglementations antérieures. La notion d'accessibilité est apparue en France dans les années 70, pour désigner les aménagements réalisés à l'attention des personnes handicapées motrices, afin de leur permettre d'accéder à un bâtiment ou à un moyen de transports publics. La loi du 11 février 2005 modifie cette notion et bouleverse les habitudes installées depuis ces trente dernières années. En matière d'équipement public, de transport et de logement, la nouvelle législation s'est appuyée, certes sur les réglementations déjà existantes, mais elle les a profondément changées, en les complétant et les adaptant aux attentes et aspirations de toutes catégories de personnes handicapées.

La troisième partie est consacrée à la synthèse des textes réglementaires. Destinée aux responsables, concepteurs, aménageurs et utilisateurs, cette partie de l'ouvrage présente l'ensemble des obligations relatives à l'accessibilité qui découle des textes réglementaires issus de la loi du 11 février 2005. Aussi, les textes sont synthétisés à l'usage des professionnels et des décideurs, et expliqués pour les particuliers. Les premiers trouveront, dans ce livre tous les dispositifs réglementaires, présentés domaine par domaine, qui leur permettent de trouver aisément, des éléments d'information complémentaires. Les seconds y trouveront des points de repères qui leur aideront à mieux comprendre les nouvelles obligations. Au début de chaque chapitre sont rappelées les références des textes d'application de la loi. Ainsi, pour plus de précisions, le lecteur peut facilement trouver ces textes sur des moteurs de recherche ou des sites internet, comme : www.legifrance.gouv.fr. Trois thèmes ont été retenus : le premier est lié à la réglementation relative aux bâtiments d'habitation collectifs, aux maisons individuelles, quand elles sont visées par l'obligation de l'accessibilité, et aux établissements recevant du public. Le second apporte les explications relatives aux transports publics, à la voirie et aux espaces publics. Le dernier est dédié à l'accessibilité des moyens de communication et à la citoyenneté.

L'ouvrage se termine par un chapitre tout particulièrement réservé à l'accès des personnes handicapées au processus électoral. L'année 2007, a été marquée par les élections présidentielles et législatives. L'année 2008 est celle des élections municipales et cantonales. La participation des personnes handicapées aux rendez-vous citoyens prend tout son sens à travers les moyens d'accessibilité mis en œuvre, qui les invitent à exercer leur droit de vote et à exprimer leur choix en toute autonomie.

Dans ce livre, trois expressions sont utilisées pour indiquer le cas des personnes handicapées en fonction des niveaux de réponses apportées :

- ***Personne en situation de handicap*** : ce terme est retenu pour désigner la population qui, en raison des contraintes imposées par l'environnement, ne peut effectuer, en toute autonomie, certains gestes, comme se déplacer, accéder, s'orienter, etc. Elle couvre les personnes handicapées, mais aussi d'autres personnes, qui se trouvent définitivement ou momentanément dans une situation de handicap, comme les personnes âgées, les personnes de petite taille, les personnes transportant des poids, etc.
- ***Personne à mobilité réduite*** : est utilisé pour définir toute personne ayant des difficultés pour utiliser les transports publics, telles que, par exemple, personnes handicapées (y compris les personnes souffrant de handicaps sensoriels et intellectuels et les personnes en fauteuil roulant), personnes handicapées des membres, personnes de petite taille, personnes transportant des bagages lourds, personnes âgées, femmes enceintes, personnes ayant un caddie et personnes avec enfants (y compris enfants en poussette). Cette définition est donnée par les textes réglementaires relatifs aux transports publics et à la voirie.
- ***Personne handicapée*** : est utilisé pour désigner les cas correspondant à la définition du handicap donnée par la loi. Il s'agit

des personnes qui subissent des limitations d'activité ou des restrictions de participation à la vie de société, en raison « *d'une altération substantielle, durable ou définitive d'une ou plusieurs fonctions physiques, sensorielles, mentales, cognitives ou psychiques, d'un polyhandicap ou d'un trouble de santé invalidant.* »

Améliorer la qualité de la vie est un thème sans cesse abordé en France au cours de ces dernières années, elle est attachée à l'ensemble de la vie économique, sociale et politique. Il est vrai que le bouleversement important qu'a connu notre société ces dernières décennies, dans les domaines scientifiques et techniques, conduit à veiller de plus près à la qualité de la vie de chacun. Mais, comment peut-on imaginer que cette qualité de vie ne soit destinée qu'à une partie de la population, alors qu'une autre partie n'a même pas accès aux services les plus élémentaires, faute de leur accessibilité. Trop nombreuses sont encore les personnes qui ne peuvent sortir de chez elle, mettre leurs enfants à l'école ordinaire, aller tout simplement au cinéma ou regarder la télévision et entendre les paroles prononcées. L'accessibilité s'affirme aujourd'hui comme une nécessité pour tous.

La nature est injuste envers l'homme. Il appartient à la société de s'organiser et de se donner les moyens de réparer pour ses membres, cette injustice. C'est ainsi que les civilisations grandissent et il nous appartient à tous d'y veiller. Tel est le principe qui constitue le fil conducteur de cet ouvrage.

Partie 1.

Accessibilité : un nouvel enjeu de société

Chapitre 1

A qui s'applique l'accessibilité ?

Concevoir une Cité accessible est un défi que se doit de relever notre société d'aujourd'hui. Il doit à la fois faciliter l'accès au logement, permettre de prendre les transports en commun, garantir la communication et favoriser la participation aux diverses activités. Pour y parvenir, tout aménagement, toute construction et toute technologie mis à disposition du public doivent s'inscrire dans cet objectif. Une telle démarche ne s'adresse pas uniquement aux personnes handicapées, mais à tous ceux qui, à un moment ou un autre de leur vie, rencontrent un handicap ou une incapacité. Notre société est composée, pour une partie de personnes « valides », et pour une autre de personnes « invalides ». Dans chaque partie, les individus sont porteurs de telles diversités et de telles disparités de situation, qu'il n'est guère possible de déterminer la notion de « personne valide » comme un critère de normalité de situation. Une personne âgée, une femme enceinte, un voyageur avec ses bagages, un livreur de marchandises, un sportif passagèrement accidenté sont autant de cas individuels qui, dans leur diversité, sont confrontés à des situations de handicap de plus ou moins longue durée. Au moment où la société est de plus en plus sensibilisée à la question du handicap, cette observation conduit à ériger en principe, le refus de toute stigmatisation sociale du « handicap ». Une telle approche résulte du fait que la question de l'accessibilité peut concerner, certes à des degrés différents, l'ensemble de la population, y compris les personnes « valides », qui pourraient, à un moment donné, se trouver en situation de handicap. Les statistiques sur l'évolution de la population et les enquêtes réalisées ces dernières années confirment cette prise de position.

I. PROFIL DES POPULATIONS CIBLÉES

Combien y a-t-il de personnes handicapées en France ? Telle est la question que l'on peut légitimement se poser, notamment quand il s'agit de construire ou de réaliser des aménagements spécifiques pour rendre un équipement ou une infrastructure accessible aux personnes handicapées. Il est très difficile de répondre à cette question en raison de la diversité des cas et de la nature du handicap. En France, près de 700 000 personnes résident en établissements socio ou médico-sociaux en raison de leur handicap. Mais, pour le reste de la population qui demeure à domicile, le handicap peut se présenter sous de multiples formes. Il peut être une déficience avec une altération des fonctions, ou bien une incapacité d'effectuer certains actes de la vie, il peut être une dépendance liée à l'âge, etc.

Les enquêtes Handicaps - Incapacités - Dépendance (HID), réalisées par l'INSEE entre 1998 et 2001, auprès d'un échantillon de la population résidant à domicile en France, estiment, que « *L'incapacité à accomplir certains actes simples de la vie quotidienne, la nécessité de recourir à une aide humaine ou technique, les limitations rencontrées dans certaines activités, le bénéfice d'une reconnaissance administrative, l'accès à une prestation sont autant d'indicateurs possibles, qui ne se recoupent pas nécessairement et délimitent donc des populations différentes* » [1].

Pour évaluer le nombre des personnes handicapées résidant à domicile, ces enquêtes retiennent comme indicateur, une définition large qui dépasse celle utilisée par l'Administration, pour reconnaître une personne comme handicapée. « Les présences d'au moins une déficience, d'au moins une incapacité, d'une restriction d'activité, la reconnaissance d'un taux d'invalidité » sont retenues par l'INSEE comme indicateurs de handicap. Les données des enquêtes HID montrent, que si le handicap touche tous les âges, il peut aussi être spécifique à certaines catégories de population.

---

[1] CTNRHI, DREES, DGAS, ministère des Affaires sociales, du Travail et de la Solidarité, Handicap en chiffres, février 2004.

➤ L'émergence d'une population jeune

Parmi les catégories des personnes touchées de façon permanente ou définitive par le handicap, on observe, dans la période contemporaine, l'émergence d'une nouvelle cohorte. C'est celle des jeunes adultes. En effet, les jeunes sont de plus en plus victimes d'accidents de la vie courante, comme les accidents de la route, en voiture ou en moto, ou ceux dus aux pratiques de sports, notamment les sports à forte sensation, etc. Suite à ces accidents, plus ou moins graves, le jeune peut connaitre des séquelles sérieuses, pour le restant de sa vie. Il convient d'y ajouter les conséquences subies par les jeunes, en raison de l'utilisation des appareils audio de hautes fréquences qui, dès leur jeune âge, affectent leur qualité d'audition et peuvent les rendre malentendants. Ce phénomène s'est accentué ces dernières années avec la prolifération des appareils numériques individuels, et les jeunes sont de plus en plus confrontés au handicap auditif. Handicap qui sera très fréquent chez les personnes âgées dans les décennies à venir, selon les spécialistes.

➤ Le cas des personnes âgées

Un ratio important de la population connaissant un handicap ou une dépendance est constitué de personnes âgées. En effet, une part non négligeable de la population vit désormais plus longtemps grâce à l'allongement de la durée de vie et aux progrès de la médecine en gérontologie qui permettent d'améliorer leur prise en charge sanitaire. Cependant si aujourd'hui, il y a pour certaines personnes âgées une meilleure qualité de vie, nombre d'autres subissent les séquelles de la vieillesse. Il s'ensuit que la société doit s'adapter à cette évolution et doit mettre en œuvre des moyens de prise en charge et d'accueil afin de répondre à ces nouveaux besoins. Dès lors, la prise en considération de l'accessibilité de ces personnes devient une nécessité.

La part des personnes âgées dans la population générale augmente de façon significative en France. En 1950, les personnes de 60 ans et plus représentaient 16,20 % de la population. Elles sont passées à 20,6 % en 2000, évaluées à 21,3 % pour 2007 et estimées à 25,3 % pour 2015. Selon une étude de l'INSEE[2], entre 2006 et 2035, l'accroissement de la population âgée sera sans précédent, avec l'arrivée à ces âges des générations issues du « *baby-boom* », nées entre 1946 et 1975. La population de plus de 60 ans passerait alors de 12,8 millions à 20,9 millions de personnes, soit 30,6 % de la population générale. Ceci représente une augmentation de plus de 63 % soit 2,2 % par an.

Deux phénomènes vont donc se conjuguer dans les prochaines décennies qui conduiront notre société à de profonds changements. Il s'agit de la part croissante de la population âgée, liée à l'allongement de la durée de vie. En effet, le vieillissement de la population est désormais accompagné :

- d'une part, par une augmentation significative de la population de plus de 60 ans à partir de 2006 ;
- d'autre part, par l'allongement de la durée de vie de la population qui va lui permettre, grâce aux progrès de la médecine et une meilleure hygiène de vie, de vivre plus longtemps. L'INSEE estime, que même si l'espérance de vie se stabilisait à son niveau de 2005, qui est de 80 ans, l'allongement de la durée de vie dans les années futures ne fera qu'accentuer son ampleur. En effet, les dernières projections de la population d'ici 2050, évaluent l'espérance de vie à 88,9 ans.

Il est certain, que d'une manière générale, au cours des prochaines années, la plupart des personnes âgées devra pouvoir vieillir avec moins de dépendance grâce à l'évolution de la médecine. Par conséquent, l'on peut supposer que le taux des personnes de plus de 60 ans, ayant une déficience, n'évoluera pas. Mais, ce raisonnement se heurte statistiquement aux conséquences de l'évolution de l'espérance de vie. En effet, l'allongement de la durée de vie de la population aura, dans les prochaines décennies, selon toute probabilité, pour conséquence, l'augmentation du nombre de personnes de plus en plus âgées, donc sous risque de dépendance.

Selon les enquêtes HID réalisées en 2001, sur une population de 11,6 millions de personnes de 60 ans et plus vivant à domicile en France, 26 % ne souffrent d'aucune déficience, alors que 74 % de cette population déclarent en avoir au moins une.

---

[2] Isabelle Robert-Bobée, Projection de population pour la France Métropolitaine à l'horizon 2050 – Division enquêtes et études démographiques, INSEE Première, n° 1089, juillet 2006.

Plus l'on avance dans l'âge, plus la déficience se manifeste. La part des personnes avec une ou plusieurs déficiences augmente notamment, à partir de 60 ans. Elle est à plus de 50 % à partir de 80 ans.

Les déficiences par type et par âge[3]

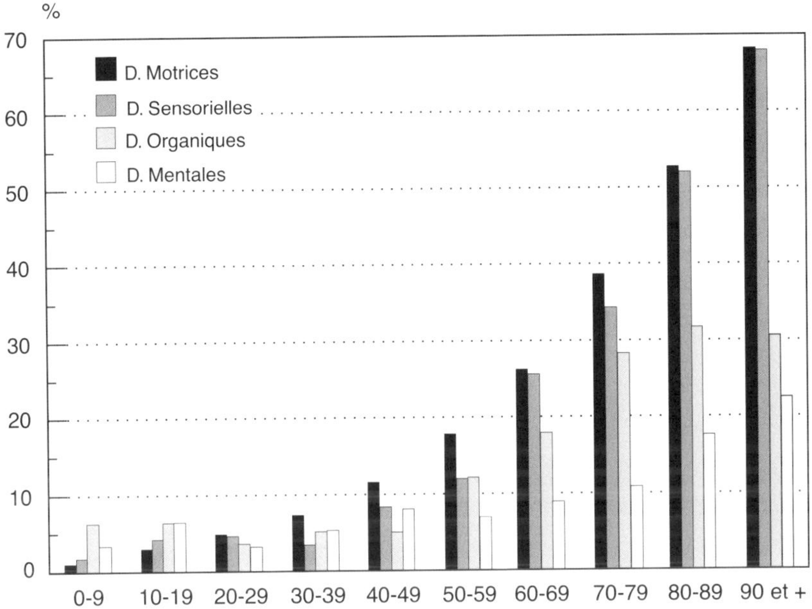

Source : Enquête HID 99

De ces deux phénomènes relatifs à l'évolution de la population âgée, c'est-à-dire l'augmentation du nombre de personnes de plus de 60 ans et l'allongement de la durée de vie, découlera, dans les prochaines années, une évolution généralisée des demandes des personnes vieillissantes et de leur famille.

Le comportement, les attentes et les besoins de ces personnes vont indéniablement changer. Elles vont vouloir rester, le plus longtemps possible, au domicile familial, mais aussi se déplacer, voyager,

---

[3] D'après une étude réalisée par Mormiche P. et le groupe de Projet HID, Le handicap se conjugue au pluriel, INSEE Première, n° 742, octobre 2000.

accéder aux services publics, se divertir, etc. Cette évolution impose aux autorités publiques de prendre en compte des mesures nouvelles contre la perte d'autonomie, et suppose de faciliter l'accueil et l'accessibilité de ces personnes, aux différentes offres de services et d'équipements. Elle incite, également, les responsables des secteurs marchands à modifier leurs pratiques et à prendre en compte cette nouvelle donne sociétale en adaptant leurs offres et leurs produits. Une telle perspective offre l'opportunité de créer un cadre de vie accessible, où chacun pourra trouver toute sa place.

Population en France par groupe d'âges en 2007

Evaluation au 1er janvier 2007	Ensemble	Hommes	Femmes
Population totale	61 538 322	29 907 166	31 631 156
Moins de 20 ans	15 203 831	7 773 986	7 429 845
De 20 à 64 ans	36 223 398	17 968 153	18 255 245
65 ans ou plus	10 111 093	4 165 027	5 946 066

Source : INSEE, janvier 2007.

Evolution de la population par groupe d'âges, au cours des 25 dernières années

Année	Total	Proportion pour 100				
		moins de 15 ans	moins de 20 ans	de 20 à 64 ans	60 ans ou plus	65 ans ou plus
1980	53 731 387	22,5	30,6	55,4	17,0	14,0
1985	55 157 303	21,4	29,2	58,0	18,1	12,8
1990	56 577 000	20,1	27,8	58,3	19,0	13,9
1995	57 752 535	19,6	26,1	58,9	20,1	15,0
2000	58 849 545	18,9	25,6	58,4	20,6	16,0

2001	59 249 169	18,8	25,4	58,5	20,6	16,1
2002	59 659 752	18,7	25,2	58,6	20,6	16,2
2003	60 066 779	18,6	25,1	58,6	20,6	16,3
2004	60 461 613	18,5	25,0	58,7	20,7	16,3
2005	60 825 000	18,5	24,9	58,7	20,8	16,4
2006	61 166 822	18,4	24,8	58,8	20,9	16,4
2007 (p)	61 538 322	18,4	24,7	58,9	21,3	16,4

Source : INSEE 2006 – Evolution de la population France métropolitaine.

Projection de l'avancée en âge de la population en France

Année	Population (millions)	Moins de 20 ans (%)	20 à 59 ans (%)	60 à 64 ans (%)	65 ans ou plus (%)
2005	60,8	24,9	54,3	4,4	16,4
2010	62,1	24,1	53,1	6,1	16,8
2020	63,6	22,4	50,5	6,2	20,9
2030	64,6	20,4	48,5	6,3	24,8
2040	65,1	19,7	46,3	5,7	28,3
2050	64,6	18,9	44,8	6,0	30,3

Espérance de vie 88,9 ans – Fécondité 1,7 – Migrations nettes + 50 000 par an.
Source : INSEE 2006.

En 1980, 14 % de la population avait plus de 65 ans, ce taux est passé à 16,4 % en 2007. En 2020, près de 21 % de la population aura plus de 65 ans. Alors que le taux des jeunes de moins de 20 ans, passera de 30,6 % en 1980 à seulement 22,4 % de la population en 2020.

II. ÉVALUATION QUANTITATIVE DES POPULATIONS CONCERNÉES

➤ Perception de l'accessibilité en Europe

Une enquête européenne[4] réalisée en 2001, sur le thème « les Européens face aux handicaps », donne un aperçu de l'opinion des européens sur la question des handicaps. Ainsi, il ressort de cette enquête que :

- 10 % des européens sont atteints d'un handicap ;
- 60 % des européens connaissent dans leur entourage proche ou éloigné des personnes victimes d'une maladie de longue durée, d'un handicap ou d'une infirmité ;
- 25 % des européens ont un membre de leur famille qui est porteur d'un handicap.

A savoir

L'opinion publique européenne estime à :
- 88 %, que l'accès des personnes aveugles aux transports publics en Europe, est difficile ;
- 59 %, que l'accès des personnes sourdes aux universités ou aux écoles en Europe, est difficile ;
- 85 %, que l'accès des personnes handicapées physiques aux transports publics en Europe, est difficile ;
- 75 %, que l'accès des personnes handicapées mentales aux services publics, y compris les transports publics, en Europe est difficile.

Cette enquête fait partie des enquêtes d'opinion que la Commission européenne réalise régulièrement sur les différents thèmes de société. Elle a permis d'obtenir, au niveau de l'Europe et par pays, une appréciation représentative sur un certain nombre de thèmes relatifs aux personnes handicapées dont l'accessibilité. Les réponses

---

[4] Eurobaromètre 54.2, the European Opinion Research, Group pour la Direction générale de l'éducation et de la culture, Commission européenne, Direction générale de l'emploi, des relations industrielles et des affaires sociales, mai 2001.

aux questions étaient réparties sur une échelle d'appréciation de 1 à 4, choisie afin de déterminer le niveau de difficultés rencontrées par les personnes handicapées (le niveau 4 correspond à l'accessibilité très difficile). Cette enquête a montré que l'opinion publique européenne était particulièrement sensible aux difficultés d'accès des personnes handicapées aux équipements et aux services. En effet, les moyennes des appréciations sont toutes supérieures au seuil de « 3 », c'est-à-dire une accessibilité, évaluée assez difficile (cf. tableau ci-après). Quant à la situation en France, l'opinion exprimée, la place parmi les pays les moins bien pourvus en matière d'accessibilité. Ainsi, l'on constate que la France se situe, quel que soit l'équipement ou service, à un niveau souvent supérieur au seuil de 3,5 et dépasse toujours la moyenne européenne. Effectivement, ce sondage montre que l'opinion publique exprime une grande sévérité, à l'égard de la situation de l'accessibilité en France. Cette comparaison a été faite entre les quinze pays alors membres de l'Union européenne.

➤ Les équipements sont peu accessibles en Europe

Cette enquête a révélé également les difficultés d'accès aux équipements, rencontrées par chaque catégorie de handicap. Les Européens semblent en particulier, sensibles aux problèmes d'accessibilité des personnes aveugles, notamment pour l'accès aux transports publics. Leurs difficultés semblent être même plus importantes que pour les personnes handicapées motrices. Quant aux personnes sourdes, c'est l'accès à l'école et à l'université qui pose le plus de problèmes. C'est le même constat pour les personnes handicapées mentales qui ont, par ailleurs, d'importants problèmes pour utiliser le transport public ou accéder au lieu de travail.

La majorité des réponses apportées aux questions relatives aux conditions d'accès des personnes handicapées aux équipements et aux services dresse au total, un constat très sévère qui souligne les problèmes de l'accessibilité en Europe, mais avec des situations variables d'un pays à l'autre.

En 2001, la France était le seul pays, parmi les quinze Etats européens, à montrer des résultats insatisfaisants, systématiquement au-dessus des moyennes. En effet, pour les quatre catégories de handicaps et pour chaque équipement, elle offre une situation qui

Difficultés d'accès aux équipements par type de handicap en Europe et en France

Equipements et services	Moyenne sur une échelle de 1 à 4							
	Visuel		Auditif		Moteur		Mental	
	Europe	**France**	Europe	**France**	Europe	**France**	Europe	**France**
Transports publics	3,46	**3,60**	2,65	**2,72**	3,36	**3,56**	3,16	**3,34**
Services publics	3,32	**3,52**	2,70	**2,90**	3,21	**3,41**	3,18	**3,43**
Restaurant et hôtel	3,12	**3,30**	2,51	**2,69**	3,04	**3,23**	3,08	**3,32**
Université et école	3,12	**3,44**	2,82	**3,07**	2,93	**3,26**	3,27	**3,56**
Lieux de travail	3,16	**3,43**	2,78	**2,97**	3,02	**3,28**	3,27	**3,51**
Evénements sportifs	3,21	**3,52**	2,63	**2,87**	2,99	**3,24**	3,02	**3,38**
Evénements culturels	3,12	**3,47**	2,73	**2,99**	2,95	**3,22**	3,07	**3,43**

Source : Baromètre européen 54,2, enquête de 2001.
1 = l'accès n'est pas difficile ; 2 = l'accès n'est pas très difficile ; 3 = l'accès est assez difficile ; 4 = l'accès est très difficile.

marquait un écart important avec les autres pays. Ce résultat souligne tout particulièrement, à quel point l'opinion publique était, lors de cette enquête, critique en matière d'accessibilité en France.

Toutefois, 57 % des Européens pensaient, qu'au cours des dix dernières années, l'accès aux lieux publics pour les personnes atteintes de handicaps s'était amélioré.

➤ Les personnes concernées en France

Les enquêtes Handicaps - Incapacités - Dépendance (HID) ont été réalisées par l'INSEE, en 1998 et 2000, pour la population résidant en institutions médico-sociales, et en 1999 et 2000, pour la population résidant à domicile. Chaque enquête a été menée à deux reprises et sur une période de deux ans ; elles ont ainsi permis de connaître et d'évaluer le nombre des personnes handicapées et dépendantes en France. Ces enquêtes sont les premières du genre, exclusivement consacrées au handicap. Elles ont contribué à apporter une meilleure connaissance des caractéristiques de la population de France, en termes de déficiences et de conditions de vie (ressources, scolarité, emploi, loisirs, transports), mais aussi de l'environnement (logements) et des aides humaines et techniques. Elles se veulent exhaustives et sont sources d'une multitude d'informations sur le handicap, notamment pour ce qui concerne l'accessibilité des personnes en situation de handicap.

En effet, ces enquêtes, réalisées auprès d'un échantillon représentatif de la population française, permettent, non seulement d'avoir une connaissance sur les populations reconnues administrativement handicapées, mais aussi, d'obtenir des éléments d'information et d'analyse sur la population en général qui peut-être concernée par une déficience, limitée dans ses activités ou qui connaît des incapacités pour effectuer certains gestes de la vie courante. Le premier enseignement que l'on peut tirer de cette enquête est le taux des personnes concernées par un handicap ou une déficience.

Les enquêtes HID sont complétées par une deuxième série d'enquête que l'INSEE a engagé en 2007 sur le handicap et la santé. Cette enquête vise à mieux connaître les difficultés que les personnes malades ou handicapées rencontrent dans leur vie quotidienne. Elle porte sur toute catégorie de personnes, y compris ceux qui n'ont pas de problèmes de santé ou qui ne rencontrent pas de difficulté particulière dans leurs activités quotidiennes. L'exploitation des résultats de cette enquête permettra de mieux analyser les difficultés spécifiques des personnes malades, handicapées ou dépendantes.

Approches du handicap dans l'ensemble de la population française

Part de la population générale vivant à domicile et en institution			
Personne déclarant	**En % de la population générale**		
	Hommes	**Femmes**	**Ensemble**
Etre affectée d'une déficience	38,3	42,4	40,4
Etre titulaire d'un taux d'incapacité reconnu officiellement	8,3	5,3	6,8
Recourir à des aides techniques	10,2	13,0	11,6
Recourir à une aide humaine	7,7	12,7	10,3
Etre aidée pour sortir	3,4	5,5	4,4
Etre confinée au lit	0,3	0,7	0,5
Recevoir une allocation	5,9	3,2	4,5

Source : INSEE – Enquêtes HID, 1998 et 1999.

La deuxième partie des enquêtes HID, réalisée en 1999 et 2000 a permis d'affiner ces données et d'isoler la part des personnes vivant en domicile ordinaire de celles qui, en raison de leur handicap, vivent en institution. Ainsi, parmi les 57,4 millions de personnes vivant à domicile en France métropolitaine au moment de l'enquête, **environ 12 millions, soit 21 % de la population sont concernés, au moins, par une incapacité qui les empêche d'exercer les actes élémentaires de la vie courante.**

Part de la population déclarant	En % de la population résidant à domicile
Etre affectée par une déficience	42
Etre concernée au moins, part une incapacité	21
Avoir une limitation d'activité	10
Avoir recours à une aide humaine	9
Etre reconnue, administrativement, handicapée	8
Etre bénéficiaire d'une allocation spécifique en raison de son état de santé	4

Source : INSEE – Enquêtes HID, 2000.

Pour faciliter la lecture de ces données, il faut retenir les définitions suivantes :

- ***La déficience*** *peut être liée au manque, perte ou altération des fonctions organiques, physiologiques ou psychologiques ou des structures anatomiques*, entraînant certaines incapacités, sans pour autant atteindre forcément l'ensemble de la personnalité. Elle correspond à l'aspect lésionnel du handicap. Elle peut être sensorielle, motrice, intellectuelle, mentale ou englober plusieurs déficits.
- ***Les incapacités*** *s'expliquent par les difficultés ou impossibilités de réaliser des actes élémentaires comme se tenir debout, s'habiller, parler... Elles résultent en général d'une ou plusieurs déficiences.*

Parmi les 42 % de la population qui déclarent se trouver en situation de handicap en France, l'on distingue les personnes reconnues handicapées par l'administration, et les personnes qui sont, pour une période plus ou moins longue, confrontées à un ou plusieurs handicaps. Elles se répartissent selon les catégories suivantes :

Caractéristique des handicaps observés dans la population

Population de plus de 16 ans vivant à domicile	Effectif (en milliers)	Groupe d'âges prioritairement concerné
Personnes en situation de handicap avec une incapacité, sans restriction d'activité	5 300	
Personnes en situation de handicap avec une ou plusieurs incapacités et restriction dans leurs activités	2 300	Croît avec l'âge
Personnes en situation de handicap, limitées dans leurs activités mais, sans incapacité	800	Moins de 30 ans
Personnes reconnues handicapées avec un taux d'invalidité reconnu, mais sans limitation d'activités	1 200	Moins de 40 ans
Personnes reconnues handicapées avec plusieurs incapacités et limitation d'activité	1 200	Entre 30 et 59 ans
Personnes reconnues handicapées avec plusieurs incapacités, mais sans limitation d'activités	650	Moins de 70 ans
Personnes reconnues handicapées avec une limitation, mais sans incapacité	325	Entre 30 et 59 ans

Source : d'après une étude réalisée par I. Ville, J.-F. Ravaud, A. Letourmy, Les désignations du handicap, Revue Française des Affaires Sociales, n° 1-2, janvier 2003.

En résumé, selon les enquêtes HID, la population en France est composée, pour environ 58 % de personnes sans déficiences, et pour environ 42 % de personnes avec une ou plusieurs déficiences. Ces dernières, selon leurs déficiences sont réparties entre quatre grandes familles de handicap, comme le précise le tableau ci-contre.

Cependant, les études réalisées sur les résultats de cette enquête, soulignent qu'il faut prendre ces données avec précaution, car la réalité est plus complexe que ce que les chiffres laissent apparaître. Par exemple, les atteintes physiques ou mentales et les incapacités qui en résultent ont des degrés de gravité très différents.

Répartition de la population avec déficiences par type de handicaps

Nombre de personnes en milliers	Part dans la population
– 8 000 avec des déficiences motrices	→ 13,4 %
– 7 000 avec des déficiences sensorielles	→ 11,7 %
– 5 800 avec des déficiences organiques (par exemple cardio-vasculaires, respiratoires...)	→ 9,7 %
– 4 000 avec des déficiences intellectuelles ou mentales	→ 6,7 %
Total des personnes avec des déficiences physiques ou mentales	→ **41,5 %**

Les déficiences motrices, qui touchent au total plus de 8 millions de personnes, regroupent des atteintes modérées voire légères, principalement liées aux rhumatismes et à l'arthrose, aussi bien que les grandes paralysies : tétraplégie, paraplégie, hémiplégie. Ces trois atteintes les plus sévères concernent moins de 9 % de l'ensemble des déficients moteurs (moins de 1 % de la population).

En ce qui concerne le handicap sensoriel, il faut distinguer les handicaps visuels des handicaps auditifs. Dans chaque catégorie, les niveaux sont très différents. Par exemple, on estime à plus de 3 800 000 les personnes malentendantes, dont 13 % sont atteintes d'une surdité profonde ou totale.

En ce qui concerne la population handicapée reconnue administrativement, selon les données officielles du ministère en charge de la santé, elle est estimée à 5 260 000 de personnes, réparties entre les différentes catégories de handicaps. Ainsi, l'on dénombre en France :

- 1 500 000 personnes malvoyantes ;
- 1 400 000 personnes atteintes d'un handicap moteur associé à d'autres déficiences ;
- 1 000 000 de personnes atteintes d'un handicap mental ;

- 850 000 personnes ayant un handicap moteur isolé (tétraplégie, paraplégie, hémiplégie) ;
- 450 000 personnes atteintes de déficience auditive sévère ou profonde ;
- 60 000 personnes aveugles.

III. ACCESSIBILITÉ : ÉLÉMENT INCONTOURNABLE DE LA VIE QUOTIDIENNE

La première dimension de l'accessibilité concerne l'environnement du domicile. Avant de vouloir prendre des moyens de transports ou d'accéder à un équipement public, toute personne doit pouvoir se déplacer à l'intérieur de chez elle, en sortir et y accéder. La loi n° 2005-102 du 11 février 2005 a rendu obligatoire la mise en accessibilité, avant 2015, de tous les équipements publics, de tous les établissements recevant du public et de tous les moyens de transports publics. Mais, pour utiliser ces équipements, il faut qu'au préalable, la personne handicapée dispose d'un logement accessible lui permettant de sortir de chez elle. C'est pourquoi, il est important de connaître, tout d'abord, la situation des logements en France, au regard de l'accessibilité. Les résultats des enquêtes HID donnent un aperçu de cette situation et permettent, par ailleurs, d'avoir une estimation des populations concernées par les problèmes de l'accessibilité à leur logement. Les données de cette enquête montrent également, que cette population ne se limite pas uniquement aux personnes handicapées en fauteuil roulant.

L'état de l'accessibilité des logements en France est donc le premier critère à prendre en compte pour comprendre les difficultés des personnes atteintes d'une déficience lors de leurs déplacements, qu'il s'agisse d'une déficience motrice, sensorielle, mentale ou d'une invalidité liée à l'avancée en âge. Le logement semble, en effet, être un baromètre fiable pour évaluer le réel besoin de la population en matière d'accessibilité. Il permet également de comprendre la nature et l'étendue de ce besoin. Les résultats des enquêtes HID fournissent un outil de qualité pour faire cette évaluation. Dans l'analyse qui va suivre, n'ont été retenus que les résultats concernant les personnes habitant un domicile ordinaire. Les logements en institution n'ont pas été pris en compte, car destinés à accueillir des personnes âgées et handicapées avec des limitations plus ou moins importantes dans leurs activités, ils sont « en principe » conçus pour être accessibles.

Ces enquêtes permettent, en effet, pour la première fois en France, d'avoir des éléments d'information spécifiques sur l'accessibilité des logements. C'est une première car, les enquêtes « logement » réalisées régulièrement par l'INSEE ne contiennent que des données classiques sur le confort et la qualité des logements. Les enquêtes HID ont donc permis d'étudier, d'une part, les questions relatives à l'accessibilité et les aménagements individualisés dans les logements et, d'autre part, de mettre en relation ce thème avec l'utilisation des aides auxquelles les personnes ont recours pour se déplacer à l'intérieur de leur logement, qu'il s'agisse des aides techniques ou des aides à la vie courante.

➤ Accéder au logement

Trois dimensions de l'accessibilité du logement ont été prises en compte dans le cadre de ces enquêtes (les critères sélectionnés ne prennent en considération que le cas des personnes dont l'état de la santé leur permet de sortir de leur domicile) :
- accès vers l'espace extérieur ;
- accès au logement et au lieu de vie ;
- déplacements à l'intérieur du logement.

La question de l'accessibilité d'un logement et de ses abords est examinée à travers les critères suivants et selon les possibilités de mobilité et des « incapacités » de la personne à :
- faire sa toilette ;
- sortir de son domicile ;
- utiliser un ascenseur ;
- monter et descendre un escalier ;
- marcher seule et sans difficultés pendant au moins 1 kilomètre ;
- trouver son chemin ;
- reconnaître le visage d'une personne à 4 mètres (hors personnes aveugles) ;
- prendre un taxi ou les transports en commun ;
- entendre ce qui se dit dans une conversation et parler.

Les activités de la vie quotidienne retenues comme indicateurs, pour définir le niveau d'accessibilité d'un logement concernent, notamment : la toilette, l'alimentation, l'élimination, les déplacements, les tâches ménagères, la communication...

Les facteurs environnementaux sont également abordés au travers des questions sur les caractéristiques du logement et sur la proximité des équipements, en particulier des transports en commun [5].

La confrontation entre les critères retenus et les questions posées ont permis, dans le cadre de cette enquête, de mettre en évidence des cas où, avec des aménagements simples mais adaptés ou/et le recours à des aides techniques, le déplacement de la personne devient possible, même en cas de déficiences lourdes. On a relevé des situations où le manque d'aménagements adéquats, condamne certaines personnes, même avec des déficiences légères, à rester chez elles sans avoir la possibilité de sortir.

• Plus d'un million de personnes accèdent difficilement à leur logement

5,2 millions de personnes rencontrent des difficultés liées à l'accessibilité pour se déplacer seules à l'extérieur, du fait d'un handicap ou d'un problème de santé, soit 12 % de la population de plus de 20 ans.

5,4 millions [6] de personnes résidant dans un domicile ordinaire, présentent des restrictions de mobilité, à l'intérieur ou à l'extérieur de leur logement.

Parmi les difficultés constatées par ces personnes, les gênes rencontrées pour se déplacer à l'extérieur du lieu de vie sont les plus fréquentes ; viennent ensuite les difficultés entravant l'accès au logement, puis les problèmes rencontrés pour se déplacer à l'intérieur de celui-ci. Ces difficultés se partagent selon les répartitions suivantes :

---

[5] Etude de J.M. Chanut, H. Michaudon, Difficultés à se déplacer et problèmes d'accessibilité, une approche à partir de l'enquête HID, Etudes et Résultats, n° 306, avril 2004, DREES, ministère des Affaires sociales.

[6] 5 750 personnes rencontrent des problèmes d'accessibilité, parmi lesquels, 84 % résident en logement ordinaire et 6 % en institution.

Difficultés d'accès au lieu de vie

Classe d'âge	Difficultés d'accès à l'immeuble		Difficultés d'accès de l'immeuble au logement		Difficultés d'accès à l'intérieur du logement		Personnes avec au moins une déficience	
	Effectifs	%	Effectifs	%	Effectifs	%	Effectifs	%
0-19 ans	24 900	1	12 000	0	53 800	1	3 865 600	17
20-59 ans	120 000	1	257 800	3	218 700	2	10 023 500	45
60 ans et plus	491 000	6	336 800	4	545 300	6	8 585 200	38
Ensemble	636 000	3	606 600	3	817 800	4	22 474 200	100

Source : INSEE – Enquêtes HID, 1999.

Pour les 22,5 millions de personnes qui déclarent avoir au moins une déficience :

- 1,1 million ont des difficultés pour accéder de la rue à leur lieu de vie ;
- 636 000 personnes ont des difficultés pour accéder de la rue à l'entrée de leur bâtiment ;
- 607 000 personnes ont des difficultés pour aller de l'entrée de l'immeuble à leur logement ;
- 725 000 personnes ont des difficultés à se déplacer à l'intérieur de leur domicile.

Parmi les personnes qui rencontrent des difficultés pour accéder à leur immeuble ou à leur domicile, les personnes de 60 ans et plus sont majoritaires, alors qu'elles ne représentent que 38 % des personnes qui ont une déficience.

Le problème est encore plus marqué chez les personnes qui cumulent plusieurs déficiences physiques ou une déficience physique et mentale. Ainsi, plus de 600 000 personnes sont confinées dans leur logement pour des raisons de santé, ce qui peut être lié à un manque d'accessibilité ou d'aménagement adapté.

• Près de 3,8 millions de personnes sont gênées dans leur déplacement à l'extérieur

Les difficultés d'accès au logement sont multiformes. Certaines sont imputées à l'environnement du logement, d'autres peuvent être dues à la configuration de l'immeuble dans lequel se trouve le logement. Mais, l'état de la santé de la personne peut aussi, être une des causes de difficultés de déplacement.

Parmi les 5,4 millions de personnes qui rencontrent des problèmes d'accessibilité, à l'intérieur ou à l'extérieur du logement :

- 70 % d'entre elles ne sont gênées que dans leurs déplacements à l'extérieur ;
- 25 % sont à la fois gênées pour se déplacer dans leur logement et à l'extérieur ;
- 5 % rencontrent uniquement des difficultés de déplacement à l'intérieur de leur logement.

L'enquête montre que le cumul de difficultés à l'intérieur et à l'extérieur du logement est lié notamment à l'avancée en âge. Par contre, plus de 50 % des personnes qui rencontrent des problèmes d'accessibilité à l'extérieur de leur logement, ont moins de 60 ans.

Les escaliers et les portes, inadaptés aux contraintes découlant de certains handicaps, sont parmi les obstacles les plus courants à l'accessibilité. Les équipements spécifiques destinés aux personnes handicapées, que ce soit à l'extérieur de leur habitation ou à l'intérieur (lavabos, douches, WC ou baignoires), sont encore trop peu répandus.

Les difficultés d'accès au logement liées à l'environnement concernent notamment :
- le cheminement de plain-pied impraticable ;
- la rampe d'accès impraticable ;
- l'escalier impraticable ;
- l'ascenseur mal adapté ;
- le franchissement de portes difficile.

Part des personnes qui rencontrent des difficultés liées à l'environnement pour accéder à leur logement

Difficultés rencontrées selon groupes d'âge	20 à 59 ans	60 à 79 ans	80 ans et plus	% Ensemble de la population
Accéder depuis la rue à l'entrée du domicile				
Hommes	0,3	2,2	5,3	0,9
Femmes	0,4	4,0	12,8	1,9
Ensemble	0,4	3,2	10,2	1,4
Accéder seul à son appartement depuis l'entrée de l'immeuble				
Hommes	6,0	5,3	8,9	1,5
Femmes	3,4	10,8	19,9	5,7
Ensemble	2,1	8,6	17,0	3,8
Accéder seul à son logement depuis la rue				
Hommes	0,5	3,0	6,8	1,2
Femmes	1,7	6,0	17,2	3,5
Ensemble	1,1	4,7	13,6	2,4

Source : INSEE – Enquêtes HID, 1999-2000 – Traitement DREES, Ministère des Affaires sociales, 2004.

Difficultés d'accès au lieu de vie selon le type de déficiences

Type de déficiences	Accès à l'immeuble ou à la maison		Accès au logement		Accès à toutes les pièces du logement		Personnes confinées à l'intérieur du logement		Personnes avec au moins une déficience	
	Effectifs	%	Effectifs	%	Effectifs	%	Effectifs	%	Effectifs	%
Motrice	156 900	4	127 500	4	216 500	6	95 400	3	3 599 300	16
Visuelle	16 300	1	8 200	1	7 200	1	12 800	1	1 142 000	5
Auditive	9 200	1	8 200	1	12 200	1	12 700	1	1 659 000	7
Langage	280	0	180	0	900	3	1 900	1	326 000	2
Viscérale	14 100	1	29 100	1	19 200	1	57 300	3	2 091 900	9
Intellectuelle	8 500	1	12 300	1	52 200	3	33 500	2	1 645 100	7
Pluri-physique	250 000	7	188 200	6	318 300	9	218 400	6	3 387 900	15
Physique et mentale	149 900	7	125 800	6	159 800	7	148 700	7	2 145 800	10
Autre (non précisée)	30 700	1	107 200	2	31 000	1	17 700	0	6 477 400	29
Ensemble	636 000	3	606 600	3	817 800	4	598 600	3	22 474 200	100

Source : INSEE – Enquêtes HID, 1999.

• Un français sur trois doit franchir au minimum quelques marches pour accéder à son domicile

Parmi les 57,4 millions de personnes qui résident en domicile ordinaire en France, environ 20,5 millions, soit près d'un tiers d'entre elles, doivent franchir un escalier pour accéder à leur logement, que celui-ci se situe en maison individuelle ou dans un immeuble collectif.

De plus, des barrières de franchissement, comme les escaliers, peuvent également exister, à l'intérieur même des logements.

Personnes ayant à franchir un escalier pour :

– accéder depuis la rue à leur logement		36 %
• dont franchissement d'un ou deux étages	13 %	
• dont franchissement de deux étages ou plus	6 %	
– accéder depuis la rue jusqu'au bâtiment		26 %
– accéder à l'entrée de leur logement depuis l'entrée de l'immeuble		18 %
– circuler à l'intérieur de leur logement		16 %

Ces chiffres sont présentés ici, à titre indicatif. Ils sont à prendre en considération avec beaucoup de précaution, du fait qu'ils sont extraits de l'exploitation des données des enquêtes, et les rubriques choisies ne sont pas exclusives les unes des autres. Les chiffres sont extraits du traitement des enquêtes HID par le CTNERHI[7].

Accessibilité des logements en France

Selon l'enquête « logement », réalisée par l'INSEE en 2002, il existe en France, 13 882 000 logements individuels et 10 643 000 logements collectifs, soit au total 24 525 000 logements potentiellement concernés par l'accessibilité.

Parmi les habitants de ces logements :

- **8,6 millions** de personnes franchissent un escalier pour accéder à leur maison individuelle ;

[7] Centre Technique National d'Etudes et de Recherches sur le Handicap et les Inadaptations (CTNRHI), organisme parapublic de recherche, de documentation et d'édition, notamment sur le handicap.

- **1 million** de personnes résident au rez-de-chaussée d'un immeuble collectif ;
- **4,4 millions** de personnes habitent au premier étage ;
- **2,8 millions** de personnes habitent au deuxième étage ;
- **3,7 millions** de personnes ont plus de deux étages à franchir pour accéder à leur logement.

Près de 15 millions d'individus qui déclarent avoir au moins une déficience, vivent dans des maisons individuelles. (Source : enquête HID, INSEE, 1999)

➤ Accéder aux services de proximité

L'analyse des résultats des enquêtes HID a, également, permis d'obtenir des informations sur la proximité des équipements et des services, et sur les problèmes de déplacements à l'extérieur, des personnes qui rencontrent des difficultés de mobilité. Plusieurs équipements de proximité sont recensés par ces enquêtes ; comme le bureau de poste, l'arrêt de transport en commun, la gare SNCF, le magasin d'alimentation générale, le supermarché, l'espace vert, l'école, la pharmacie, le café, etc. Pour chacun de ces équipements, les enquêtes montrent que les personnes qui ont des difficultés pour se déplacer, ont pratiquement le même écart de distance entre leur domicile et ces équipements, que les autres personnes. Par exemple, parmi les personnes qui sont gênées par le déplacement hors de leur logement :

- 38 % doivent faire au moins 1 kilomètre pour accéder au magasin d'alimentation générale le plus proche de leur domicile. Ce taux est de 36 % pour les personnes n'ayant aucune difficulté ;
- 28 % doivent faire au moins 1 kilomètre pour atteindre l'arrêt de transports en commun, contre 21 % pour les autres.

Les formes de restrictions d'accès à l'espace extérieur sont multiples pour les personnes à mobilité réduite. Ne pas pouvoir accéder, ou parvenir à surmonter les gênes, dépendent des moyens d'accessibilité mis à la disposition de la personne, comme par exemple, l'existence de bande de guidage ou la sonorisation des feux de croisement pour les personnes malvoyantes, etc.

L'accessibilité des moyens de transports est aussi un facteur de restriction, qui peut se cumuler avec d'autres difficultés ou s'atténuer avec des moyens adaptés, comme par exemple, l'usage de véhicules adaptés ou la présence de l'aide humaine dans les transports en commun. Les enquêtes HID ont permis d'analyser le degré de gênes ressenties dans les différentes dimensions de déplacement à l'extérieur des personnes à mobilité réduite, comme l'usage de transports en commun, l'accès à l'espace extérieur, etc. Elles ont mis également en évidence, que « dans certains cas, le cumul de difficultés interdit totalement l'accès à l'espace extérieur et entrave aussi les déplacements à l'intérieur »[8]. Ainsi, l'enquête a identifié quatre groupes de personnes par rapport aux questions liées au déplacement :

Groupe 1 : se compose d'environ 630 000 personnes, qui se trouvent dans l'impossibilité de se déplacer seules à l'extérieur de leur lieu de vie, d'utiliser les transports en commun et de conduire.

Groupe 2 : compte 3 070 000 personnes qui cumulent des gênes lourdes, mais néanmoins sont parfois capables de sortir seules.

Groupe 3 : comprend 1 818 000 personnes qui sont gênées dans leurs déplacements, mais sont capables de se déplacer seules sur tous les itinéraires, en utilisant sans problème les moyens de transports collectifs ou individuels.

Groupe 4 : comporte 242 000 personnes qui sont gênées uniquement pour accéder à leur domicile ou s'y déplacer. Il s'agit des personnes qui ne rencontrent pas de difficultés à l'extérieur.

---

[8] Etude de J.M. Chanut, H. Michaudon, Difficultés à se déplacer et problèmes d'accessibilité, une approche à partir de l'enquête HID, Etudes et Résultats, n° 306, avril 2004, DREES, ministère des Affaires sociales.

Difficultés de déplacement à l'extérieur

Proportion de personnes avec difficulté	Ensemble de la population gênée dans son déplacement	Groupe 1	Groupe 2	Groupe 3	Groupe 4
	5 750 000	630 000	3 070 000	1 818 000	242 000
Gênées aux abords ou dans leur lieu de vie	31 %	37 %	36 %	11 %	100 %
Incapables de se déplacer seules à l'extérieur	29 %	90 %	35 %	0 %	0 %
Ayant le permis et conduisant régulièrement	37 %	0 %	28 %	65 %	59 %
Accédant sans difficulté aux transports en commun	41 %	0 %	19 %	87 %	78 %

Source : INSEE – Enquêtes HID, 1998-1999.

Les résultats de ces enquêtes attestent de l'ampleur de la situation contemporaine en matière de handicap, mais comme l'on va le voir, les réponses ne se sont véritablement formalisées que depuis quelques décennies.

Chapitre 2

L'interface entre handicap et accessibilité, une évolution récente

***HANDICAP** est un terme générique qui désigne les déficiences, les limitations d'activité et les restrictions de participation à la vie sociale. Il concerne les aspects négatifs de l'interaction entre un individu et son environnement. (OMS, CIF, 2001)*

I. LES TERMES QUI DÉSIGNENT LE HANDICAP

Le mot handicap vient du terme anglais « hand in cap » qui signifie « main dans le chapeau » utilisé pour désigner un jeu de hasard au XVIIe siècle. L'expression s'est transformée au XVIIIe siècle, autour des années 1750, pour être utilisée dans le monde hippique. Les chevaux dont les capacités de vaincre sont naturellement inégales, devaient, en principe, courir avec les mêmes chances au départ. C'est pourquoi le « handicap » des chevaux devait être égalisé par l'obligation, faite aux meilleurs, de porter un poids plus grand ou de parcourir une distance plus longue. Selon le dictionnaire « le Robert », le terme handicap, par extension signifie « *le désavantage imposé à un concurrent pour que les chances se trouvent égales.* » Par la suite, le terme handicap a été adopté par d'autres compétitions sportives pour classer les joueurs, selon leurs performances.

Bien qu'il soit difficile de dater précisément à quel moment le mot « handicap » a été utilisé pour désigner les conséquences « d'une limitation des capacités humaines, physiques ou mentales » de la personne, l'on estime que cette utilisation pourrait remonter à 1918, à la fin de la première guerre mondiale. Son apparition dans le dictionnaire « le Robert » date de 1940, alors que c'est en 1957 qu'il entre dans la réglementation, à travers une loi sur les « travailleurs handicapés » et prend pour la première fois, une valeur juridique.

Longtemps, différents mots comme « infirme », « invalide », « paralysé », « mutilé » ou encore « débile » étaient utilisés aussi bien par la société que par le monde médical ou juridique, pour définir l'état d'une personne. Les milieux associatifs, mais aussi professionnels, ont joué un rôle important dans l'évolution de cet usage.

De nos jours, plusieurs termes sont utilisés dans le langage courant pour désigner le handicap. La plupart de ces termes, qui prêtent à confusion, sont employés dans un sens pratique, mais d'une façon indifférente. Ainsi, on entend fréquemment, les termes *déficience, incapacité*, *dépendance* et *handicap* utilisés l'un pour l'autre sans distinction et sans tenir compte de leur impact dans la vie courante de la personne.

En France, l'utilisation du terme « handicap » est introduite dans le langage courant et dans les textes juridiques en 1975 avec la promulgation de la loi d'orientation en faveur des personnes handicapées. Mais au préalable, au début des années 1970, le terme de « dépendance » apparaît pour désigner la situation de certaines catégories de personnes âgées. Il s'agit des personnes qui éprouvent des difficultés dans la vie quotidienne et ne peuvent pas, de façon indépendante, exercer les actes de la vie courante. Cette notion s'est confondue, alors, avec « le handicap ». Mais, bien que ces deux notions ne soient pas conceptuellement, éloignées, cette comparaison s'est très vite arrêtée, car elle a mis en évidence un problème essentiel, notamment celui qui prend en compte la dimension de participation et de l'implication de la personne handicapée dans une activité à laquelle elle aspire. Depuis, la notion de dépendance est utilisée principalement, pour désigner la population âgée qui a recours à une aide pour mener sa vie quotidienne.

Le terme « handicap » est véritablement consacré en France, avec la loi du 11 février 2005 pour « l'égalité des droits et des chances, la participation et la citoyenneté des personnes handicapées » qui s'est organisée autour de la notion de « personne handicapée » en lui donnant une définition. Le handicap est désigné alors comme une situation produite par la limitation d'activité ou restriction de participation à la vie en société, subie dans son environnement, par une personne en raison d'une altération substantielle de ses fonctions.

Définition de handicap en France

« Constitue un handicap toute limitation d'activité ou restriction de participation à la vie en société subie dans son environnement par une personne en raison d'une altération substantielle, durable ou définitive d'une ou plusieurs fonctions physiques, sensorielles, mentales, cognitives ou psychiques, d'un polyhandicap ou d'un trouble de santé invalidant. »

Article 2 de la loi du 11 février 2005 relative à l'égalité des droits et des chances, à la participation et à la citoyenneté des personnes handicapées.

II. UNE APPROCHE INTERNATIONALE DU HANDICAP

Au niveau international, la notion du handicap a principalement évolué avec les travaux menés par l'Organisation Mondiale de la Santé (OMS) qui a adopté, en 1980, une classification Internationale des Handicaps (CIH). Cette classification s'est inspirée des réflexions du britannique Philippe Wood qui a largement contribué à transformer, de façon radicale, la vision du handicap, pour lui apporter une nouvelle approche sociétale. Elle a amorcé un important débat international sur le processus de production de handicap en prenant pour modèle trois concepts liés aux conséquences de maladies et de traumatisme, à savoir, la déficience, l'incapacité et le désavantage.

A partir de 1982, les experts commencent à admettre que l'environnement peut jouer un rôle déterminant dans la production de handicap. Les travaux menés par l'OMS en tiennent compte et intègrent dans la définition de handicap deux dimensions : celle basée exclusivement sur la situation de l'individu qui s'explique par une approche médicale, et celle qui comporte également une dimension sociale, en affirmant que toute personne, qu'elle soit handicapée ou non, vit dans une société et subit par conséquent, les inégalités imposées par l'organisation de cette société.

Le modèle médical ⇩ **Il relève de la politique de santé**	– le handicap est un attribut de l'individu ; – il correspond aux caractéristiques intrinsèques de la personne tels que l'âge, le sexe, les systèmes organiques, les aptitudes à réaliser une activité physique ou mentale, etc. ; – il est la conséquence d'une pathologie individuelle.
Le modèle social ⇩ **Il relève de la politique sociale**	– le handicap est le résultat d'un environnement non adapté imposé par la société ; – c'est une question liée au respect des droits de l'homme ; – c'est une question d'intégration.

Ces deux modèles, qui s'opposent dans leurs principes, ont rapidement montré leurs limites pour apporter une définition à un système aussi complexe que le handicap. Les débats ont conduit l'OMS à remplacer la CIH, en 2001, par une nouvelle Classification Internationale du Fonctionnement, du handicap et de la santé (CIF), qui fut adoptée par la 54e assemblée mondiale de la santé. Le CIH a été modifié en raison de son aspect essentiellement centré sur l'individu pour s'orienter vers une classification qui tient compte davantage de la situation sociale, des attentes de la collectivité et des capacités de l'individu.

Selon Patrick Fougeyrollas [1] « L'étendue des conséquences sociales des maladies et traumatismes dans les situations de vie courantes, correspondant au domaine du handicap ou de la participation sociale, demeure peu évaluée. Ce phénomène est en partie attribuable à l'attention dominante portée depuis longtemps sur le plan biomédical aux aspects organiques et fonctionnels en réadaptation et indemnisation et à la reconnaissance, beaucoup plus récente, du caractère incontournable d'une prise en compte des variables du contexte réel de vie, dans une perspective sociale d'égalisation des chances, d'exercice des droits et de citoyenneté ».

[1] La mesure de la qualité de l'environnement et le processus de production du handicap, Patrick Fougeyrollas, Luc Noreau, Julie Tremblay, Institut de réadaptation en déficience physique de Québec, www.ripph.qc.ca.

La distinction établie par la CIH entre déficience, incapacité et désavantage, qui revêt un caractère trop médical, est donc remplacée par la CIF, à travers une définition qui prend appui sur le principe selon lequel le handicap est produit par une organisation sociale et environnementale non adaptée.

Les travaux menés à cette occasion par l'OMS sont à l'origine d'un important changement au niveau du langage et de la pensée, dans le domaine du handicap. Ils résultent d'un consensus international qui a permis l'évolution d'une approche uniquement médicale, considérant le handicap comme un attribut de la personne relevant d'une politique de santé, vers une approche plutôt à dominante sociale. Ainsi, le handicap est considéré comme un problème de société qui découle d'une politique publique visant l'intégration.

1. Une nouvelle définition selon l'organisation mondiale de la santé

La classification internationale de l'OMS (la CIF) s'appuie sur deux axes pour définir le handicap : celui relevant du système organique et psychologique de la personne et celui de sa participation dans la société, mettant ainsi en valeur deux dimensions :

- ***La dimension individuelle*** concerne les « systèmes organiques » de la personne, c'est-à-dire celles qui relèvent, d'une part, des fonctions physiologiques, y compris psychologiques et, d'autre part, des « structures anatomiques » qui sont celles qui concernent les parties structurelles du corps comme les organes et les membres.
- ***La dimension sociale*** se justifie à travers les activités et la participation ou l'implication de l'individu dans une activité. Dans le cas contraire, il s'agit de restrictions de participation. Les deux concepts qui relèvent de « participation » et d'« activité » de la personne sont évalués à travers la capacité et la performance de l'individu handicapé pour la réalisation, dans des conditions réelles de vie, d'une tâche quotidienne, comme s'habiller par exemple.

Le terme « handicap » désigne, selon cette classification, l'ensemble des éléments négatifs de ces deux dimensions qui sont :

- *les limitations d'activité* : les difficultés que rencontre une personne dans l'exécution de certaines activités ;

– *les restrictions de participation* : les problèmes qu'une personne peut rencontrer en s'impliquant dans une situation de vie réelle, par rapport à un standard préalablement déterminé.

Cette classification met toutes les maladies et les pathologies sur un pied d'égalité, quelle que soit leur cause et en prenant en compte les aspects sociaux du handicap, elle propose un mécanisme pour établir l'impact de l'environnement social et physique sur le fonctionnement d'une personne. Ainsi, elle s'adresse à tout être humain et non à des personnes stigmatisées selon un critère physique ou mental.

A un modèle de la réadaptation et de la déficience, qui imputait le handicap à la capacité de l'individu, se substitue désormais, un modèle basé sur le principe d'une société accessible. Le handicap est décrit comme le résultat d'une interaction entre une personne et son environnement social et physique.

Ce transfert conceptuel est fondamental, car il a contribué à réorienter, ces dernières années, la prise en charge sociétale du handicap. En France, il a guidé la politique du handicap, particulièrement à partir de 2003, à l'occasion des travaux lancés pour l'élaboration de la récente loi sur le handicap. Ces travaux, en s'appuyant sur l'évolution du contexte international en matière de discrimination, ont mis en évidence le principe de l'accès « à tout, pour tous », et ont fait de l'accessibilité à l'environnement le principal facteur d'intégration des personnes handicapées, sans pour autant oublier la question fondamentale de l'autonomie individuelle.

Avec cette approche, la loi française se place dans une logique intermédiaire. Elle réunit, comme on le verra dans les prochains chapitres, dans une même législation destinée aux personnes handicapées, d'une part, des dispositions concernant le principe de non-discrimination, à travers des mesures collectives pour faciliter l'accès à l'éducation, à l'emploi, aux transports, etc. et, d'autre part, des mesures spécifiques qui sont destinées à compenser le handicap. Ces mesures qui prennent la forme d'aides individuelles visent à réduire, voire à éliminer, les conséquences de la déficience. La société se donne ainsi les moyens de prendre en charge, par des soutiens financiers, les surcoûts induits par le handicap, mais consciente de la diversité du handicap, elle s'organise également pour intervenir sur les facteurs environnementaux qui le produisent, c'est-à-dire le cadre bâti, l'espace public ou le transport.

➤ Classification de l'Organisation Mondiale de la Santé

La classification adoptée par l'OMS a donné aux trois termes « *déficience* », « *incapacité* » et « *handicap* » des définitions qui leur confèrent un sens bien précis. A travers la CIF, le terme *déficience* est utilisé comme un terme générique pour les trois dimensions : organique, individuelle et sociétale concernant le handicap. Les mots n'ayant pas le même sens dans les différents pays, lors de la révision de la CIF, l'OMS a cherché à assurer une meilleure clarté dans le choix des termes sélectionnés qui devaient être traduits et utilisés dans différentes langues. Comme toutes les classifications que l'OMS a en charge d'élaborer, la CIF est un outil de travail entre les pays membres. A ce titre, il veille à ce que la CIF s'applique indépendamment des cultures, des tranches d'âges ou du sexe et mène des enquêtes au niveau mondial, pour recueillir des données concernant sa mise en application et son efficacité.

Classification Internationale du Fonctionnement, du handicap et de la santé

Etat de la personne	Définition CIF adoptée par l'OMS
Bien-être	Terme général englobant la totalité des domaines de la vie humaine, y compris ses aspects physiques, psychiques et sociaux, qui concourent à ce que l'on peut appeler une « vie heureuse ». Les domaines de la santé, ou concourant au bien-être, sont un sous-ensemble de domaines qui constituent l'univers total de la vie humaine.
Etats de la santé et domaines de la santé	Un état de la santé est le niveau de fonctionnement au sein d'un domaine de la santé donné de la CIF. Les domaines de la santé désignent des secteurs de vie qui sont interprétés comme relevant de la notion de « santé », tels ceux qui, en matière de systèmes de santé, peuvent se définir comme constituant la responsabilité première du système de santé. La CIF n'impose pas de limite fixe entre les domaines de la santé et les domaines connexes de la santé. Il peut y avoir une zone intermédiaire qui dépend de conceptualisations différentes de la santé et des éléments liés à la santé dont on pourra alors calquer les contours sur les domaines de la CIF.

Etats connexes de la santé et domaines connexes de la santé	Un état connexe de la santé est le niveau de fonctionnement au sein d'un domaine connexe de la santé de la CIF. Les domaines connexes de la santé sont des domaines de fonctionnement qui, s'ils sont fortement corrélés à un problème de santé, ne risquent guère de relever de la responsabilité première du système contribuant au bien-être général. Dans la CIF, seuls sont traités les domaines du bien-être lié à la santé.
Problèmes de santé	Expression générique désignant une maladie (aiguë ou chronique), un trouble, une lésion ou un traumatisme. Ce terme peut également faire allusion à d'autres situations telles que la grossesse, le vieillissement, le stress, une anomalie congénitale ou une prédisposition génétique.
Fonctionnement	Terme générique couvrant les fonctions organiques, les structures anatomiques, les activités et la participation. Il désigne les aspects positifs de l'interaction entre un individu (ayant un problème de santé) et les facteurs contextuels face auxquels il évolue (facteurs personnels et environnementaux).
Handicap	Terme générique désignant les déficiences, les limitations d'activité et les restrictions de participation. Il désigne les aspects négatifs de l'interaction entre un individu (ayant un problème de santé) et les facteurs contextuels face auxquels il évolue (facteurs personnels et environnementaux).
Les fonctions organiques	Sont les fonctions physiologiques des systèmes organiques, fonctions psychologiques comprises. L'adjectif « organique » s'applique à l'organisme humain tout entier et, à ce titre, aussi au cerveau. En conséquence, les fonctions mentales (ou psychologiques) sont incluses dans les fonctions organiques. Pour ces fonctions, on estime que la norme est la norme statistique valable pour les êtres humains.
Les structures anatomiques	Parties structurelles du corps comme les organes, les membres et leurs composants, classifiés selon les systèmes organiques. Pour ces structures, on estime que la norme est la norme statistique valable pour les êtres humains.
La déficience	Perte ou une anomalie d'une structure anatomique ou d'une fonction organique. Les fonctions physiologiques

	incluent les fonctions mentales. Dans ce contexte, le terme d'anomalie est strictement utilisé pour désigner un écart important par rapport à des normes statistiques établies (c'est-à-dire un écart par rapport à la moyenne de la population dans le cadre des normes mesurées) et il ne doit être utilisé que dans ce sens.
L'activité	Exécution d'une tâche ou d'une action par un individu. Elle constitue la perspective individuelle du fonctionnement.
Les limitations d'activité	Difficultés qu'un individu peut éprouver dans l'accomplissement de ses activités. L'écart de la capacité d'exercer l'activité par rapport à ce que l'on peut attendre de la part d'individus n'ayant pas ce problème de santé, peut être plus ou moins grand, tant en qualité qu'en quantité. (« limitation d'activité » remplace le terme « incapacité » utilisé dans la CIH de 1980.)
La participation	Implication de l'individu dans une situation de la vie réelle. Elle constitue la perspective sociétale du fonctionnement.
Les facteurs contextuels	Facteurs qui constituent le contexte global de la vie d'un individu et, en particulier, du cadre dans lequel les états de santé sont classifiés dans la CIF. Il existe deux catégories de facteurs contextuels : les facteurs environnementaux et les facteurs personnels.
Les restrictions de la participation (qui remplace le terme désavantage utilisé dans la CIH de 1980)	Problèmes qui peuvent se poser à un individu lorsqu'il s'implique dans des situations de la vie réelle. La présence d'une restriction de la participation se détermine en comparant la participation d'un individu à celle qu'on attend, dans telle culture ou telle société, d'un individu sans limitation d'activité.
Les facteurs environnementaux	Constituent une composante de la CIF et renvoient à tous les aspects du monde extérieur ou extrinsèque qui forment le contexte de la vie d'un individu et, à ce titre, ont une incidence sur le fonctionnement de celui-ci. Les facteurs environnementaux incluent le monde physique et ses caractéristiques, le monde physique bâti par l'homme, les autres individus dans des relations différentes, les rôles, les attitudes et les valeurs, les systèmes et les services sociaux, ainsi que les politiques, les règles et les lois.

Les facteurs personnels	Sont des facteurs contextuels qui ont trait à l'individu tels que l'âge, le sexe, la condition sociale, les expériences de la vie, etc., qui ne sont pas classifiés dans la CIF mais que les utilisateurs peuvent intégrer à leurs applications de la CIF.
Les facilitateurs	Désignent tous les facteurs présents dans l'environnement de l'individu qui, par leur présence ou leur absence, améliorent le fonctionnement ou réduisent le handicap. Il pourra notamment s'agir d'un environnement physique qui soit accessible, de l'existence d'aides techniques, d'attitudes positives des gens vis-à-vis de l'incapacité, ainsi que de services, de structures et de politiques visant à accroître l'implication, dans tous les secteurs de la vie, de tous ceux qui ont un problème de santé. L'absence d'un facteur peut également faciliter les choses, comme l'absence de stigmatisation ou d'attitudes négatives. Les facilitateurs empêcheront une déficience ou une limitation d'activité de devenir une restriction de la participation, puisque la performance réelle d'une action s'en trouvera améliorée, en dépit du problème de capacité que connaît la personne.
L'obstacle	Désigne tout facteur situé à proximité d'un individu qui, par sa présence ou son absence, limite le fonctionnement et provoque l'incapacité. Il pourra notamment s'agir d'un environnement physique inaccessible, de l'absence d'aides techniques, d'attitudes négatives des gens vis-à-vis de l'incapacité, ainsi que des services, de structures et de politiques inexistants ou qui entravent spécifiquement la participation, dans tous les secteurs de la vie, de tous ceux qui ont un problème de santé.
La capacité	Un schéma qui indique, sous forme de code qualificatif, le plus haut niveau possible de fonctionnement qu'un individu puisse atteindre dans un domaine de la liste « Activité et participation », à un moment donné. La capacité se mesure dans un environnement uniforme ou normal, reflétant ainsi l'aptitude de l'individu ajustée à son environnement. La composante Facteurs environnementaux peut servir à décrire les caractéristiques de cet environnement uniforme ou normal.

La performance	Un schéma qui décrit, sous forme de code qualificatif, ce que les individus font dans leur environnement habituel. Il introduit ainsi, l'idée de l'implication d'un individu dans des situations de la vie réelle. L'environnement réel est également décrit à l'aide de la composante « facteurs environnementaux ».

Source : Introduction à la CIF – Classification internationale du fonctionnement, du handicap et de la santé – Organisation mondiale de la santé, Genève, Suisse, 2001 – http://www.who.int/bookorders/index.htm

2. Les droits des personnes handicapées reconnus par les Nations unies

Pour compléter ce rapide parcours historique qui cherche à retracer brièvement l'origine du terme handicap et à comprendre l'évolution de sa prise en compte sociétale, il faut s'arrêter un instant, au niveau international, sur les travaux menés par l'Organisation des Nations unies qui, par la déclaration de 1975, reconnaissent les droits des personnes handicapées. A partir de cette déclaration vont suivre une série d'actions en direction des personnes handicapées.

L'année 1981 est choisie année internationale des personnes handicapées, et l'année suivante, sur la base d'un programme mondial a été décrété « 1983-1993 décennie des personnes handicapées ». A cette occasion, la résolution adoptée le 3 décembre 1982, allie le handicap à l'état de l'environnement. C'est la première fois que la situation de la personne handicapée est mise en corrélation avec les obstacles induits par un environnement non adapté. Cette résolution précise dans ces termes que : « le handicap surgit quand ces personnes rencontrent des obstacles culturels, matériels ou sociaux, qui les empêchent d'accéder aux divers systèmes de la société qui sont à la portée de leurs concitoyens. Le handicap réside donc dans la perte ou la limitation de la possibilité de participer, sur un pied d'égalité, avec les autres individus à la vie de la communauté. »

A l'issue de la « décennie des personnes handicapées », les Nations unies publient en 1993, une nouvelle résolution qui définit les règles relatives à l'égalisation des chances des personnes handicapées constituant la base des actions internationales en direction des personnes handicapées. A travers 22 règles, les Nations unies se donnent un agenda qui vise l'amélioration de la condition des personnes handicapées dans la société, par l'exercice de leurs droits fondamentaux et leur participation pleine et entière aux activités de la société dans l'égalité. A partir de cette période, le handicap est clairement identifié comme le résultat de l'interaction entre trois facteurs liés à la situation de la personne, à l'environnement et à l'organisation de la société. Dès lors, l'accessibilité apparaît comme un moyen essentiel pour l'intégration des personnes handicapées dans la société.

Pour une égalisation des chances des personnes handicapées

Résolution A/RES/48/96 adoptée le 20 décembre 1993 par les Nations unies

PRINCIPE RETENU : l'égalité de droits signifie que les besoins de tous ont une importance égale, que c'est en fonction de ces besoins que les sociétés doivent être planifiées et que toutes les ressources doivent être employées de façon à garantir à chacun des possibilités de participation dans l'égalité.

« L'égalisation » des chances désigne le processus par lequel les divers systèmes de la société, le cadre matériel, les services, les activités et l'information sont rendus accessibles à tous et en particulier aux personnes handicapées. Les personnes handicapées font partie de la société et ont le droit de rester dans leur collectivité d'origine. Elles doivent recevoir l'assistance dont elles ont besoin dans le cadre des structures ordinaires d'enseignement, de santé, d'emploi, et de services sociaux.

DÉFINITION :

« **INCAPACITÉ** » : ce mot recouvre à lui seul nombre de limitations fonctionnelles différentes qui peuvent frapper chacun des habitants du globe. L'incapacité peut être d'ordre physique, intellectuel ou sensoriel, ou tenir à un état pathologique ou à une maladie mentale. Ces déficiences, états pathologiques ou maladies peuvent être permanents ou temporaires.

« **HANDICAP** » par ce mot il faut entendre la perte ou la restriction des possibilités de participer à la vie de la collectivité à égalité avec les autres, le mot lui-même désignant implicitement le rapport entre le handicapé et son milieu. Cette classification a été adoptée en assemblée générale des Nations unies, le 4 mars 1994.

➤ Une convention internationale

L'ensemble des démarches menées au niveau international a abouti à l'élaboration d'une convention relative aux droits des personnes handicapées, adoptée le 13 décembre 2006, par l'Assemblée générale de l'Organisation des Nations unies et signée le 30 mars 2007, par 82 pays membres. Il s'agit du 1er traité des Nations unies qui a reçu un nombre aussi important de signatures, dès son adoption. Cette convention est un traité de droit de l'homme qui met, notamment, l'accent sur la dimension sociale de la vie des personnes handicapées (à l'opposé de la dimension médicale prioritaire auparavant). Il réaffirme que ces personnes, quels que soient leurs handicaps doivent pouvoir bénéficier pleinement de leurs droits et de leur liberté fondamentale. Il clarifie les différents aspects de la vie des personnes en situation de handicap et les exigences qui s'y attachent. Par cette convention, les Etats membres :

a) *Reconnaissent* que la notion de handicap évolue et que le handicap résulte de l'interaction entre des personnes présentant des incapacités et les barrières comportementales et environnementales qui font obstacle à leur pleine et effective participation à la société sur la base de l'égalité avec les autres.

b) *Entendent* par « conception universelle » la conception de produits, d'équipements, de programmes et de services qui puissent être utilisés par tous, dans toute la mesure du possible, sans nécessiter ni adaptation ni conception spéciale. La « conception universelle » n'exclut pas les appareils et accessoires fonctionnels pour des catégories particulières de personnes handicapées là où ils sont nécessaires.

➤ Les mesures appropriées[2]

Sur la base de cette reconnaissance qui marque une réelle évolution dans la reconnaissance du handicap en le distinguant des notions comme *déficience*, *incapacité* ou *désavantage*, cette convention internationale met en avant le concept de l'accessibilité et le principe selon lequel il faut éliminer les obstacles et barrières environnementaux, pour permettre aux personnes qui se trouvent en situation de handicap de vivre de façon indépendante et dans la mesure du possible autonome. Ce principe est appliqué, par un ensemble de mesures sur lesquelles les pays signataires se sont engagés, à travers plusieurs dispositifs relatifs à l'accessibilité qui s'articulent autour de quatre mesures appropriées concernant :

- la sensibilisation ;
- l'autonomie de vie et inclusion dans la société ;
- la mobilité personnelle ;
- la liberté d'expression et d'opinion, et accès à l'information.

Ces mesures sont déclinées à travers 6 articles de la convention qui sont les suivants :

• Accessibilité[3]

1. Afin de permettre aux personnes handicapées de vivre de façon indépendante et de participer pleinement à tous les aspects de la vie, les Etats membres prennent des mesures appropriées pour leur assurer, sur la base de l'égalité avec les autres, l'accès à l'environnement physique, aux transports, à l'information et à la communication, y compris aux systèmes et technologies de l'information et de la communication, et aux autres équipements et services ouverts ou fournis au public, tant dans les zones urbaines que rurales. Ces mesures, parmi lesquelles figurent l'identification et l'élimination des obstacles et barrières à l'accessibilité, s'appliquent, entre autres :

---

[2] http://www.un.org/french/disabilities/convention/signature.shtml.

[3] Extrait des articles 8, 9, 19, 20, 21 et 30 relatifs à l'accessibilité tiré de la convention des droits des personnes handicapées.

a) Aux bâtiments, à la voirie, aux transports et autres équipements intérieurs ou extérieurs, y compris les écoles, les logements, les installations médicales et les lieux de travail.

b) Aux services d'information, de communication et autres services, y compris les services électroniques et les services d'urgence.

2. Les Etats membres prennent également des mesures appropriées pour :

a) Elaborer et promulguer des normes nationales minimales et des directives relatives à l'accessibilité des installations et services ouverts ou fournis au public et contrôler l'application de ces normes et directives.

b) Faire en sorte que les organismes privés qui offrent des installations ou des services qui sont ouverts ou fournis au public prennent en compte tous les aspects de l'accessibilité par les personnes handicapées.

c) Assurer aux parties concernées une formation concernant les problèmes d'accès auxquels les personnes handicapées sont confrontées.

d) Mettre en place dans les bâtiments et autres installations ouvertes au public une signalisation en braille sous des formes faciles à lire et à comprendre.

e) Mettre à disposition des formes d'aide humaine ou animalière et les services de médiateurs, notamment de guides, de lecteurs et d'interprètes professionnels en langue des signes, afin de faciliter l'accès des bâtiments et installations ouverts au public.

f) Promouvoir d'autres formes appropriées d'aide et d'accompagnement des personnes handicapées afin de leur assurer l'accès à l'information.

g) Promouvoir l'accès des personnes handicapées aux nouveaux systèmes et technologies de l'information et de la communication, y compris l'internet.

h) Promouvoir l'étude, la mise au point, la production et la diffusion de systèmes et technologies de l'information et de la communication à un stade précoce, de façon à en assurer l'accessibilité à un coût minimal.

• Sensibilisation

1. Les Etats signataires s'engagent à prendre des mesures immédiates, efficaces et appropriées en vue de :
   a) Sensibiliser l'ensemble de la société, y compris au niveau de la famille, à la situation des personnes handicapées et promouvoir le respect de leurs droits et de leur dignité.
   b) Combattre les stéréotypes, les préjugés et les pratiques dangereuses concernant les personnes handicapées, y compris ceux liés au sexe et à l'âge, dans tous les domaines.
   c) Mieux faire connaître les capacités et les contributions des personnes handicapées.
2. Dans le cadre des mesures qu'ils prennent à cette fin, les Etats membres :
   a) Lancent et mènent des campagnes efficaces de sensibilisation du public en vue de :
      i. favoriser une attitude réceptive à l'égard des droits des personnes handicapées ;
      ii. promouvoir une perception positive des personnes handicapées et une conscience sociale plus poussée à leur égard ;
      iii. promouvoir la reconnaissance des compétences, mérites et aptitudes des personnes handicapées et de leurs contributions dans leur milieu de travail et sur le marché du travail.
   b) Encouragent à tous les niveaux du système éducatif, notamment chez tous les enfants, dès leur plus jeune âge, une attitude de respect pour les droits des personnes handicapées.
   c) Encouragent tous les médias à montrer les personnes handicapées sous un jour conforme à l'objet de la Convention des droits des personnes handicapées.
   d) Encouragent l'organisation de programmes de formation en sensibilisation aux personnes handicapées et aux droits des personnes handicapées.

• Autonomie de vie et inclusion dans la société

Les Etats signataires reconnaissent à toutes les personnes handicapées le droit de vivre dans la société, avec la même liberté de choix que les autres personnes, et prennent des mesures efficaces et appropriées pour leur faciliter la pleine jouissance de ce droit ainsi que leur pleine intégration et participation à la société, notamment en veillant à ce que :

a) Les personnes handicapées aient la possibilité de choisir, sur la base de l'égalité avec les autres, leur lieu de résidence et/ou avec qui elles vont vivre et qu'elles ne soient pas obligées de vivre dans un milieu de vie particulier.

b) Les personnes handicapées aient accès à une gamme de services à domicile ou en établissement et autres services sociaux d'accompagnement, y compris l'aide personnelle nécessaire pour leur permettre de vivre dans la société et de s'y insérer et pour empêcher qu'elles ne soient isolées ou victimes de ségrégation.

c) Les services et équipements sociaux destinés à la population générale soient mis à la disposition des personnes handicapées, sur la base de l'égalité avec les autres, et soient adaptés à leurs besoins.

• Mobilité personnelle

Les Etats membres prennent des mesures efficaces pour assurer la mobilité personnelle des personnes handicapées, dans la plus grande autonomie possible, y compris en :

a) Facilitant la mobilité personnelle des personnes handicapées selon les modalités et au moment que celles-ci choisissent, et à un coût abordable.

b) Facilitant l'accès des personnes handicapées à des aides à la mobilité, appareils et accessoires, technologies d'assistance, formes d'aide humaine ou animalière et médiateurs de qualité, notamment en faisant en sorte que leur coût soit abordable.

c) Dispensant aux personnes handicapées et aux personnels spécialisés qui travaillent avec elles une formation aux techniques de mobilité.

d) Encourageant les organismes qui produisent des aides à la mobilité, des appareils et accessoires et des technologies d'assistance à prendre en compte tous les aspects de la mobilité des personnes handicapées.

• Liberté d'expression et d'opinion et accès à l'information

Les Etats membres prennent toutes les mesures appropriées pour que les personnes handicapées puissent exercer le droit à la liberté d'expression et d'opinion, y compris la liberté de demander, recevoir et communiquer des informations et des idées, sur la base de l'égalité avec les autres et en recourant à tout moyen de communication de leur choix au sens de l'article 2 de la Convention. A cette fin, les Etats membres :

a) Communiquent les informations destinées au grand public aux personnes handicapées, sans tarder et sans frais supplémentaires pour celles-ci, sous des formes accessibles et au moyen de technologies adaptées aux différents types de handicaps.

b) Acceptent et facilitent le recours par les personnes handicapées, pour leurs démarches officielles, à la langue des signes, au braille, à la communication améliorée et alternative et à tous les autres moyens, modes et formes accessibles de communication de leur choix.

c) Demandent instamment aux organismes privés qui mettent des services à la disposition du public, y compris par le biais de l'internet, de fournir des informations et des services sous des formes accessibles aux personnes handicapées et que celles-ci puissent utiliser.

d) Encouragent les médias, y compris ceux qui communiquent leurs informations par l'internet, à rendre leurs services accessibles aux personnes handicapées.

e) Reconnaissent et favorisent l'utilisation des langues des signes.

• Participation à la vie culturelle et récréative, aux loisirs et aux sports

1. Les Etats signataires reconnaissent le droit des personnes handicapées de participer à la vie culturelle, sur la base de l'égalité avec les autres, et prennent toutes mesures appropriées pour faire en sorte qu'elles :

a) Aient accès aux produits culturels dans des formats accessibles.
b) Aient accès aux émissions de télévision, aux films, aux pièces de théâtre et autres activités culturelles dans des formats accessibles.
c) Aient accès aux lieux d'activités culturelles tels que les théâtres, les musées, les cinémas, les bibliothèques et les services touristiques, et, dans la mesure du possible, aux monuments et sites importants pour la culture nationale.

2. Les Etats signataires prennent des mesures appropriées pour :
a) Donner aux personnes handicapées la possibilité de développer et de réaliser leur potentiel créatif, artistique et intellectuel, non seulement dans leur propre intérêt, mais aussi pour l'enrichissement de la société.
b) Faire en sorte que, conformément au droit international, les lois protégeant les droits de propriété intellectuelle ne constituent pas un obstacle déraisonnable ou discriminatoire à l'accès des personnes handicapées aux produits culturels.

3. Les personnes handicapées ont droit, sur la base de l'égalité avec les autres, à la reconnaissance et au soutien de leur identité culturelle et linguistique spécifique, y compris les langues des signes et la culture des sourds.

4. Afin de permettre aux personnes handicapées de participer, sur la base de l'égalité avec les autres, aux activités récréatives, de loisir et sportives, les Etats signataires prennent des mesures appropriées pour :
a) Encourager et promouvoir la participation, dans toute la mesure possible, des personnes handicapées aux activités sportives ordinaires à tous les niveaux.
b) Faire en sorte que les personnes handicapées aient la possibilité d'organiser et de mettre au point des activités sportives et récréatives qui leur soient spécifiques et d'y participer, et, à cette fin, encourager la mise à leur disposition, sur la base de l'égalité avec les autres, de moyens d'entraînements, de formations et de ressources appropriés.
c) Faire en sorte que les personnes handicapées aient accès aux lieux où se déroulent des activités sportives, récréatives et touristiques.

d) Faire en sorte que les enfants handicapés puissent participer, sur la base de l'égalité avec les autres enfants, aux activités ludiques, récréatives, de loisir et sportives, y compris dans le système scolaire.
e) Faire en sorte que les personnes handicapées aient accès aux services des personnes et organismes chargés d'organiser des activités récréatives, de tourisme et de loisir et des activités sportives.

III. UNE APPROCHE EUROPÉENNE DU HANDICAP

Au niveau européen, l'année 1984 marque une étape importante dans les réflexions et les engagements communautaires en matière de handicap. La référence au modèle médical est abandonnée, au profit d'un modèle social fondé sur le principe d'accès aux droits sociaux, économiques, culturel, etc. des personnes handicapées. L'Europe adopte, par une résolution relative à « une politique cohérente en matière de réadaptation des personnes handicapées », une nouvelle approche et s'engage sur une voie qui marquera, pour les décennies à venir, la politique menée en direction des personnes handicapées.

Cette démarche conduira le Conseil de l'Europe à lancer, dès 1991, une nouvelle réflexion sur la « politique d'intégration des personnes handicapées », qui aboutira à une Recommandation relative à une « politique cohérente pour les personnes handicapées » adoptée en 1992. Par cette Recommandation, le Comité des ministres européens apporte, sur la base de la Convention des droits de l'homme et des libertés fondamentales[4], une définition au « handicap » qui considère que « le handicap est fonction des rapports des personnes handicapées avec leur environnement. Il surgit lorsque ces personnes rencontrent des obstacles culturels,

[4] La Convention des droits de l'homme et des libertés fondamentales vise, principalement, les droits civils et politiques des citoyens européens. Elle a été signée à Rome, le 4 novembre 1950, et fut promulguée en France en 1974.

matériels ou sociaux qui les empêchent d'accéder aux divers systèmes de la société qui sont à la portée de leurs concitoyens. Le handicap réside donc dans la perte ou la limitation des possibilités de participer sur un pied d'égalité avec les autres individus à la vie de la communauté. Les personnes handicapées ne constituent pas un groupe uniforme d'individus ayant tous besoin de la même assistance. Les définitions et les classifications ne doivent donc pas avoir pour effet de les séparer de la société ou de les exclure des mesures possibles à la réadaptation et l'intégration, mais de mettre en évidence leurs problèmes et perspectives individuelles et les moyens permettant à toutes les personnes handicapées de bénéficier de l'assistance »[5].

En résumé

Le handicap est une limitation née d'une confrontation à des obstacles physiques, psychiques, sensoriels, sociaux, culturels, juridiques ou autres, qui empêchent la personne handicapée de s'intégrer dans la vie familiale, la société, et d'y participer au même titre que tout un chacun.

Nos sociétés ont le devoir d'adapter leurs normes aux besoins spécifiques des personnes handicapées pour leur garantir une vie autonome.

(Recommandation R. 1185 de 1992 de l'Assemblée parlementaire du Conseil de l'Europe relative aux réadaptations pour les personnes ayant un handicap.)

En 1996, le Conseil de l'Europe s'engage dans la révision de sa Charte sociale ; à cette occasion, le principe du droit des personnes handicapées y est introduit par un article consacré au « droit des personnes handicapées à l'autonomie, à l'intégration sociale et à la participation à la vie de la communauté »[6]. Entrée

[5] Recommandation R (92) 6 du comité des ministres aux Etats membres relative à une politique cohérente pour les personnes handicapées.

[6] Charte sociale européenne et charte sociale européenne révisée (STE n°s 35 et 163).

en vigueur en 1999, cette charte se base notamment, sur le refus de la discrimination comme principe fondamental des droits de l'homme. Les pays membres de l'Union européenne se sont engagés, par la signature de cette charte, à garantir aux personnes handicapées quels que soient leur âge, la nature et l'origine de leur handicap, l'exercice effectif du droit à l'autonomie, à l'intégration sociale et à la participation à la vie de la communauté. Cet engagement s'appuie sur un ensemble de mesures à mettre en œuvre pour favoriser l'orientation, l'éducation, la formation professionnelle, l'accès à l'emploi et au maintien en activité des personnes handicapées dans le milieu ordinaire de travail. Le principe retenu cherche à encourager la pleine intégration et participation à la vie sociale des personnes handicapées, notamment par « des mesures, y compris des aides techniques, visant à surmonter des obstacles à la communication et à la mobilité et à leur permettre d'accéder aux transports, au logement, aux activités culturelles et aux loisirs ».

➤ Le concept d'accessibilité en Europe

A partir de la fin des années 1990, on constate aussi bien au niveau de la France, qu'au niveau des organisations européennes et internationales, que les facteurs environnementaux prennent une place importante dans la politique d'intégration des personnes handicapées.

Ainsi, à mesure que l'on cherche à donner une définition au « handicap » on s'oriente de plus en plus vers une conjugaison entre un état fonctionnel de la personne qui connaît des limitations d'ordre physique, intellectuel ou sensoriel, et sa situation dans l'environnement qui peut devenir un obstacle à son intégration. La participation de la personne handicapée à la société est clairement reconnue comme un droit qui doit être garanti par les membres de cette même société. L'accessibilité des différentes composantes de l'environnement apparaît comme la principale réponse.

➤ Pour une accessibilité universelle

Entre les années 2000 et 2005, plusieurs Recommandations européennes ont invité les pays membres à engager des actions concrètes pour veiller à l'égalité des chances des personnes handicapées. Ces recommandations, à visée pratique, insistent plus particulièrement sur la nécessité d'apporter des réponses concrètes aux besoins de ces personnes, par exemple, par la suppression des obstacles, la création de logements accessibles, la promotion du principe d'une conception universelle, etc. Dans une communication publiée le 12 mai 2000, la Commission européenne précise : « les obstacles environnementaux constituent une plus grande entrave à la participation dans la société, que les limitations fonctionnelles. » Dès cette période, les travaux menés par la Commission s'orientent vers les questions relatives à l'accès des personnes handicapées aux différents composants de la société, comme par exemple, l'environnement physique, social et économique de la personne, ainsi que les moyens de communication et les nouvelles technologies, etc. Ces travaux sont complétés, en 2001, par une Résolution qui introduit le principe de « conception universelle » dans les programmes de formation de l'ensemble des professions travaillant dans le domaine de l'environnement bâti[7].

Dans la continuité de cette logique, 2003 a été déclaré « année européenne des personnes handicapées », ce qui a contribué à l'émergence d'un certain nombre de projets en faveur de l'intégration des personnes handicapées dans la société. Cette année a été également l'occasion d'une prise de conscience plus importante dans les pays européens, ce qui a conduit les gouvernements à reconnaître que, malgré les efforts menés ces dernières années, peu de choses ont changé, et que bon nombre d'améliorations attendues n'ont pas été encore réalisées.

Dans un rapport rédigé par la Commission de la cohésion sociale qui fait état de cette situation, on peut lire : « Face à ce constat ainsi qu'à d'autres de même ampleur, concernant l'inclusion des personnes handicapées, la seconde conférence européenne des ministres responsables des politiques d'intégration des personnes

---

[7] Résolution AP(2001)1 « Résolution de Tomar », Comité des ministres du Conseil de l'Europe du 15 février 2001.

handicapées qui s'est tenue à Malaga en 2003, a établi le calendrier de la politique européenne en matière de handicap, pour la prochaine décennie. Le plan d'action, résultat direct de cette conférence, a pour but : la promotion des droits et de la pleine participation des personnes handicapées à la société et l'amélioration de la qualité de vie des personnes handicapées, en Europe, pour la période 2006-2015. »[8]

Ce plan, adopté par le Comité des ministres dans une Recommandation en 2006, est « un instrument pratique, conçu pour mettre en œuvre des stratégies viables, afin de parvenir à la pleine participation des personnes handicapées à la société et à l'intégration des questions relatives au handicap, dans tous les domaines d'action retenus comme prioritaires ». Il est pour les communes, les villes et les régions des Etats membres, un instrument, particulièrement utile à la mise en œuvre de mesures concrètes visant à rendre les espaces et infrastructures publics accessibles aux personnes handicapées.

« Pour être des citoyens à part entière, dans des conditions d'égalité, les personnes handicapées doivent impérativement pouvoir vivre et se déplacer dans leur environnement. Compte tenu du fait que l'accessibilité concourt au bien-être de l'ensemble des citoyens, il est particulièrement important que celle-ci trouve sa place dans les perspectives d'aménagement des territoires (commune, ville, région, Etat). Il ne serait pas très utile et efficace de concevoir des habitations (individuelles ou collectives) ou des installations accessibles (accessibilité des édifices publics) si les diverses composantes de l'environnement (voirie, transports) ne voyaient l'élimination des obstacles qui les caractérisent bien trop souvent. »[9]

Le principe d'accessibilité comme moyen d'intégration des personnes handicapées, s'inscrit définitivement dans la logique des actions menées par le Conseil de l'Europe, à partir de 2004, avec la prise en compte de l'accessibilité sous un angle élargi, qui est

---

[8] Commission de la cohésion sociale, session de printemps CG(13)41part2, rapport rédigé par Erich Haider, avec contribution de Marc Maudinet pour la France, sur « l'accès des personnes handicapées aux infrastructures et espaces publics », mars 2007.
[9] Idem.

celui de « la conception universelle ». Ce principe a été acté dans la suite logique de la « Résolution de Tomar » de 2001 concernant « l'introduction des principes de conception universelle dans les programmes de formation de l'ensemble des professions travaillant dans le domaine de l'environnement bâti », et des travaux d'un comité d'experts de la Commission européenne en octobre 2003. Ce comité d'experts, composé des représentants des pays membres, a produit un rapport intitulé « 2010 : Une Europe accessible à tous » qui tient compte de deux principes :

- ***la définition d'une position européenne commune*** sur la conception universelle, y compris des principes généraux ;
- ***l'élaboration de recommandations aux gouvernements*** fondées sur le principe de la conception universelle, en vue d'améliorer l'accès des personnes handicapées à l'environnement bâti, aux biens et aux services.

L'objectif fixé a été d'adopter, à terme, des normes et des règles européennes en faveur d'une accessibilité généralisée pour les personnes handicapées. Le groupe a fondé ses travaux sur un questionnaire envoyé aux pays membres relatif à la prise en compte de la « conception universelle et l'accessibilité ». L'intérêt de ces travaux réside principalement dans la considération, pour la première fois, de tous les éléments constituant la vie quotidienne d'une personne, qu'il s'agisse du mobilier ou de l'immobilier, à l'intérieur ou à l'extérieur de chez soi.

Tous les éléments, qui contribuent à la mise en accessibilité de la société, sont concernés :

- les moyens technologiques d'assistance, la formation, la recherche et l'éducation à la conception universelle ;
- la circulation et les transports ;
- la construction et l'aménagement du logement, qu'il s'agisse de lieux d'habitation ou d'hébergement ou centre d'accueil et de résidence ;
- l'environnement, l'urbanisme, l'aménagement de l'espace public, de la voirie, des mobiliers, etc ;
- les produits et les biens, comme les appareils ménagers, l'électronique grand public, les machines et outils utilisés dans l'espace public ;

- les réseaux des systèmes d'information et de communication, comme l'internet, les logiciels, les systèmes téléphoniques, les réseaux de la radiodiffusion numérique, etc. ;
- les services, notamment en matière de santé ;
- l'éducation, l'emploi, les loisirs, les sports, le tourisme, etc.

➤ L'implication des pouvoirs locaux en Europe

Pour terminer ce résumé des différentes démarches engagées par les instances européennes en direction des personnes handicapées et de leur accessibilité, il faut souligner les récents travaux menés par le Congrès des pouvoirs locaux et régionaux du Conseil de l'Europe, lors de sa session de printemps 2007. Une fois de plus, le rôle de l'environnement est souligné comme facteur d'intégration et le principe d'une accessibilité universelle est fortement préconisé. Ainsi, dans sa Recommandation, le congrès estime, « qu'un environnement accessible à tous est un élément primordial pour que s'établisse une société fondée sur l'égalité des droits et pour permettre à tous les citoyens de mener une vie autonome. »

Se basant sur la Conférence européenne de Malaga de 2003, et le Plan d'action 2005-2015 du Conseil de l'Europe, le congrès souligne qu'« un environnement qui ne crée pas d'entrave ni de limitation est de l'intérêt de tous et pas seulement des personnes ayant des contraintes particulières. Par ailleurs, tout citoyen peut rencontrer des problèmes de mobilité réduite, à un moment de sa vie, pour des raisons diverses, dues non seulement à un handicap, mais également à l'âge ou à une condition physique particulière et temporaire (femmes enceintes, par exemple). L'accessibilité concerne donc tout le monde, et favorise l'intégration et la participation sociale des personnes en situation permanente ou momentanée de handicap. » Il recommande au Comité des Ministres de demander aux Etats membres de mener un ensemble d'actions dans ce sens, notamment « de développer une politique nationale intégrée en matière d'accessibilité qui permette l'élaboration de politiques cohérentes d'aménagement des territoires visant à favoriser l'accès aux infrastructures et espaces publics, fondées sur le principe de *conception universelle* »[10].

Le Congrès des pouvoirs locaux et régionaux considère, en 2007, « qu'il est indispensable que les territoires qui constituent les villes et les régions de l'Europe soient conçus et aménagés pour privilégier l'accessibilité de telle façon que le plus grand nombre de personnes puisse faire usage de l'ensemble des infrastructures et espaces publics sans entrave ». Le Congrès reconnaît le rôle capital que les pouvoirs locaux et régionaux des Etats membres ont à jouer dans le domaine du handicap et les appelle à « mettre en place des plans d'action locaux et régionaux en matière d'accessibilité avec pour objectif le développement de politiques intégrées basées sur le principe de *conception universelle* »[11].

En résumé

Par accessibilité, on entend l'accessibilité à un lieu, à des équipements et par extension à l'ensemble des services collectifs. Cette accessibilité est fondée sur la notion de « conception universelle » qui promeut l'application de normes et de technologies intégrées et appliquées aux infrastructures et espaces, pour une vie autonome de la personne et une réduction des obstacles à ses déplacements.

La notion de « conception universelle » s'applique parfaitement à toutes les catégories de personnes, au-delà des seules personnes handicapées.

Résolution 227 (2007) du Conseil de l'Europe sur l'accès des personnes handicapées aux infrastructures et espaces publics.

[10] Le principe de « conception universelle » est utilisé en France, notamment par les associations qui œuvrent dans le domaine de l'accessibilité des personnes handicapées. Comme par exemple, l'association Accès Universel, qui a centré ses actions autour de ce thème.

[11] Résolution 227 (2007) et la Recommandation 208 (2007) relatives à l'accès des personnes handicapées aux infrastructures et espaces publics.

Partie 2.

Montée en puissance de la prise en compte de l'accessibilité dans les politiques publiques

Pour l'architecte, l'outil de mesure « reste toujours » l'échelle humaine.

En s'adressant aux étudiants des écoles d'architecture, Le Corbusier avait écrit en 1957, que « *l'architecture doit être mise au service de l'homme. Elle doit se pencher sur l'individu et créer pour le bonheur de celui-ci, les aménagements qui rendent plus aisés, tous les gestes de sa vie [...]. Qui pourra prendre les mesures nécessaires pour mener à bien cette tâche, sinon l'architecte qui possède la parfaite connaissance de l'homme* » [...] [1].

Par ces propos, certes à cette époque, Le Corbusier ne pensait pas aux personnes handicapées, mais à « l'homme qui regarde devant lui, qui marche, se déplace, et se livre à ses occupations », et qui, en somme, devait être « conforme » au format du Modulor. Ce Modulor, qu'il a créé en 1943, présente un homme aux dimensions universelles basées sur le nombre d'or, pour respecter l'échelle humaine dans la conception architecturale.

Le principe d'un modèle de corps humain « universel », utilisé dans la construction, date de l'Antiquité. Bien avant Le Corbusier, au Ier siècle avant J.-C., l'architecte romain Vitruve, dans son ouvrage *De Architectura,* instaure trois critères de qualité pour l'architecture : la solidité, l'esthétique et la commodité *(firmitas, voluptas, commoditas*). Il met ainsi en avant, la nécessité d'adapter le bâtiment aux besoins et à l'usage de l'homme. Sur la base de ce principe, quelques siècles plus tard, Léonardo De Vinci créa l'homme de Vitruve qui montre les proportions du corps humain « bien formé », destiné, comme modèle, aux architectes, pour construire des bâtiments « bien proportionnés » et en étroite relation avec les lois d'une architecture harmonieuse.

Depuis cette époque, l'état d'esprit de la société a évolué et le courant théorique de la pensée en architecture a progressé. Ainsi, à partir de la deuxième moitié du XXe siècle notamment, le principe de bâtiment à l'usage de l'homme bien proportionné et en pleine possession de ses capacités a largement changé, au profit de bâtiments qui tiennent compte de l'évolution de la population et de sa situation économique.

---

[1] La Charte d'Athènes, Le Corbusier, éditions de Minuit, 1957.

Mais, les trois critères de Vitruve – la solidité, l'esthétique et la commodité – restent, encore aujourd'hui, les piliers de la création architecturale, et l'adaptation du bâtiment à l'homme et à ses usages demeure comme l'élément incontournable de la construction. Ce que la société moderne a ajouté, ces dernières années, à ces trois critères, c'est la dimension de l'individu et de ses aspirations. Désormais, toute construction architecturale doit être conçue au regard d'un principe fondamental qui consiste à répondre aux besoins de chacun sans exclusivité ni discrimination. Ce sont ces principes qui ont largement inspiré le contenu de la loi nouvelle relative aux personnes handicapées.

Chapitre 1

Genèse d'une réglementation de l'accessibilité

I. L'ÉTAT DE LA RÉGLEMENTATION SUR L'ACCESSIBILITÉ AVANT LA LOI DU 11 FÉVRIER 2005

Le premier texte réglementaire dans le domaine de la construction qui s'est intéressé au cas des personnes handicapées date de 1966. Il s'agit d'une circulaire du ministère de l'équipement concernant le nombre de logements que les organismes HLM devaient réserver aux personnes handicapées. Mais, à cette époque, aucune disposition ne définissait les modalités de l'accessibilité effective des personnes handicapées à ces logements. Dans la pratique, cette obligation s'est traduite par la réservation d'un nombre très limité de logements situés au rez-de-chaussée des immeubles HLM.

Le vrai tournant réglementaire, en matière d'accessibilité intervient en 1975, avec la promulgation de la loi « d'orientation en faveur des personnes handicapées » qui instaure de nouvelles dispositions couvrant les différents aspects de la vie de la personne. Cette loi, pour la première fois, reconnaît le principe de l'accessibilité et l'inscrit parmi ses obligations. A partir de cette période, l'accessibilité s'impose à toutes les constructions et infrastructures neuves. Mais, ces dispositions ne visent que l'accessibilité des personnes à mobilité réduite. Le principe de l'accessibilité ne couvre alors, que les moyens mis en place pour permettre aux personnes en fauteuil roulant de se déplacer ou d'accéder à des bâtiments ou des moyens de transports récents.

Lors de l'examen du projet de loi relatif « à l'égalité des droits et des chances, la participation et la citoyenneté des personnes handicapées » devant le Sénat, en février 2004, à propos de la prise en compte de l'accessibilité par la loi du 30 juin 1975, la commission des affaires sociales a écrit :

« *La loi d'orientation du 30 juin 1975 n'avait pas totalement oublié la question de l'accessibilité. Elle affichait des objectifs ambitieux et posait, de façon réaliste, le principe d'une mise en œuvre progressive, tant en matière de cadre bâti que de transport. Toutefois, la définition même de l'accessibilité souffrait d'emblée d'une vision très restrictive, puisqu'elle demeurait limitée à la question du handicap moteur, et notamment à la question des cheminements en fauteuil roulant.*

Il reste que la traduction concrète des principes affichés par cette loi fondatrice n'a été que tardivement réalisée : la définition précise des obligations d'accessibilité a été renvoyée à des décrets, qui ont prévu, faute de "garde-fou" dans la loi, un nombre important d'exceptions et de dérogations. Des délais importants ont été nécessaires pour l'élaboration de ces décrets : ainsi, s'agissant du cadre bâti, leur publication s'est échelonnée jusqu'en 1999. »[2]

S'agissant des transports, la loi d'orientation des transports intérieurs du 30 décembre 1982, dès son article 2 traitant de la mise en œuvre du droit au transport, indiquait que des mesures particulières peuvent être prises en faveur des personnes à mobilité réduite. Les modifications successives de cette loi, ont par la suite, développé la prise en compte des besoins des personnes handicapées et à mobilité réduite.

Le principe de l'accessibilité, acté par la loi du 30 juin 1975, s'est en effet, concrétisé sur plusieurs années, à travers un certain nombre de textes pris en application de cette loi pour les bâtiments publics, les immeubles d'habitation, les transports collectifs, la voirie et les espaces publics. Pendant près de trente ans, les architectes et autres maîtres d'œuvres se sont basés sur ces textes pour concevoir, aménager et construire. Des habitudes se sont prises et des principes se sont ancrés dans les esprits des uns et des autres en matière d'accessibilité. Aussi, avant de présenter les nouvelles obligations, il semble utile de faire un bref rappel de l'état de la réglementation, avant le 11 février 2005, pour bien appréhender les nouvelles

[2] Rapport n° 210 du 11 février 2004, fait au nom de la commission des affaires sociales du Sénat par le sénateur Paul Blanc.

dispositions et comprendre les modifications qui sont apportées aux précédents textes. Notamment, il faut avoir présent à l'esprit que jusqu'à cette loi, les obligations relatives à l'accessibilité ne concernaient que le handicap moteur.

II. LA VOIRIE ET LES TRANSPORTS PUBLICS

1. Voirie et espaces publics

Suite aux obligations fixées par la loi du 30 juin 1975, les premiers textes d'application relatifs à l'accessibilité publiés, concernent la voirie et les espaces publics. En effet, dès 1978, la réglementation prévoit la mise en accessibilité de la voirie, de l'espace public, y compris des aires de stationnement à l'occasion de travaux de réalisation ou même de réfection. Parmi ces textes, il faut souligner :

***Le décret du 9 décembre 1978**, relatif aux mesures destinées à rendre accessibles aux personnes handicapées à mobilité réduite les installations ouvertes au public existantes, appartenant à certaines personnes publiques et fixant l'adaptation des services des transports publics pour faciliter les déplacements des personnes handicapées.* L'article 4 de ce décret précisait que « dans chaque agglomération dont la population légale est de 5 000 habitants ou plus à la date de publication du présent décret, un plan d'adaptation de la voirie publique, et notamment des trottoirs, à l'accessibilité doit être établi à l'initiative de l'autorité d'agglomération responsable, si elle existe ou, à défaut, des maires des communes concernées. Ce plan fixe les dispositions susceptibles de rendre accessible aux personnes handicapées l'ensemble des circulations piétonnières et des aires de stationnement d'automobiles de l'agglomération. Toute réfection d'une partie de la voirie doit comporter sa mise en conformité avec ce plan ». Ce principe est repris par la loi du 11 février 2005, qui retient la même taille de commune, pour la mise en place des plans d'accessibilité de la voirie et des espaces publics. Ce décret prévoyait également que dans un délai de trois ans, à compter de sa publication, « des programmes d'aménagement doivent être établis afin d'adapter aux besoins des personnes handicapées, les installations et les services réguliers de transport collectif de voyageurs, publics ou privés et les services de transports de marchandises par chemin de fer ouverts au public ». L'accessibilité des transports publics aux personnes handicapées devait concerner : « l'aménagement et l'équipement des installations d'accès aux véhicules, l'aménagement de véhicules existants ou la mise en service des véhicules adaptés, et la création ou le développement de services spécialement adaptés ».

Le décret du 31 août 1999, *relatif aux prescriptions techniques concernant l'accessibilité aux personnes handicapées de la voirie publique ou privée ouverte à la circulation publique.* Il complète celui du 9 décembre 1978 et fixe notamment, les caractéristiques techniques des cheminements, des trottoirs, des aires de stationnement, des feux de signalisation, des postes d'appels d'urgence, des emplacements d'arrêts des véhicules de transports publics, etc. Ces dispositifs sont repris dans la nouvelle réglementation relative à la voirie et aux espaces publics et sont complétés par des mesures concernant l'accessibilité de tout type de handicap.

2. Transports publics

L'organisation des transports publics en France est définie par la loi d'orientation des transports intérieurs, dite la LOTI, de 1982. Cette loi a régulièrement été modifiée par les apports successifs des nouvelles lois. La loi du 11 février 2005 (article 45-IV) a permis de renforcer le principe de l'accessibilité des personnes à mobilité réduite, de l'élargir à tous les types de handicaps et d'associer leurs représentants à toutes les instances de concertation. Ainsi, la LOTI est modifiée sur plusieurs points :

- le terme « usager », est complété par « les personnes à mobilité réduite ou souffrant d'un handicap » ;
- les mesures particulières, notamment relatives au coût de transports, prises en faveur des personnes à mobilité réduite sont élargies en faveur de leurs accompagnateurs ;
- la composition du Comité régional des partenaires du transport public est élargie aux associations de personnes handicapées ;
- la composition des membres des Comités de ligne est élargie aux représentants d'associations de personnes handicapées ;

– la composition du Comité des partenaires du transport public, créé auprès des autorités compétentes pour l'organisation des transports publics ou des syndicats mixtes de transport, est élargie aux associations de personnes handicapées ;
– la liste des organismes et des associations consultés à l'occasion de l'élaboration ou révision d'un Plan de déplacement urbain est élargie aux associations représentant des personnes handicapées ou à mobilité réduite.

La loi d'orientation du 30 décembre 1982 *sur les transports intérieurs (la LOTI)*, prévoit, dès sa parution dans son article 1er, que « le système de transports intérieurs doit satisfaire les besoins des usagers dans les conditions économiques et sociales les plus avantageuses pour la collectivité. Il concourt à l'unité et à la solidarité nationale, à la défense du pays, au développement économique et social, à l'aménagement équilibré du territoire et à l'expansion des échanges internationaux, notamment européens. Ces besoins sont satisfaits par la mise en œuvre des dispositions permettant de rendre effectifs le droit qu'a tout usager de se déplacer et la liberté d'en choisir les moyens, ainsi que la faculté qui lui est reconnue d'exécuter lui-même le transport de ses biens ou de le confier à l'organisme ou à l'entreprise de son choix ». Cet article est complété par l'article 2 qui précise que « la mise en œuvre progressive du droit au transport permet aux usagers de se déplacer dans des conditions raisonnables d'accès, de qualité et de prix ainsi que de coût pour la collectivité, notamment par l'utilisation d'un moyen de transport ouvert au public. Dans cet esprit, des mesures particulières peuvent être prises en faveur des personnes à mobilité réduite. Les catégories sociales défavorisées, notamment celles des parties insulaires et des régions lointaines ou d'accès difficile du territoire national, peuvent faire l'objet de dispositions adaptées à leur situation. Le droit au transport comprend le droit pour les usagers d'être informés sur les moyens qui leur sont offerts et sur les modalités de leur utilisation ». A travers les modifications successives apportées à ce texte, de nouvelles dispositions ont vu le jour, comme par exemple, l'obligation pour les autorités territoriales, d'établir des « programmes d'aménagement des services et installation de transports collectifs de voyageurs, publics ou privés et des services des transports par chemin de fer, afin de les adapter aux besoins des personnes handicapées. » Ces programmes devaient déterminer « les mesures à mettre en œuvre pour améliorer l'accessibilité des personnes handicapées aux services réguliers de transports publics ». Un document, établi en même temps que ce programme, devait en évaluer le coût et proposer les modalités de sa mise en application. Ces mesures pouvaient se mettre en place à condition que « le type du service et les contraintes d'exploitation de celui-ci ne soient pas manifestement incompatibles avec la nature même du handicap ». Sinon, la loi prévoyait la possibilité « de mettre à la disposition des personnes handicapées un système de transport répondant à leurs besoins ». Ces mesures concernaient :

- l'aménagement de véhicules existants ou la mise en service de véhicules adaptés ;
- la création ou le développement de services spécialement adaptés.

III. LE LOGEMENT ET LE CADRE BÂTI

1. Le cadre bâti

La loi d'orientation du 30 juin 1975, en faveur des personnes handicapées, dans son chapitre V, instaurait, pour la première fois, des dispositions pour favoriser la vie sociale des personnes handicapées à travers des mesures d'accessibilité. Ainsi, elle avait établi que « les dispositions architecturales et aménagements des locaux d'habitation et des installations ouvertes au public, notamment les locaux scolaires, universitaires et de formation, doivent être tels que ces locaux et installations soient accessibles aux personnes handicapées ». Pour voir se concrétiser dans les faits, les obligations de mise en accessibilité du cadre bâti prévues par cette loi il a fallu attendre jusqu'en 1991 pour disposer, d'abord d'une loi, et par la suite d'un ensemble de textes d'application qui ont précisé ces obligations. Les principaux textes concernés sont les suivants :

Le décret du 1er février 1978, *fixant les mesures destinées à rendre accessible aux personnes handicapées à mobilité réduite les installations neuves ouvertes au public.*

La loi du 13 juillet 1991, *portant diverses mesures destinées à favoriser l'accessibilité aux personnes handicapées des locaux d'habitation, des lieux de travail et des installations recevant du public.* Il s'agit de la loi qui a réglementé pour la première fois, dans sa globalité, l'accessibilité des bâtiments et a modifié, en ce sens, le Code de la construction et de l'habitation et le Code de l'urbanisme. Par cette loi il était prévu que « les dispositions architecturales et les aménagements des locaux d'habitation, des lieux de travail et des établissements et installations recevant du public, notamment les locaux scolaires, universitaires et de formation, doivent être tels que ces locaux et installations soient accessibles aux personnes handicapées » selon les dispositions de cette loi, la prise en compte effective des mesures de mise en accessibilité devait être vérifiée :

- par le permis de construire dont la délivrance était conditionnée par la prise en compte de ces mesures ;
- par l'autorisation de conformité des travaux aux mesures d'accessibilité, accordée en cas de création, d'aménagement ou de modification d'un établissement recevant du public ;
- par la subordination des autorisations de l'ouverture des établissements recevant du public au respect des règles d'accessibilité.

Le décret du 26 janvier 1994, *relatif à l'accessibilité aux personnes handicapées des locaux d'habitation, des établissements et installations recevant du public.* Ce décret prévoyait les dispositions architecturales et les mesures d'ordre technique que les différents équipements et composants du bâtiment devaient respecter, pour assurer l'accessibilité des personnes handicapées. Il précisait les modalités de contrôle par les permis de construire et définissait le rôle et les obligations des commissions consultatives départementales de la protection civile, de la sécurité et de l'accessibilité. Les mesures prévues par ce décret, réglementaient notamment, les cheminements d'accès, les parcs de stationnement d'automobile, les ascenseurs, les cabinets d'aisances, le téléphone publique, etc. Des dispositions spécifiques étaient également prévues pour les hôtels, les installations sportives et les établissements et installations qui disposent de places assises, comme les cinémas, les théâtres, etc.

La loi du 11 février 2005 a repris, en totalité, ces différentes dispositions, les a complétées et les a, notamment, adaptées aux besoins des différents types de handicaps.

2. Le logement

En matière de logements, les textes visent deux catégories de mesures, celles relatives à l'attribution de logements aux personnes handicapées et celles qui concernent l'accessibilité du cadre bâti et du logement. Il s'agit en effet, d'une part, de supprimer les barrières architecturales et, d'autre part, de résoudre les difficultés liées à l'accès des personnes handicapées au logement, notamment, aux logements sociaux. Plusieurs textes réglementent ces deux aspects, parmi lesquels il faut souligner plus particulièrement :

La loi d'orientation du 30 juin 1975, *en faveur des personnes handicapées*, dans son chapitre V, consacré aux dispositions prises pour favoriser la vie sociale des personnes handicapées, avait disposé que « les aides personnelles aux personnes handicapées pourront être prises en charge au titre de l'action sanitaire et sociale des caisses gestionnaires de l'allocation aux handicapés adultes. Ces aides personnelles pourront notamment avoir pour objet d'adapter définitivement le logement aux besoins spécifiques des handicapés de ressources modestes. »

Le décret du 4 août 1980, *relatif à l'accessibilité et à l'adaptabilité aux personnes handicapées à mobilité réduite, des bâtiments d'habitation collectifs neufs et des logements qu'ils contiennent*. Par son article 1er, ce décret rendait obligatoire, l'installation d'un ascenseur dans les bâtiments d'habitation collectifs comportant plus de trois étages au-dessus du rez-de-chaussée. Au préalable, l'obligation de l'ascenseur était imposée par la réglementation pour « pouvoir porter dans un logement ou en faire sortir une personne couchée sur un brancard ». Selon les dispositions de ce décret, les bâtiments d'habitation collectifs, les logements situés dans ces bâtiments, les ascenseurs, une partie des places de stationnement d'automobile destinées aux habitants, les locaux collectifs affectés aux ensembles résidentiels et le cheminement d'accès devaient être rendus accessibles. Les modalités et les caractéristiques techniques de cette réglementation étaient définies dans une circulaire datée du 4 octobre 1982 du ministère en charge de l'urbanisme et du logement.

La loi du 31 mai 1990[3], *relative à la mise en œuvre du droit au logement*, établi de nouvelles obligations en matière de logement. L'article premier de cette loi précise que « Garantir le droit au logement constitue un devoir de solidarité pour l'ensemble de la nation. Toute personne ou famille éprouvant des difficultés particulières, en raison notamment de l'inadaptation de ses ressources ou de ses conditions d'existence, a droit à une aide de la collectivité, dans les conditions fixées par la présente loi, pour accéder à un logement décent et indépendant ou s'y maintenir. »

La loi du 21 décembre 2001[4], *visant à accorder une priorité dans l'attribution des logements sociaux aux personnes en situation de handicap ou aux familles ayant, à leur charge, une personne en situation de handicap*. Pour rendre efficace le principe de priorité d'attribution de logements aux personnes handicapées, cette loi a mis en place des incitations financières pour les organismes bailleurs sociaux, notamment pour ce qui concerne : « les dépenses engagées par les organismes d'habitations à loyer modéré pour l'accessibilité et l'adaptation des logements aux personnes en situation de handicap sont déductibles de la taxe foncière sur les propriétés bâties versée aux collectivités territoriales ; la dotation globale de fonctionnement est majorée à due concurrence et les pertes de recettes compensées par une majoration, à due concurrence, des droits prévus aux articles 575 et 575-A du Code général des impôts. »

La loi du 2 juillet 2003[5] *modifie la loi du 10 juillet 1965 relative au statut de la copropriété des immeubles bâtis*, pour introduire un dispositif en faveur de l'accessibilité des personnes handicapées dans les immeubles en copropriété. Par cette loi, les procédures décisionnelles dans les copropriétés sont simplifiées, afin de faciliter la réalisation des travaux de mise en accessibilité. Ainsi, « les décisions de l'assemblée générale sont prises à la majorité des voix exprimées des copropriétaires présents ou représentés pour les travaux d'accessibilité aux personnes handicapées ou à mobilité réduite, sous réserve qu'ils n'affectent pas la structure de

---

[3] Loi n° 90-449 du 31 mai 1990.
[4] Loi n° 2001-1247 du 21 décembre 2001.
[5] Loi n° 2003-590 du 2 juillet 2003.

l'immeuble ou ses éléments d'équipement essentiels. Est adoptée à la même majorité l'autorisation donnée à certains copropriétaires d'effectuer, à leurs frais, des travaux d'accessibilité des personnes handicapées ou à mobilité réduite qui affectent les parties communes ou l'aspect extérieur de l'immeuble et conformes à la destination de celui-ci, sous réserve que ces travaux n'affectent pas la structure de l'immeuble ou ses éléments d'équipement essentiels ».

Le décret du 4 avril 2005[6], *relatif aux programmes locaux de l'habitat*. Il donne le contenu de ces programmes et instaure le principe d'une politique locale d'accessibilité de logements sociaux aux personnes handicapées. Il précise que « les documents d'orientation des programmes locaux de l'habitat doivent inscrire, au titre de leurs objectifs, les principaux axes d'une politique d'adaptation de l'habitat en faveur des personnes âgées et handicapées ».

La loi du 5 mars 2007[7], *instituant le droit au logement opposable et portant diverses mesures en faveur de la cohésion sociale*. L'article premier de cette loi précise que « le droit à un logement décent et indépendant est garanti, par l'Etat, à toute personne qui, résidant sur le territoire français de façon régulière et dans des conditions de permanence définies par décret en Conseil d'Etat, n'est pas en mesure d'y accéder par ses propres moyens ou de s'y maintenir. Ce droit s'exerce par un recours amiable puis, le cas échéant, par un recours contentieux dans les conditions et selon les modalités fixées par la loi[8] ». De même, il est prévu par cette loi, la création, avant le 1er janvier 2008, d'une commission de médiation « qui peut être saisie par toute personne dépourvue de logement, menacée d'expulsion sans relogement... Elle peut également, être saisie, sans condition de délai, lorsque le demandeur est logé dans des locaux manifestement sur-occupés ou ne présentant pas le caractère d'un logement décent, s'il a au moins un enfant mineur, s'il présente un handicap au sens de l'article L. 114 du Code de l'action sociale et des familles ou s'il a, au moins, une personne à charge présentant un tel handicap ».

---

[6] Décret n° 2005-317 du 4 avril 2005.
[7] Loi n° 2007-290 du 5 mars 2007.
[8] Code de la construction et de l'habitation, articles L. 441-2-3 et L. 441-2-3-1.

Chapitre 2

Les apports de la nouvelle loi

« Les lois inutiles affaiblissent les lois nécessaires. »
Esprit des lois – Montesquieu

I. UNE NOUVELLE APPROCHE CONCEPTUELLE

La loi n° 2005-102 du 11 février 2005, pour l'égalité des droits et des chances, la participation et la citoyenneté des personnes handicapées institue un ensemble de droits nouveaux destinés aux personnes handicapées. Elle vise un objectif principal qui est de conduire la société à regarder ces personnes comme des citoyens ordinaires, reconnues pour ce qu'elles sont et non plus pour le handicap qu'elles portent.

Elle rappelle, en premier lieu, que le handicap n'est plus considéré comme une situation d'exception, mais comme une réalité ordinaire de la vie qui appelle des réponses adaptées selon les différents facteurs produisant ce handicap. Elle apporte, pour la première fois en France, une définition du handicap, qui est désormais codifiée dans le Code de l'action sociale : « Art. L. 114. *Constitue un handicap, au sens de la présente loi, toute limitation d'activité ou restriction de participation à la vie en société subie dans son environnement par une personne en raison d'une altération substantielle, durable ou définitive, d'une ou plusieurs fonctions physiques, sensorielles, mentales, cognitives ou psychiques, d'un polyhandicap ou d'un trouble de santé invalidant.* »

En second lieu, la loi réforme en profondeur la politique du handicap et jette les bases d'un nouveau concept de solidarité, ancré autour de deux principes :

• Le principe de non-discrimination

A travers ses dispositions, la loi rappelle que la société se doit de reconnaître la diversité des membres qui la composent. Notre société se grandit et marque son évolution si elle parvient à diminuer les obstacles de l'environnement à l'égard des personnes handicapées, à effacer son indifférence face aux besoins de ces personnes et à accepter le handicap comme un facteur de diversité devenu incontournable. C'est dans cet esprit que la loi, par les différents moyens de compensation qu'elle met en œuvre, cherche à mieux adapter l'environnement social, physique et culturel aux besoins des personnes handicapées. Cette volonté de non-discrimination, qui a guidé les mesures prévues par la loi, a pour objectif de permettre aux enfants d'aller à l'école de leur quartier, aux adultes de mieux être intégrés dans le monde du travail, à tous de pouvoir accéder aux activités culturelles, sportives, etc., de bénéficier, au même titre que tous les citoyens, des différents moyens de communication...

• Le principe de libre choix

La loi du 11 février 2005 modifie les droits existants et apporte une nouvelle approche de la prise en charge du handicap par la société. Elle garantit aux personnes handicapées le libre choix de leur vie. Par les mesures qu'elle met en œuvre, elle offre à chaque personne une solution individuelle et adaptée à ses besoins. Son objectif est de lui donner les moyens d'évoluer dans la société selon son projet de vie et ses aspirations. Pour ce faire, les dispositions prévues par la loi s'appuient sur deux catégories distinctes de réponses : la compensation des conséquences du handicap d'une part, et les moyens d'existence issus du travail ou de la solidarité nationale d'autre part. C'est autour de ce principe que la loi a prévu, par exemple, de verser une compensation à la personne qui a besoin d'aménager son domicile pour l'adapter à ses besoins, et de lui assurer un complément de ressources, qui peut se cumuler avec un revenu d'activité ou peut prendre la forme d'une garantie de ressources dans le cas des personnes qui ne peuvent travailler, afin qu'elles puissent vivre de manière autonome dans un logement décent. Le principe de cette compensation est inscrit dans un plan élaboré en considération des besoins et des aspirations de la personne handicapée, tels qu'ils sont exprimés dans son projet de vie.

Enfin, la loi instaure de nouveaux droits qui visent l'intégration des personnes handicapées et tient compte de l'évolution du concept de handicap. Pour ce faire, elle met en place un ensemble de dispositions basées sur trois grands axes :

- ***le droit à compensation*** qui est le moyen de garantir l'égalité de traitement entre les personnes handicapées et l'ensemble des citoyens, par un revenu d'existence favorisant une vie autonome digne. La compensation peut prendre la forme de prestations individuelles qui permettent, par exemple, de recourir à des aides humaines, de se procurer des aides techniques ou animalières, telles que l'achat d'un fauteuil roulant ou l'achat et l'entretien d'un chien guide, d'aménager son logement ou son véhicule ;
- ***le droit d'exercer les actes de la vie quotidienne*** et de participer à la vie sociale par la mise en place du principe d'accessibilité généralisée quelle que soit la nature du handicap. L'accès à la vie de la société se traduit par des mesures qui ont pour objectifs de faciliter l'accès à l'école, à l'éducation, à l'emploi, au travail, à la culture, aux pratiques culturelles, aux loisirs, aux sports... ;
- ***le droit à une démarche facilitée*** par la mise en place d'un dispositif destiné à offrir un accès unique aux droits et prestations prévus par la loi. Cet objectif est assuré par la création, dans chaque département, d'une Maison Départementale des Personnes Handicapées. Lieu unique, elle est conçue pour informer, accueillir, orienter et accompagner les personnes handicapées. Elle abrite la commission des droits et de l'autonomie chargée de l'attribution des prestations de compensation.

Par cette nouvelle loi, la France s'est dotée d'un dispositif global et complet pour conduire une politique d'intégration des personnes handicapées qui tient compte, désormais, de l'environnement comme un de ses composants essentiels. Les mesures relatives à l'accessibilité du cadre bâti, des transports et de la communication, développées dans les pages qui suivent, s'inscrivent dans ce dispositif global. Elles apportent les moyens pratiques pour faciliter l'accès aux activités et à la vie sociale. En d'autres termes, elles organisent l'environnement qui peut réunir, s'il intègre les principes d'accessibilité, les conditions de la pleine et réelle insertion des personnes handicapées dans la société.

Pour mémoire

« La personne handicapée a droit à la compensation des conséquences de son handicap quels que soient l'origine et la nature de sa déficience, son âge ou son mode de vie. Cette compensation consiste à répondre à ses besoins, qu'il s'agisse de l'accueil de la petite enfance, de la scolarité, de l'enseignement, de l'éducation, de l'insertion professionnelle, des aménagements du domicile ou du cadre de travail nécessaires au plein exercice de sa citoyenneté et de sa capacité d'autonomie, du développement ou de l'aménagement de l'offre de service, permettant notamment à l'entourage de la personne handicapée de bénéficier de temps de répit, du développement de groupes d'entraide mutuelle ou de places en établissements spécialisés, des aides de toute nature à la personne ou aux institutions pour vivre en milieu ordinaire ou adapté, ou encore en matière d'accès aux procédures et aux institutions spécifiques au handicap ou aux moyens et prestations accompagnant la mise en œuvre de la protection juridique régie par le titre XI du livre Ier du Code civil. Ces réponses adaptées prennent en compte l'accueil et l'accompagnement nécessaires aux personnes handicapées qui ne peuvent exprimer seules leurs besoins. » (Article L. 114-1-1. du Code de l'action sociale.)

II. LE PRINCIPE D'ACCESSIBILITÉ

L'organisation de l'environnement peut avoir un impact direct sur la situation de la personne en devenant un obstacle ou une assistance à ses démarches. Si le principe d'accessibilité du cadre bâti figurait déjà dans les textes antérieurs, force est de constater que la France connaît encore un certain retard par rapport à ses voisins européens. Certes, l'on peut penser qu'il faut imputer ce retard aux dispositions prévues par la loi d'orientation du 30 juin 1975, qui ont été mises en application tardivement et n'ont pris en compte, dans les obligations relatives à l'accessibilité, que la question de la mobilité pour les personnes avec un handicap moteur, et qui ont imposé cette obligation uniquement aux locaux publics, lors de leur construction. Mais, un tel rappel revient à occulter les opinions qui prévalaient à cette époque et à esquiver les pratiques en cours, aux niveaux européen et international, en matière d'accessibilité. La prise en compte du rôle de l'environnement, comme facteur d'accessibilité, date de la deuxième moitié des années 1990. C'est dans la continuité de cette évolution, que la loi du 11 février 2005, par ses dispositions, a instauré le principe d'accessibilité « à tout, pour tous » et a établi les conditions nécessaires pour permettre à chaque citoyen, quelles que soient ses difficultés, de participer à la vie de la société et d'exercer les actes de la vie quotidienne. A travers ce principe, deux objectifs sont visés :

➤ L'accessibilité de toutes les composantes de la Cité

La réforme du droit des personnes handicapées, concrétisée par la nouvelle loi, met en avant le principe selon lequel « *toute personne handicapée a droit à la solidarité de l'ensemble de la collectivité nationale qui lui garantit, en vertu de cette obligation, l'accès aux droits fondamentaux reconnus à tous les citoyens ainsi que le plein exercice de sa citoyenneté* ». Il en résulte que la personne handicapée doit trouver toute sa place à l'école, accéder au savoir, occuper un emploi, évoluer professionnellement, participer aux activités culturelles ou de loisirs... Autrement dit, il faut prendre en compte tous les aspects de la vie de la personne et veiller à son insertion éducative, professionnelle et sociale. Pour répondre à cette exigence, la loi accorde une place essentielle à l'accessibilité de toutes les composantes de la Cité et prend toutes les dispositions « nécessaires » pour y répondre. Elle précise que « *Les familles, l'Etat, les collectivités locales, les établissements publics, les organismes de sécurité sociale, les associations, les groupements, organismes et entreprises publiques et privées associent leurs interventions pour mettre en œuvre cette obligation. A cette fin, l'action poursuivie vise à assurer l'accès de l'enfant, de l'adolescent ou de l'adulte handicapé aux institutions ouvertes à l'ensemble de la population et son maintien dans un cadre ordinaire de scolarité, de travail et de vie. Elle garantit l'accompagnement et le soutien des familles et des proches des personnes handicapées.* » Ainsi, outre les familles des personnes handicapées, tous les responsables publics et privés sont chargés, chacun dans son domaine de compétences, d'assurer la mise en accessibilité de la Cité. C'est notamment le cas en ce qui concerne :

• L'accès à l'emploi

Inspirée par le principe de non discrimination, la loi accorde une place essentielle à l'emploi des personnes handicapées et impose aux entreprises « des mesures appropriées », pour permettre aux personnes handicapées qui peuvent travailler, d'accéder à un emploi, et aux travailleurs qui deviennent handicapés, de conserver leur emploi. Une telle obligation suppose que les entreprises veillent à l'accessibilité de leurs lieux de travail, et rendent les postes de travail accessibles en fonction des besoins de la personne. Dans cette perspective, la loi fixe plusieurs dispositions pour promouvoir l'accessibilité des lieux de travail. Elles sont complétées, par ailleurs, par des mesures qui doivent s'appliquer à « la chaîne de déplacement », pour assurer la continuité de l'accessibilité entre les bâtiments, les espaces publics et les systèmes de transports publics.

• L'accès à l'école

La loi reconnaît le droit pour tout enfant handicapé d'être inscrit dans l'école ou l'établissement du second degré, le plus proche de son domicile. Ce principe, qui constitue une des évolutions fondamentales de la loi, suppose que les autorités publiques s'organisent pour apporter des solutions adaptées, tant au niveau pédagogique qu'au plan de l'accueil des enfants concernés. Au nombre de ces solutions se place la mise en accessibilité des locaux et des bâtiments scolaires. Ce même principe est également pris en compte pour les établissements d'enseignement supérieur, notamment les campus universitaires.

➤ L'accessibilité généralisée pour tout type de handicap

Il appartient à la société de prendre en compte la personne, ses capacités, ses potentiels, mais aussi, sa différence et ses besoins, et de lui donner toutes les garanties nécessaires pour s'intégrer dans la Cité. En adhérant à ce principe, la loi du 11 février 2005, par ses dispositions, retient l'ensemble du cadre de vie de la personne et reconnaît que le handicap peut se présenter, sous différentes formes, et qu'il convient de l'intégrer dans tous les projets de la Cité, comme par exemple la prise en compte de la dimension intellectuelle pour faciliter la compréhension de l'environnement auquel une personne handicapée mentale veut accéder.

Pour mémoire

Pour tenir compte de l'accessibilité de toutes les composantes de la Cité et de tous les types de handicaps, la loi dresse des obligations qui couvrent un champ assez large. C'est ainsi que « *Les dispositions architecturales, les aménagements et équipements intérieurs et extérieurs des locaux d'habitation, qu'ils soient la propriété de personnes privées ou publiques, des établissements recevant du public, des installations ouvertes au public et des lieux de travail doivent être tels que ces locaux et installations soient accessibles à tous, et notamment aux personnes handicapées, quel que soit le type de handicap, notamment physique, sensoriel, cognitif, mental ou psychique.* » (Article L. 111-7 du Code de la construction et de l'habitation.)

1. Les composantes terminologiques d'une approche globale de l'accessibilité

La signification du terme « accessibilité » a beaucoup évolué, ces dernières années. Les travaux menés au niveau des organisations internationales et supranationales ont contribué à statuer des principes et des orientations qui tiennent compte de ces changements.

Du principe de l'accessibilité pour personne à mobilité réduite (PMR), utilisé pour notamment tenir compte des besoins des personnes en fauteuil roulant dans les moyens de transport, les politiques se sont orientées vers le principe de l'accessibilité « à tout, pour tous ». Aujourd'hui, à travers les différentes dispositions mises en œuvre par les obligations légales, mais aussi à travers des programmes initiés par les collectivités publiques, l'accessibilité est reconnue comme un moyen indispensable, pour permettre aux personnes en situation de handicap de participer aux différentes activités de la société. A partir de là, trois catégories d'accessibilité sont à distinguer :

- ***l'accessibilité sociale*** prend en compte les contraintes économiques, culturelles, éducatives et professionnelles qu'une personne rencontre dans la société ;
- ***l'accessibilité physique*** concerne les mesures qui permettent à une personne, quel que soit son handicap, de se déplacer, d'accéder et utiliser les équipements de la Cité ;
- ***l'accessibilité intellectuelle*** permet aux personnes qui ont des déficiences mentales et cognitives de se repérer et s'orienter dans le temps et dans l'espace.

Longtemps, l'accessibilité a été représentée symboliquement, par une personne sur un fauteuil roulant. Mais la prise de conscience collective autour du handicap a permis de montrer que l'accessibilité concerne tous ceux qui, à un moment ou à autre de leur vie, rencontrent des difficultés pour se mouvoir ou pour s'orienter. Le champ de l'accessibilité s'est donc élargi à toutes les activités de la société comme l'éducation, l'emploi, la culture, le sport, etc. La loi du 11 février 2005, par ses mesures très concrètes, a modernisé le concept de l'accessibilité et l'Administration a revisité, à cette occasion, ses méthodes d'approche globale du handicap.

Dès lors, le langage des mots a également évolué et le sens donné à certains termes s'est précisé. Ainsi, la signification des termes « accessibilité » et « accès » s'est clarifiée pour indiquer qu'elle peut être différente, selon leurs champs de compétences, et selon qu'il s'agit de l'accès à une activité ou de l'accessibilité au cadre, dans lequel cette activité est pratiquée. Par exemple, quand il s'agit de l'éducation, l'accessibilité signifie l'adaptation des cursus, des méthodes et des outils pédagogiques, l'adjonction d'aides techniques et/ou humaines permettant, en fonction des besoins de l'élève ou de l'étudiant handicapé, l'acquisition des savoirs et la construction des compétences de son parcours de formation. Dans les domaines concernant la culture, l'accessibilité signifie l'accès aux lieux, aux produits culturels, au patrimoine et à sa connaissance, à l'information, aux outils de la pensée, aux pratiques artistiques, etc.

Les travaux réalisés dans le cadre de la loi du 11 février 2005, et les réflexions menées sous l'impulsion du délégué interministériel aux personnes handicapées, ont permis de préciser le terme de « l'accessibilité » et de donner une définition à son utilisation dans les différents contextes. Ces travaux ont été l'occasion d'une analyse poussée de la signification de « l'accessibilité » et ont abouti à l'adoption, par l'Administration, d'une définition globale de ce terme. A travers cette définition, l'on constate l'attention portée au choix des mots et au sens de certains termes, qui montrent l'évolution de la perception du handicap par l'Administration française et le rôle accordé à « l'accessibilité » pour accompagner cette évolution.

Ainsi, afin de donner une définition élargie à l'accessibilité, derrière laquelle chaque domaine de compétences de l'Administration peut s'y reconnaître pour organiser sa politique, plusieurs autres termes ont été identifiés et explicités, comme par exemple :

- « ***la réduction des discordances*** », entre les capacités et les besoins d'une part, et les composantes de l'environnement, d'autre part, que peuvent offrir les actions en matière d'accessibilité. Cette réduction, voire cette suppression, se fait par la mise en œuvre de dispositifs adaptés, en fonction du lieu ou de l'activité. Ladite discordance représente l'absence ou le défaut d'accord et de synergie entre les capacités physiques ou mentales de la personne handicapée et les différents éléments et facteurs de son environnement. C'est pourquoi, il est proposé de retenir l'expression « les composantes de son environnement » au lieu de « les ressources de son environnement » ;
- « ***les compétences, les possibilités, les capacités de la personne*** » sont des facteurs essentiels qui contribuent à déterminer les moyens d'accessibilité qu'il faut mettre en place pour rendre praticable un lieu, un environnement ou une activité. Le terme « aptitude », par sa définition, est plus restrictif que le champ recouvert par les trois mots « possibilités, compétences et capacités » et ne peut les remplacer. Par ailleurs, il ne faut pas sous-

estimer d'autres facteurs, encore plus significatifs, que sont les « besoins, les souhaits et les aspirations » de la personne ;

- « ***de façon autonome*** » est une expression qui ne devrait pas être systématiquement mise en opposition avec le terme « dépendance ». Une personne peut être dépendante, mais par exemple, se déplacer en toute autonomie. La dépendance est une dénomination négative qu'il ne faut pas utiliser pour présenter une situation de handicap ;
- « ***l'accessibilité et l'intégration*** ». Le principe retenu permet d'écarter la confusion qui se produit souvent avec la question de l'accessibilité, comme moyen d'intégration sociale, mis en avant au titre de la politique d'insertion sociale et de lutte contre l'exclusion. Cependant, il n'est pas question de distinguer l'exclusion sociale de certaines personnes, de l'exclusion des personnes handicapées de la vie sociale. Le regard dévalorisant de la société sur une personne handicapée ou sur une personne exclue n'a certainement pas le même sens, mais le résultat est toujours le rejet. De plus, que dire d'une personne handicapée qui cumule également un handicap social ?
- « ***participer à la vie de la cité*** » est une formule qu'il faut utiliser avec précaution, car elle risque d'écarter le principe de la vie en milieu rural. Dans la définition de l'accessibilité, il est proposé de remplacer le mot « cité » par « l'accessibilité à tous les lieux, services, produits et activités ».

Forte de ces préalables, la définition adaptée par l'Administration est complétée par des définitions spécifiques, qui reflètent les actions menées, à travers les programmes ministériels, pour favoriser l'accessibilité des personnes handicapées. Cette démarche a conduit, d'une part, à définir un dénominateur commun pour aborder la thématique de l'accessibilité dans la politique nationale, et d'autre part, à choisir une formulation qui peut être partagée par tous pour définir le sens de l'accessibilité [1].

---

[1] Définition de l'accessibilité, une démarche interministérielle – Ministère de la Santé et de la Solidarité, septembre 2006 – www.handicap.gouv.fr.

Pour mémoire

Définition de l'accessibilité

L'accessibilité permet l'autonomie et la participation des personnes ayant un handicap, en réduisant, voire supprimant, les discordances entre les capacités, les besoins et les souhaits d'une part, et les différentes composantes physiques, organisationnelles et culturelles de leur environnement d'autre part. L'accessibilité requiert la mise en œuvre des éléments complémentaires, nécessaires à toute personne en incapacité permanente ou temporaire pour se déplacer et accéder librement et en sécurité au cadre de vie ainsi qu'à tous les lieux, services, produits et activités. La société, en s'inscrivant dans cette démarche d'accessibilité, fait progresser également la qualité de vie de tous ses membres.

2. Les volets sectoriels d'une approche terminologique de l'accessibilité

De la définition générale, découlent d'autres définitions, plus sectorielles, qui correspondent à des activités ciblées, comme par exemple des activités culturelles, éducatives, etc. Les définitions présentées ci-après, émanent des administrations concernées.

➤ L'accès à la culture

Selon le ministère français de la culture, l'accessibilité se décline par les champs suivants :
- ***accès aux lieux*** : une question d'architecture et d'accueil ;
- ***accès aux produits de l'industrie culturelle (cinéma, télévision, édition...), aux œuvres et à leur connaissance de manière active*** : une question de scénographie, d'adaptation de l'offre culturelle, de dispositifs techniques et de médiation humaine ;

– ***accès au patrimoine et à sa connaissance pour les publics handicapés*** : une question d'adaptation de l'offre culturelle et de médiation humaine.

Il s'agit également de rendre le public acteur de sa pratique culturelle, pour lui permettre à la fois de prendre connaissance de ce patrimoine et de l'apprécier, de se l'approprier pour le transmettre à son tour à son entourage. Il s'agit de :

– ***l'accès à l'information, aux outils de la pensée, au discours critique, à l'échange culturel, à la parole citoyenne*** : une question d'apprentissage et de bonne maîtrise de la langue ;
– ***l'accès aux pratiques artistiques*** en tant qu'acteur :
  • ***aux pratiques professionnelles*** : une question d'adaptation des cursus et des techniques d'apprentissage, en liaison avec la mise à disposition d'outils techniques,
  • ***aux pratiques non professionnelles*** : une question de médiation humaine, d'adaptation de la pédagogie, en relation avec la mise à disposition d'outils techniques.

La formation des professionnels de la culture et l'information des usagers en sont les préalables.

➤ L'accès à l'éducation

L'accès à l'éducation se décline en fonction des besoins de l'élève ou de l'étudiant handicapé. Il s'agit de veiller à l'adaptation des cursus, des méthodes et des outils pédagogiques, de prévoir les aides techniques et/ou humaines qui lui permettent l'appropriation des savoirs et la construction des compétences de son parcours de formation. *La sensibilisation de la communauté éducative et la formation des enseignants en sont les préalables.*

➤ L'accès à l'emploi

L'accessibilité à l'emploi couvre l'ensemble des moyens destinés à rendre la personne handicapée à même d'accéder à un emploi, de l'exercer et d'y évoluer à égalité avec les autres salariés, ainsi que d'accéder à la formation professionnelle initiale et continue. Ces moyens peuvent être des mesures incitatives, des aides aux entreprises, etc. Ils peuvent être des aménagements architecturaux et matériels, pour assurer l'accès aux locaux, aux signaux de sécurité, au poste de travail, aux activités de l'entreprise, etc. Ils peuvent également, se traduire par des mesures organisationnelles, comme l'aménagement des horaires individualisés, l'aménagement des rythmes de travail, etc. *L'adaptation des contenus et des outils pédagogiques des formations en sont les préalables.*

➤ L'accès aux transports et au cadre bâti

Un cadre de vie accessible à tous est constitué par une chaîne cohérente, sans obstacles, sans discontinuités et utilisable en toute sécurité. Elle comprend l'espace public, le cadre bâti et les transports, les systèmes d'information et de communication, ainsi que l'accueil. L'usager doit être placé au cœur de la démarche de conception et d'exploitation de ces espaces, pour répondre à ses besoins de déplacement et d'usage :

- ***les transports*** sont accessibles quand ils offrent :
  - la possibilité de préparer son voyage,
  - la possibilité d'utiliser l'ensemble des services des opérateurs de transport et des voyagistes,
  - la possibilité d'effectuer l'intégralité de son déplacement ;
- ***le cadre bâti***, composé des établissements recevant du public, des locaux de travail, des bâtiments d'habitation (y compris les logements qui s'y trouvent) et des installations bâties ouvertes au public, est accessible quand le public handicapé peut y accéder, y circuler, y utiliser les équipements, donc au total, bénéficier de toutes les prestations offertes ;
- ***l'espace public, la voirie et les installations ouvertes au public non bâties*** sont accessibles, quand ils offrent la possibilité d'y circuler, d'y stationner, d'utiliser les services et de pratiquer les activités mises à disposition.

➤ L'accessibilité selon le Conseil de l'Europe

La définition de l'accessibilité, donnée par le Conseil de l'Europe, précise les catégories de personnes concernées. Elle désigne ainsi, ceux qui sont considérés comme passagers à mobilité réduite dans le transport en commun : « toutes les personnes ayant des difficultés pour utiliser les transports publics, telles que, par exemple, personnes handicapées (y compris les personnes souffrant de handicaps sensoriels et intellectuels et les personnes en fauteuil roulant), personnes handicapées des membres, personnes de petite taille, personnes âgées, femmes enceintes, personnes ayant un caddie et personnes avec enfants (y compris enfants en poussette) ». Cette définition est issue de la directive européenne 2001/85/CE du 20 novembre 2001 concernant les dispositions particulières applicables aux véhicules destinés au transport des passagers qui comportent plus de neuf places assises.

Dans une publication intitulée « Guide de bonnes pratiques pour améliorer les transports pour les personnes à mobilité réduite », la Conférence européenne des ministres des transports préconise en 1999, des moyens de transports accessibles aux personnes à mobilité réduite qu'elle définit ainsi : « *Les personnes à mobilité réduite constituent un vaste groupe de la population, dont font partie celles qui, pour cause d'accident, de maladie ou d'affection congénitale, éprouvent des difficultés à se déplacer, à voir, à entendre ou à comprendre, ainsi que les personnes souffrant de déficience temporaire, par exemple une fracture de la jambe causée par un accident de ski, mais aussi les personnes accompagnées d'un enfant en bas âge et/ou chargées de plusieurs paniers à provisions. En fait, presque tout le monde voit, un jour ou l'autre, sa mobilité plus ou moins gravement réduite, c'est pourquoi une bonne conception des transports, au sens le plus large, revêt un intérêt universel.* »

Chapitre 3

Accessibilité au regard des différents handicaps

Les réflexions menées, ces dernières années, par l'OMS et l'ONU, ont conduit à ne plus concevoir le handicap, uniquement, dans un cadre médical lié à un état, mais dans un ensemble plus dynamique, avec un rôle important accordé aux facteurs environnementaux.

Tous les travaux menés, notamment, depuis 1993, mettent en évidence ce principe et considèrent que le handicap est lié aux trois facteurs :
- situation individuelle de la personne ;
- dispositions de l'environnement ;
- organisation de la société.

Ainsi, le handicap est considéré comme le résultat d'une interaction entre une personne et son environnement social et physique. La société est composée d'un ensemble d'individus dont certains rencontrent des situations qui nécessitent que soient mis à leur disposition des moyens adaptés pour leur permettre de vivre et de s'intégrer dans l'environnement social.

Dès lors, la question du rôle de l'environnement est soulevée comme un élément pouvant participer à l'autonomie de la personne handicapée.

L'individu et le handicap

Facteurs personnels
→ Ses fonctions
→ Ses déficiences
→ Ses activités

- les fonctions sont organiques (physiologiques et psychologiques) et anatomiques ;
- les déficiences désignent les problèmes dans les fonctions organiques et anatomiques rencontrés par une personne ;

→ Sa participation	– les activités désignent l'exécution d'une tâche par la personne ; – la participation est l'implication de la personne dans la vie ;
Facteur contextuel → La situation de l'environnement	– les facteurs contextuels désignent l'environnement physique, social et attitudinal dans lequel les gens vivent et mènent leur vie. [1]

Dans cet ouvrage, il est traité la question des dispositions environnementales qui peuvent faciliter ou compliquer la vie des personnes handicapées dans la société. Pour ce faire, il faut au préalable, bien comprendre la nature du handicap et ses diversités. Chaque individu est unique, mais l'adaptation de l'environnement ne peut se faire que par des réponses collectives qui permettront à chaque citoyen, en fonction de ses « capacités » ou ses « déficiences », de participer aux activités de la Cité.

Le handicap désigne les déficiences, les limitations d'activité et les restrictions de participation que rencontre une personne dans sa vie quotidienne.

La situation de handicap désigne l'ensemble des difficultés rencontrées par une personne, pour exécuter une tâche ou participer à une situation de vie, en raison de ses déficiences. Cette définition a l'avantage de ne pas être ségrégationniste et prend en compte tous les cas y compris celui des personnes âgées et des personnes qui se trouvent temporairement en situation de handicap.

I. IDENTIFICATION DES DIFFÉRENTS TYPES DE HANDICAPS

La loi du 11 février 2005 a permis par un consensus de s'accorder sur une définition du handicap qui est désormais présentée comme le résultat de l'interaction entre les incapacités qu'une personne peut connaître et l'inadaptation totale ou partielle de ce qui

[1] Selon la Classification Internationale du Fonctionnement du handicap et de la santé (CIF) ; Organisation Mondiale de la Santé, 2001.

constitue son environnement. Dans un récent rapport faisant le bilan de la mise en œuvre de cette loi, Patrick GOHET, Délégué interministériel aux personnes handicapées résume dans ces termes, les différents types de handicap : « La loi nouvelle a pour ambition de répondre aux conséquences des deux grands types d'incapacités. En premier lieu, il s'agit d'apporter les solutions auxquelles aspirent les personnes qui sont pleinement en mesure de faire leur choix de vie, mais qui connaissent des obstacles physiques plus ou moins importants, pour les mettre en œuvre : les personnes handicapées moteur, visuelles et auditives. En second lieu, il s'agit d'offrir les réponses adaptées à la situation des personnes qui rencontrent des limites pour piloter leur propre vie, qui sont confrontées à des difficultés de repérage dans l'espace et dans le temps, ainsi que de conceptualisation et de communication : les personnes handicapées intellectuelles, mentales et psychiques ; sans oublier celles et ceux qui sont marqués par des déficiences multiples et une grande dépendance. »[2]

Les principaux handicaps

Le handicap peut être inné ou acquis et peut concerner tous les âges. Il peut être d'origine prénatale ou post-natale, survenir suite à une maladie, à un accident ou à cause de vieillissement. Une personne peut se trouver en situation de handicap permanent ou temporaire.

Il existe donc des handicaps qui ont des origines et des causes différentes. Par exemple, une perte d'audition peut survenir en raison d'une anomalie génétique, d'une pathologie, d'un traumatisme ou bien du vieillissement.

Le handicap peut être la conséquence d'une maladie, sans être la maladie elle-même. Autrement dit, une personne handicapée ne saurait, dans tous les cas, considérée comme une personne malade. Les causes de handicap sont différentes et couvrent des domaines beaucoup plus vastes que la notion de déficience ou maladie.

[2] Bilan de la mise en œuvre de la loi du 11 février 2005 et de la mise en place des maisons départementales des personnes handicapées, Patrick Gohet, juillet 2007, Délégation interministérielle aux personnes handicapées.

Certains handicaps sont d'origine physiologique, comme le handicap moteur, sensoriel ou le handicap dû à une maladie chronique. Ils peuvent aussi être d'origine neuropsychologique, comme le handicap mental, intellectuel, psychique, etc. Mais, il existe d'autres types de handicaps comme des troubles de communication ou d'apprentissage rencontrés chez certaines personnes, le polyhandicap, les maladies rares handicapantes ou le handicap lié à une perte d'autonomie en raison de l'avancée en âge. Enfin, le handicap peut être visible : personne en fauteuil roulant, personne atteinte d'infirmité motrice cérébrale, etc. Le handicap peut être aussi invisible : handicap auditif, psychique, une personne avec une insuffisance respiratoire, etc.

Les différents types de handicaps sont classés, ci-après, dans deux grandes catégories : déficiences physiques et déficiences intellectuelles et psychiques, couvrant tous les cas de handicaps moteurs, sensorielles, mentales, cognitives, psychiques et polyhandicapées.

➤ Déficiences physiques[3]

• Handicap moteur

Le handicap moteur peut se caractériser sous des formes différentes et peut avoir des causes multiples. Il peut être congénital et intervenir dès la naissance, suite à une malformation ou suite à une maladie survenue dans les premières années de la vie. Il peut être acquis plus tard, en raison des traumatismes, par exemple causés par un accident de la route. Il peut survenir en raison d'une maladie, comme un accident vasculaire cérébral, une sclérose en plaques, une myopathie...

Il faut souligner que ces différentes affections peuvent être ou non évolutives. Dans certains cas, même lorsque la maladie est stable en elle-même, ses conséquences en termes de handicap peuvent s'accroître au cours de la vie.

---

[3] Les informations données sur les différents types de handicaps ont pour sources : les enquêtes Handicaps, Incapacité, Dépendance (HID) de 1998 et 1999 de l'INSEE, publiées en octobre 2003 et le dictionnaire du handicap, Gérard Zribi et Dominique Poupée-Fontaine, édition ENSP, 6e édition 2006.

Le handicap moteur peut être défini par les conséquences fonctionnelles ou sociales de l'interaction entre, d'une part, une atteinte de la motricité de tout ou partie du corps (notamment l'atteinte d'un ou plusieurs membres) de gravité variable et, d'autre part, des facteurs sociaux ou environnementaux constituant des obstacles à la réalisation des activités ou à la participation sociale.

Les personnes concernées sont :
- monoplégiques lorsqu'il y a atteinte d'un seul membre ;
- paraplégiques lorsque deux membres inférieurs sont concernés ;
- diplégiques, tétraplégique ou quadriplégiques, lorsque sont atteints deux, trois ou quatre membres ;
- hémiplégiques, si deux membres du même côté sont atteints ;
- infirmes moteurs cérébraux, lorsque les mouvements des membres et les postures qui en découlent sont affectés ;
- myopathes lorsqu'il y a maladie des muscles en raison d'une affection ou une cause non identifiée, et caractérisée dans certains cas par une évolution rapide.

Ceux-ci sont tous des handicaps moteurs, mais leurs conséquences en termes d'accessibilité sont très variables.

En France, on estime à environ 3 sur 1 000, les enfants qui naissent avec des déficiences motrices sévères. Près d'un tiers d'entre eux sont atteints d'infirmité motrice cérébrale (IMC). Cette infirmité est liée à des lésions du cerveau survenue dans la période anténatale ou périnatale, sans atteinte cérébrale. La faculté intellectuelle est préservée, mais les fonctions physiques sont touchées, provoquant des troubles moteurs chez la personne.

• Handicap visuel

Ce handicap sensoriel traduit, à des degrés variables, une perte ou une baisse de l'acuité visuelle. Les causes en sont multiples et peuvent faire suite à des affections oculaires héréditaires ou non, des traumatismes, des accidents qui peuvent être d'origine pathologique ou non, d'atrophies optiques ou même de diabètes. Les différentes formes de handicaps visuels peuvent être provoquées par une déficience de l'acuité visuelle de l'un des deux yeux, une déficience du champ visuel, une atteinte de structures annexes de la fonction visuelle ou par une lésion cérébrale générant des troubles neuro-visuels. Elles proviennent de trois grandes catégories de déficiences :

- l'atteinte de la vision centrale provoque des incapacités totales ou partielles d'écriture, de lecture ;
- l'atteinte de la vision périphérique implique une baisse et un manque de perception visuelle. Elle concerne notamment, la vision du mouvement et la vision de nuit et provoque des incapacités totales ou partielles de déplacement, de contrôle visuel par faible éclairement ;
- la vision floue qui conduit à une réduction de l'acuité visuelle par opacification des milieux transparents de l'œil. Elle atteint la vision précise, celle des contrastes et des couleurs et provoque des incapacités totales ou partielles de perception des reliefs, de lecture et de déplacement.

Selon le moment d'apparition des troubles visuels et du degré de la déficience, l'éducation et la réadaptation prendront des formes différentes.

Les personnes concernées sont :

- malvoyantes, lorsqu'il s'agit d'une forte myopie, d'une vision périphérique trouble, d'un champ visuel restreint, d'une mauvaise perception de couleur ;
- aveugle, lorsque la vision centrale est nulle ou inférieure à 1/20° de la normale ;
- atteinte de la diplopie qui signifie la perception de deux images pour un seul objet.

Les déficiences visuelles sont classées par l'Organisation Mondiales de la Santé en fonction de leur gravité. Cinq niveaux de déficiences sont définis en tenant compte de l'acuité visuelle après correction.

Aux Etats-Unis, une approche de type fonctionnel a été choisie afin de classer la déficience visuelle. Cette approche est mieux adaptée pour déterminer les modalités de mise en accessibilité destinée à ces personnes :

- la déficience visuelle légère : les tâches peuvent être accomplies avec une aide simple telle que de banales lunettes ;
- la déficience visuelle modérée : la personne peut accomplir des tâches presque normalement, avec une aide simple, comme une loupe par exemple ;

- la déficience visuelle grave : les activités peuvent être effectuées en utilisant la vision et des aides spécifiques, mais avec un niveau de vitesse moindre et une fatigabilité plus grande ;
- la déficience visuelle profonde : même avec des aides, la vision seule ne permet pas d'effectuer toutes les tâches, il y a nécessité d'y associer d'autres facteurs sensoriels ;
- la déficience visuelle presque totale : la vision est inutile, on ne peut s'y fier, d'autres informations sensorielles sont absolument indispensables ;
- la déficience visuelle totale, qui exige de s'appuyer totalement sur les autres sens.

Près de 2/3 des troubles oculaires sont dus à l'âge. On compte en France environ 60 000 personnes aveugles, le nombre de malvoyants étant très supérieur : on estime en effet que 1 500 000 personnes seraient gênées pour la lecture ou la traversée d'une rue. Ces données sont estimatives et tendent vers une augmentation régulière, avec le vieillissement de la population.

• Handicap auditif

Il résulte d'une inexistence ou perte partielle ou totale de l'acuité auditive, qui peut être congénitale ou acquise au cours de la vie. Les causes sont multiples et peuvent résulter de maladies génétiques, de traumatismes ou du vieillissement... Les expositions professionnelles à des niveaux de bruits élevés sont également une cause fréquente dans la production de ce handicap.

Ce handicap sensoriel est classé en fonction du degré de gravité de la déficience :
- déficience auditive légère : dans ce cas, il y a perception de la parole normale, mais des difficultés apparaissent si la voix est faible ;
- déficience auditive moyenne : le son peut être capté s'il est fort. Les difficultés sont nettes sans l'appareillage ;
- déficience auditive sévère : la perception est possible si la voix est très forte. Dans ce cas, l'appareillage est indispensable ;
- déficience auditive profonde : dans le cas des enfants, l'appareillage doit être accompagné d'une éducation spéciale pour éviter que l'enfant soit mutique ;

– la surdité est totale en cas d'une perte auditive à plus de 100 décibels.

Les personnes concernées utilisent des moyens différents pour communiquer en fonction de leur déficience :
– les personnes sourdes : leur communication dépend des moyens de compensation dont elles disposent. Elles peuvent être *signantes*, communiquant en Langue des Signes Française (LSF) et/ou *oralistes*, pratiquant le Langage Parlé Complété (LCP) ;
– les personnes malentendantes : elles peuvent avoir recours à l'écrit et/ou à des appareils de compensation pour l'amélioration de leurs conditions d'écoute.

Le moment d'apparition de la surdité, plus ou moins précoce, le degré de la perte auditive, l'association éventuelle avec une autre déficience, le choix des compensations, ainsi que la qualité des soins et de l'éducation, ont tous, une incidence sur l'accès à la communication, à l'adaptation ou au maintien de l'insertion sociale ultérieure.

La déficience auditive est un handicap fréquent qui touche environ 7 % de la population française à des degrés différents : ainsi 5,2 millions de personnes déclarent présenter un déficit auditif, parmi elles, près de 50 % sont des personnes de moins de 65 ans. Quelques 200 enfants naissent sourds chaque année. Environs 30 000 à 50 000 jeunes et adolescents présentent des altérations graves ou sévères du système auditif. Par ailleurs, l'on sait que 7 millions de Français vivent dans des zones de bruit excessif, comme les abords d'autoroute ou d'aéroports et près de 2 millions de personnes sont exposées, dans leur profession, à des niveaux de bruit souvent dangereux pour l'audition.

➤ Déficiences intellectuelles et physiques

• Handicap mental

Le handicap mental est une déficience intellectuelle qui se traduit par des difficultés plus ou moins importantes de réflexion, de conceptualisation, de communication et de décision. Une personne en situation de handicap mental pourra, du fait de sa déficience, avoir des difficultés de repérage dans le temps et dans l'espace, avoir des problèmes pour l'apprentissage, la maîtrise du langage, la lecture, l'écriture ou la mémorisation. Cette déficience durable et irréversible est très variable d'un individu à l'autre et ses causes sont d'origines très diverses. Elles peuvent être prénatales, natales ou postnatales. Elles peuvent survenir :

- à la conception : de maladies génétiques, d'aberrations chromosomiques, d'incompatibilité sanguine ;
- pendant la grossesse : de radiation ionisante reçue par la mère, de virus, de médicaments, d'alcoolisme ou de tabagisme ;
- à la naissance : prématurité, de souffrance cérébrale, de maladies infectieuses, virales, de traumatismes, etc.

Dans cette déficience, les cas sont nombreux et il existe un très grand nombre d'étiologies non définies. Cependant, les plus courants sont :

- la Trisomie 21 qui est d'origine génétique ;
- le syndrome du X- fragile qui se caractérise notamment par une hyperactivité, de troubles de l'attention, des colères fréquentes, de l'anxiété relationnelle, etc. ;
- l'infirmité motrice cérébrale dans certains cas.

Jusqu'à une période récente, la déficience mentale a été classifiée selon ses niveaux de gravité. L'Organisation Mondiale de la Santé a procédé à une classification internationale du handicap mental et a déterminé, selon le quotient intellectuel obtenu au moyen de tests mentaux, quatre niveaux de retard mental. Cependant, la diversité des cas de ce handicap a conduit les spécialistes et les chercheurs à admettre, aujourd'hui, que le degré de la déficience mentale ne peut pas être mesuré selon des déficits quantifiables et statistiques. En effet, le diagnostic médical ne peut définir que la cause de la déficience intellectuelle, alors qu'une évaluation des capacités cognitives et interactives de la personne permet de déterminer ses besoins spécifiques. On dénombre actuellement en France, environ 650 000 personnes atteintes d'un handicap mental.

• Handicap cognitif

Ce handicap désigne les incapacités liées aux phénomènes de perception et de traitement des idées. L'autisme relèverait par exemple de cette catégorie qui se voudrait indépendante de ce qu'on appelle la maladie mentale. La réalité est souvent décrite comme une situation faisant appel à des concepts plus complexes et plus variés.

L'autisme est considéré comme un trouble du développement neuropsychologique portant de façon prédominante sur les fonctions de communication et de socialisation. Il se manifeste dès les premières années de vie de l'enfant. Les signes sont divers et d'intensité différente d'une personne à l'autre et varient avec l'âge. La définition de l'autisme fait l'objet, depuis plusieurs années, de débats particulièrement vifs entre les tenants des thérapies d'inspiration psychanalytique et les partisans des méthodes exclusivement éducatives.

• Handicap psychique

Le handicap psychique ou maladie mentale n'est pas une déficience intellectuelle mais la conséquence de maladies touchant le psychisme et le comportement. Il se traduit par des troubles du fonctionnement de l'appareil psychique qui influent donc principalement sur les sphères de la vie relationnelle, de la communication, du comportement...

Le handicap psychique est la conséquence d'une maladie mentale évolutive dont personne ne connaît exactement l'origine. Les causes d'apparition de la maladie sont dans la plupart des cas à la fois environnementales, biologiques et psychologiques. Une chose est sûre pourtant, tout le monde peut en être victime, quelles que soient les origines ethniques ou sociales.

Ce handicap survient essentiellement, pour les adultes, au moment de l'adolescence, et représente une réelle difficulté à appréhender la gravité de la situation, car on ignore s'il s'agit d'un trouble de l'adolescence ou d'une pathologie plus grave. Sa prise en charge relève de soins psychiatriques, mais un accompagnement spécifique est souvent nécessaire pour atténuer les effets invalidants des troubles. La personne atteinte de cette maladie peut connaître une situation sinusoïdale qui se traduit par des épisodes invalidantes, notamment pour continuer à exercer ses activités.

Il faut distinguer le handicap psychique du handicap mental car la personne handicapée psychique n'a pas de déficience intellectuelle à proprement parler, elle peut bénéficier d'un traitement médicalisé. Les maladies psychiques ont longtemps été ignorées par la société. Pourtant près de 600 000 personnes en France seraient concernées par cette maladie dont 3 à 5 % sont victimes de troubles sévères. Près d'une personne sur cinq risque de connaître, au cours de sa vie, des problèmes de dépression. Les troubles psychiques sont la première cause d'hospitalisation en France, et représentent 15 % des dépenses de santé. La loi du 11 février 2005 a reconnu la maladie psychique comme un handicap.

- **Polyhandicap**

Il s'agit d'un handicap grave à expression multiple, associant déficience motrice et déficience mentale sévère ou profonde. Ce handicap entraîne une restriction extrême de l'autonomie et de possibilités de perception, d'expression et de relations. Associés aux déficiences mentales, les troubles moteurs sont pratiquement constants. Ils sont souvent associés avec des troubles de l'audition et de la vision, et dans certains cas à l'insuffisance respiratoire chronique, à des troubles nutritionnels et somatiques et de l'élimination...

C'est donc un handicap complexe de grande dépendance qui nécessite, à tous les âges, et quelle que soit la cause, des soins et un accompagnement individualisés, permanents et qualifiés pour assurer les actes les plus simples de la vie courante.

Les causes de ce handicap sont à 60 % génétiques, accidentelles et virales et à 40 % inexpliquées à ce jour.

- **Handicap sévère ou handicap lourd**

Il représente des situations de grandes dépendances dans la pratique des actes élémentaires de la vie quotidienne. Ce handicap désigne des restrictions extrêmes d'autonomie chez la personne. Il englobe les polyhandicaps et d'autres handicaps associés. Nonobstant des réponses que l'on apporte en termes d'accessibilité pour les différents types de handicap, face à ce handicap, les limites du possible sont atteintes. Les réponses ne peuvent plus être généralisées, mais elles doivent être adaptées. L'implication du professionnel de la construction et son sens de l'imagination sont les plus sollicités pour contribuer à l'accessibilité des personnes atteintes de handicap sévère.

• Personne de petite taille

Il existe environ 150 types de personnes de petite taille qui représentent deux catégories : celles bien proportionnées et les autres. 70 % des personnes de petite taille sont achondroplasiques, c'est-à-dire qu'elles ont un tronc normal et des membres courts. Ceci représente environ une naissance sur mille. D'autres cas existent également, comme l'ostéogenèse imparfaite. Les personnes de petite taille ne sont pas toujours considérées comme handicapées. Leur taux d'incapacité est souvent estimé à moins de 80 %. Cependant, par leur taille, elles doivent faire des efforts supplémentaires et avoir un rythme plus soutenu au quotidien, comme par exemple dans leur déplacement. En général, elles font l'objet d'une fatigabilité accrue par rapport à d'autres personnes. Ces personnes sont particulièrement concernées par les questions liées à l'accessibilité. Notamment, pour se déplacer sur de grandes distances, accéder aux équipements, atteindre les objets, s'asseoir et se relever, franchir des portes automatiques, etc.

II. LE HANDICAP ET LES NOUVELLES EXIGENCES DE L'ACCESSIBILITÉ

La loi du 11 février 2005, instaure une obligation d'accessibilité pour tous les types de handicaps. Cela signifie que désormais, la mise en accessibilité ne concerne plus uniquement les personnes en fauteuil roulant, mais toutes les catégories de handicaps ou de déficiences. Une telle obligation conduit à prendre en considération les besoins générés par chaque handicap en matière d'accessibilité. En effet, les modalités de mise en accessibilité diffèrent selon les besoins de la personne concernée. Une personne déficiente visuelle n'a pas les mêmes contraintes, qu'une personne handicapée motrice, pour accéder à un bâtiment ou utiliser un moyen de transport. De plus, ses contraintes s'opposent à celles rencontrées par une personne déficiente auditive. Cela suppose pour les maîtres d'ouvrage et maîtres d'œuvre, une bonne connaissance des principaux handicaps et des difficultés qui sont à l'origine de leur incapacité à se mouvoir ou à accéder à un équipement, à une structure ou à un service.

C'est pour cette raison que la nouvelle réglementation sur l'accessibilité fixe des obligations, en tenant compte des difficultés rencontrées par les différents types de handicaps. Pour bien comprendre la réglementation il faut, au préalable, connaître les exigences de chaque handicap.

1. Les principales difficultés en matière d'accessibilité rencontrées par les personnes handicapées et dépendantes

• Handicaps moteurs, polyhandicapés, personnes de petite taille, personnes âgées

- Déplacement sur de longues distances et la fatigabilité pour certaines personnes.
- Pénibilité de station debout ou d'attentes prolongées.
- Présence de marches et de dénivelés.
- La qualité du sol pour le déplacement des personnes en fauteuil roulant ou utilisant des cannes.
- L'insuffisance de largeur pour certains passages, comme dans les sanitaires, couloirs, etc.
- La hauteur des équipements, des commandes ou des objets, comme les guichets ou caisses automatiques, etc.

• Handicaps auditifs, polyhandicapés, personnes âgées

- Communication orale, d'une manière générale, difficile.
- Difficulté de recevoir des informations sonores.
- Se trouver dans un lieu public sans informations écrites ou peu lisibles.

- La qualité du son est importante.
- Manque de boucle magnétique dans les lieux d'échanges publics, comme dans les salles de spectacles, guichets et dans les lieux où la qualité de son est mauvaise, etc.
- Qualité acoustique ambiante.

• Handicaps visuels, polyhandicapés, personnes âgées

- Communication écrite, d'une manière générale, difficile.
- Difficulté de percevoir les informations non sonores et de distinguer les petites écritures.
- Difficulté de repérage des lieux et des entrées.
- Difficulté de repérage de l'espace, des obstacles et du danger.
- Difficulté à se déplacer et à atteindre sa destination.
- Difficulté à s'orienter.

• Handicap mental et cognitif

- Difficulté à se concentrer.
- Problèmes de déchiffrage de l'information et de la signalisation.
- Perception des informations, notamment quand il s'agit d'informations complexes.
- Difficulté à se repérer et à s'orienter, sans aide, dans l'espace.
- Utilisation des appareils et des automates, pratiquement impossible, sans aide.

• Handicap psychique

- Adaptabilité à la vie de la société.
- Difficulté d'avoir un projet et un objectif à suivre.
- Le choix des matériaux, des couleurs et des formes peuvent avoir des influences sur l'état de la personne.

2. L'usage des sens et des membres pour améliorer l'accessibilité

L'accessibilité pour le handicap moteur est désormais bien connue et d'une manière générale, elle est prise en compte par les professionnels et les donneurs d'ordre. En ce qui concerne les autres types de handicaps, des solutions simples et souvent très peu coûteuses existent qui peuvent améliorer sensiblement l'accessibilité. L'utilisation des nouvelles technologies en est un exemple. La combinaison de l'image et du son par exemple, répond à une partie des exigences générées par les déficiences sensorielles. Plus simple encore, on peut s'appuyer sur les différents sens de la personne et ses facultés sensorielles, pour améliorer l'accessibilité d'un équipement ou d'un espace public à de nombreux handicaps. Cependant, dans certains cas il existe des conflits d'intérêt en matière d'accessibilité. L'accessibilité pour certaines personnes peut devenir l'inaccessibilité pour d'autres. Ce qui est accessible pour une personne déficiente visuelle ne l'est pas pour une personne avec une déficience auditive. Ce qui est accessible pour une personne en fauteuil roulant, dans certains cas peut l'être également, pour une personne de petite taille. Il appartient au professionnel de l'accessibilité et à ses facultés de création de concilier ces conflits d'intérêt.

Chaque sens et membre de la personne peut contribuer à faciliter son accessibilité

Handicap	La marche	Le toucher	L'ouïe	La vue	L'odorat	L'orientation
Moteur	La qualité des matériaux au sol, au mur, sur le mobilier, permet d'orienter, d'avertir et de faciliter le déplacement, le franchissement des obstacles, les marches, les pentes, la largeur des passages, les distances de déplacement, etc. peuvent être des obstacles.	La hauteur des guichets et des commandes. Facilité de manipulation (portes, poignées, etc.).				Une bonne signalétique économise le déplacement.
Visuel	Exigence de sécurité dans le déplacement. Moyens de repérage des lieux et des obstacles.	Qualité des matériaux au toucher et utilisation du relief pour permettre le guidage et l'orientation.	La qualité acoustique contribue à orienter et guider. Le son permet d'anticiper le danger.	Le guidage, la taille des caractères pour lire distinctement. Le contraste pour voir. L'éclairage suffisant, mais pas éblouissant.	Le guidage peut se faire par les plantes et leurs senteurs.	Différents moyens de guidage peuvent être utilisés pour s'orienter et se repérer dans l'espace.

Handicap	La marche	Le toucher	L'ouïe	La vue	L'odorat	L'orientation
Auditif		Le choix des matériaux adaptés contribue à améliorer l'acoustique.	Faciliter la communication. Pour le confort acoustique, éviter les réverbérations acoustiques. Utilisation des boucles magnétiques et des systèmes de visio-interprétation en Langue des Signes Française.	La signalétique visuelle remplace la signalétique sonore. La lumière joue un rôle important pour appréhender et apprécier l'espace, et à fin d'anticiper le danger.		Une signalétique adaptée en privilégiant l'écrit et le visuel.
Mental et cognitif		La couleur et le contraste des matériaux sont des éléments d'orientation, d'assurance…	La qualité acoustique est importante.	Le choix de l'éclairage est important. En cas de temporisation, l'extinction est progressive.	L'utilisation de l'odorat par les plantes ou autres éléments est un moyen d'orientation.	La signalétique adaptée, systématique et lisible, aide humaine.

Handicap	La marche	Le toucher	L'ouïe	La vue	L'odorat	L'orientation
Psychique		Le choix des couleurs peut faciliter le confort de la personne. Eviter les couleurs agressives.	La qualité acoustique est importante.	L'éclairage ne doit pas être ni trop fort, ni trop faible.	L'utilisation de l'odorat par les plantes ou autres éléments est un moyen d'apaisement.	Une bonne signalétique facilite l'autonomie de la personne.
Poly-handicapé	Qualité des sols, franchissement des obstacles, les marches, les pentes, largeur des passages, distances de déplacement, etc.	Hauteur des guichets et des commandes. Facilité de manipulation (portes, poignées, etc.).	La qualité acoustique contribue à orienter et à guider.	Le guidage, la taille des caractères pour lire distinctement. Le contraste pour voir l'éclairage suffisant.		Une bonne signalétique économise le déplacement, même si dans le cas de ce handicap, la personne est accompagnée.
Personne de petite taille	Faciliter le déplacement pour éviter la fatigabilité. Franchissement des obstacles, des dénivelés et des passages étroits, etc.	La hauteur des équipements, des guichets, des commandes, des distributeurs, etc. Faciliter la manipulation des portes, des poignées etc.				Une bonne signalétique économise le déplacement.

Les sens au service de l'accessibilité

La vue

C'est l'éclairage bien adapté, le choix des couleurs qui est un élément d'orientation pour les personnes ayant une déficience mentale, psychique, cognitif.

L'ouïe

Une acoustique bien adaptée peut faciliter la communication des personnes qui ont une déficience auditive, peut orienter et guider les personnes avec une déficience visuelle.

Le toucher

Le choix des matériaux au sol, au mur, sur le mobilier, leurs couleurs, etc. permet d'orienter, de faciliter le déplacement ou d'avertir la personne en utilisant les rétérences tactiles ou l'intensité de couleur par exemple.

Principaux handicaps

Moteur

Visuel

Auditif

Cognitif

Mental

Psychique

L'orientation

Est un élément important pour tous les types de handicap. La signalétique est un moyen qui contribue à orienter la personne. Elle est essentielle pour les personnes handicapées mentales. L'accueil et l'accompagnement sont d'autres moyens qui contribuent à l'orientation de la personne.

L'odorat

Est un sens vital qui est de plus en plus considéré comme un moyen naturel pour faciliter l'orientation et le guidage et l'avertissement de la personne ou de créer une ambiance de confiance et apaisante pour certains types de handicap. En s'appuyant sur le sens olfactif de la personne par l'utilisation des plantes à l'extérieur ou de leurs essences à l'intérieur.

Partie 3.

Les nouvelles dispositions réglementaires

Titre 1.

Règles générales relatives au cadre bâti

De l'avis de tous ceux qui sont concernés par le handicap, la loi du 11 février 2005 est une loi fondatrice qui vise l'égalité des droits des personnes handicapées. Au premier rang de cette égalité se placent le droit d'accès à tout, pour tous, et le libre choix des actes de la vie. Ce principe, déjà réel pour les personnes qui possèdent toutes leurs facultés physiques et mentales, devient désormais, un objectif à atteindre pour les personnes handicapées, qui, de fait, bénéficient de nouveaux droits.

Cette loi bouleverse les habitudes déjà ancrées dans la société et impose de nouvelles règles notamment en matière d'accessibilité, qui tiennent compte des besoins de tous. Elle fait en sorte que tous ceux qui interviennent dans le monde de la construction et de l'aménagement, qu'il s'agisse des professionnels, des décideurs ou des gestionnaires, tiennent compte des besoins de cette partie importante de la population, composée des personnes handicapées, mais aussi des personnes âgées et des personnes en situation momentanée de handicap. En un mot, par ses dispositions, la loi nouvelle ambitionne de provoquer la société et de l'interpeller dans ses attitudes et ses comportements, pour lui rappeler qu'il est de son devoir de respecter le droit de tous et d'offrir les mêmes services à ses différents membres.

Patrick GOHET, Délégué interministériel aux personnes handicapées rappelle, à juste titre, que « l'accessibilité est un enjeu majeur pour notre société. En la rendant, sous tous ses aspects, praticable par les personnes handicapées, c'est du mieux vivre et du mieux être que l'on apporte à tous les membres du corps social. La Cité, pour toutes les activités qu'elle recèle, doit être rendue accessible. S'il s'agit évidemment de l'accessibilité physique, celle qui permet de se mouvoir, il s'agit également de l'accessibilité intellectuelle, celle qui facilite le repérage. L'accessibilité est appelée à devenir, pour toute initiative dans les domaines de la construction, de l'aménagement du territoire, de la pédagogie, de la formation..., un critère d'excellence ! »

La loi du 11 février 2005 renforce et crée un éventail de dispositions nouvelles qui ont nécessité de réviser largement le Code de la construction et de l'habitation. Une nouvelle architecture réglementaire est créée. Il faut le saisir, l'appréhender et l'analyser pour que sa mise en œuvre soit à la hauteur de ce changement culturel qu'appelle de ses vœux notre société. Un grand pas vient d'être franchi en matière d'accessibilité en France. Voici en détail ce que cette loi apporte de nouveau comme obligations pour la mise en accessibilité de la Cité.

➤ Principales références réglementaires relatives au cadre bâti

La réglementation relative au cadre bâti est définie par la loi du 11 février 2005 et par une série de textes réglementaires qui en assurent l'application. Ces textes sont rappelés au début de chaque chapitre, afin de donner au lecteur les références nécessaires à leur consultation. Il leur fera suite, chapitre par chapitre, une explication détaillée de leur mise en application pratique dans les pages qui suivent.

Loi n° 2005-102 du 11 février 2005, pour l'égalité des droits et des chances, la participation et la citoyenneté des personnes handicapées. Loi publiée au Journal officiel du 12 février 2005 – NOR : SANX0300217L.

Notamment, ses articles 41 à 44, l'article 46 et les articles 49 à 51 du chapitre III du titre IV relatifs à l'accessibilité du cadre bâti, des transports et des nouvelles technologies.

Code de la construction et de l'habitation, notamment l'article L. 117-7 remplacé par cinq nouveaux articles L. 111-7 à L. 111-7-4 créés par l'article 41 de la loi du 11 février 2005.

Art. L. 111-7 du Code de la construction et de l'habitation institue

Les dispositions architecturales, les aménagements et équipements intérieurs et extérieurs des locaux d'habitation, qu'ils soient la propriété de personnes privées ou publiques, des établissements recevant du public, des installations ouvertes au public et des lieux de travail doivent être tels que ces locaux et installations soient accessibles à tous, et notamment aux personnes handicapées, quel que soit le type de handicap, notamment physique, sensoriel, cognitif, mental ou psychique, dans les cas et selon les conditions déterminées aux articles L. 111-7-1 à L. 111-7-3. Ces dispositions ne sont pas obligatoires pour les propriétaires construisant ou améliorant un logement pour leur propre usage.

Chapitre 1

Un encadrement juridique renforcé en matière d'accessibilité

La loi du 11 février 2005 modifie le Code de la construction et de l'habitation et renforce les obligations des constructeurs et des propriétaires de bâtiments, pour garantir le principe d'accessibilité. A l'occasion de la publication du premier décret d'application des mesures relatives à l'accessibilité de cette loi, un communiqué de presse des ministères en charge des Personnes handicapées et de la Construction a souligné que « *Ces mesures visent à garantir l'accessibilité avec la plus grande autonomie pour les personnes handicapées et à assurer une équité de traitement à l'égard de tous les usagers des bâtiments. La vie quotidienne de 5 millions de personnes pourra ainsi être facilitée.* »

I. DES DISPOSITIONS NOUVELLES

L'affirmation du principe d'accessibilité est renforcée par l'introduction de plusieurs innovations dans la loi et ses textes réglementaires. Ces innovations s'articulent autour de six principes qui sont les suivants :

- ***Accessibilité pour tous***. L'obligation d'accessibilité désormais s'adresse non seulement aux personnes handicapées, mais aussi à l'ensemble de la population qui, en raison de son vieillissement, sera de plus en plus confrontée au risque de dépendance. La loi précise que « *les aménagements et les constructions doivent être conçus tels qu'ils soient accessibles à tous, et notamment aux personnes handicapées* ».

- ***Accessibilité pour toutes les formes de handicaps***. Les textes fixent le principe de l'accessibilité pour tout type de handicap, et non pour le seul handicap physique, habituellement visé à chaque fois que la question de l'accessibilité est posée. C'est en effet un progrès apporté, par cette loi, qui donne précisément la liste des principaux types de handicaps, notamment physique, sensoriel, cognitif, mental ou psychique. De plus, les textes d'application de la loi fixent les conditions de mise en accessibilité destinées à renforcer l'accessibilité des personnes handicapées moteur, mais aussi définissent les moyens qui contribuent à faciliter la communication et le déplacement des personnes handicapées sensorielles et à aider les personnes handicapées mentales, pour se repérer et s'orienter dans l'espace.
- ***Accès aux bâtiments et aux prestations***. La loi pose le principe de l'accessibilité du cadre bâti et de ses abords, mais aussi, fixe l'accessibilité des équipements et des informations qui y sont diffusées. Ce principe recouvre la possibilité, pour toute personne handicapée, non seulement d'accéder à un bâtiment et d'y circuler, mais également de recevoir les informations et les prestations qui y sont offertes. Ces obligations sont particulièrement à souligner, notamment, pour les ERP (établissements recevant du public). En effet, par ces dispositions, la loi fait de l'accessibilité l'outil qui permettra et facilitera la participation des personnes handicapées à la vie sociale. L'accès à l'école, à l'emploi, aux loisirs, à la culture... ne peut se concrétiser, que si les dispositions de l'accessibilité prévues par la loi sont respectées.
- ***La chaîne de déplacement***. Par ce principe, la loi rend obligatoire, la continuité de l'accessibilité entre le cadre bâti, l'espace public, la voirie et le transport en commun. Elle instaure ainsi, l'obligation par laquelle tout obstacle doit être supprimé, pour que la continuité de la chaîne du déplacement soit respectée. Jusqu'ici, les normes d'accessibilité étaient appliquées séparément. Désormais, la loi fixe un cadre global pour respecter la continuité de l'accessibilité et trois décrets fixent la réglementation qui s'y impose.
- ***L'accessibilité de l'existant aussi***. La loi renforce les règles d'accessibilité pour toute réalisation récente qu'il s'agisse du bâtiment, des transports ou de la voirie, mais elle élargit ce

principe également aux structures et équipements déjà construits en fixant un délai maximum de 10 ans, à compter de la publication de la loi. Ainsi, pour la première fois les obligations de la loi, relatives à l'accessibilité, s'appliquent, sous réserve de certaines dérogations possibles, aux bâtiments et aux moyens de transports existants.

- ***Le contrôle renforcé***. Au-delà de l'instauration de ces différentes mesures par la réglementation, la loi promeut la prise en compte de l'accessibilité, par des mesures incitatives, et prévoit le renforcement du contrôle et de l'alourdissement des sanctions, administratives ou pénales.

II. UN CALENDRIER DE MISE EN APPLICATION PROGRESSIVE

Par ces dispositions, au 1er janvier 2015, l'ensemble du territoire national devrait être accessible. Cela revient à ce que tous les lieux ou espaces publics, les transports collectifs, les services, etc. engagent, avant cette date, les travaux de mise en conformité avec les règles d'accessibilité.

Le législateur, soucieux de l'importance de ces mesures et de l'envergure des travaux que représentent la mise en œuvre de telles dispositions, a estimé nécessaire d'introduire des délais de mise en application. Certains de ces délais répondent aux exigences techniques, d'autres correspondent aux contraintes financières. Le délai de dix ans accordé, notamment aux moyens de transports et aux établissements recevant du public existants, est fixé pour donner la possibilité aux propriétaires et aux exploitants, de procéder à une évaluation préalable du coût de la mise en accessibilité et d'établir un calendrier de réalisation de travaux ou d'acquisition de matériel. L'instauration de ce délai a été justifiée, lors de l'examen du projet de loi par la commission des affaires sociales du Sénat, dans ces termes : « *La commission attache une importance particulière à la mise en accessibilité des établissements recevant du public, car elle estime que l'inaccessibilité des locaux ne doit pas avoir pour conséquence de priver les personnes handicapées de l'accès aux services et prestations qu'ils délivrent. Il lui paraît donc nécessaire d'encadrer, dans des limites strictes, le délai dans lequel ces établissements devront être mis en accessibilité. Elle vous propose de préciser que ce délai, dont la durée exacte sera fixée par décret, ne pourra excéder dix ans.* » Le même principe a été retenu pour les moyens de transports.

Echéancier d'entrée en vigueur des dispositifs relatifs à l'accessibilité
prévus par la loi n° 2005-102 du 11 février 2005
pour l'égalité des droits et des chances, la participation
et la citoyenneté des personnes handicapées

Date d'entrée en vigueur	Nature des obligations	Références réglementaires
11 février 2005	Signature de la loi.	Loi n° 2005-102 du 11 février 2005.
12 février 2005	Promulgation de la loi.	NOR : SANX0300217L.
12 février 2005	Création des commissions communales d'accessibilité dans les communes de plus de 5 000 habitants.	Article L. 2143-3 du Code général des collectivités territoriales. Dispositif d'application immédiate.
21 octobre 2006	Les locaux où sont implantés les bureaux de vote doivent être accessibles le jour du scrutin.	Article L. 62-2 du Code électoral.
1er janvier 2007	La mise en accessibilité est obligatoire pour toute construction neuve d'établissements recevant du public (ERP), de bâtiments d'habitation et de maisons individuelles. Les permis de construire déposés à cette date doivent en tenir compte.	Décret n° 2006-555 du 17 mai 2006. Arrêtés du 1er août 2006.
1er janvier 2007	Obligation d'installation d'ascenseur pour les bâtiments d'habitation neufs de plus de 3 étages.	Article R. 111-5 du CCH[1].

[1] CCH = Code de la construction et de l'habitation.

1er janvier 2007	Prise en compte de l'accessibilité à l'occasion des travaux dans les bâtiments d'habitation collectifs ou lors de création de logements par changement de destination.	Article R. 111-18-8 à R. 111-18-11 du CCH. Arrêté du 1er août 2006 relatif aux immeubles d'habitation collectifs.
1er janvier 2007	Mise en accessibilité des ERP comportant des places assises, des cabines d'essayage, des douches, des caisses de paiement disposées en batterie et des locaux d'hébergement pour le public.	Article R. 111-19-1 à R. 111-19-4 du CCH. Arrêté du 1er août 2006 relatif aux ERP.
1er janvier 2007	Les espaces publics, la voirie ouverte à la circulation publique dans les agglomérations, les espaces réservés au stationnement, les arrêts des transports en commun et les bornes d'appels d'urgence hors agglomération nouvellement crées, doivent respecter les règles de mise en accessibilité.	Décret n° 2006-1657 du 21 décembre 2006. Arrêté du 15 janvier 2007 relatif aux prescriptions techniques pour l'accessibilité de la voirie et des espaces publics.
1er janvier 2008	Dans les bâtiments des préfectures, l'ensemble des prestations offertes doit être rendu accessible dans, au moins, une partie du bâtiment.	Article 14 du décret n° 2005-555 du 17 mai 2005. Article R. 111-19-8 du CCH.
1er janvier 2008	Obligation de réserve d'ascenseur pour les bâtiments d'habitation comportant plus de 15 logements situés à l'étage.	Article R. 111-5 du CCH.
1er janvier 2008	Obligation de mise en accessibilité des terrasses et balcons depuis une pièce de vie pour les logements neufs.	Article R. 111-18-6 du CCH.
12 février 2008	Evaluation des mesures de mise en accessibilité des logements et estimation de leur impact financier sur le montant des loyers.	Article L. 111-7-1 du CCH.
12 février 2008	Elaboration des schémas directeurs de mise en accessibilité des services de transports publics.	Article 45 de la loi du 11 février 2005.

12 février 2008	Mise en place des transports de substitution pour les réseaux souterrains de transports ferroviaires ou les autres transports publics.	Article 45 de la loi du 11 février 2005.
12 février 2008	Mise en place, par les autorités organisatrice du transport, d'une procédure de dépôts de plainte en cas de non-respect de l'accessibilité.	Article 45 de la loi du 11 février 2005.
1er janvier 2009	Formation à l'accessibilité devient obligatoire dans la formation initiale des architectes et des professionnels du cadre bâti.	Article R. 335-48 du Code de l'éducation. Décret n° 2007-436 du 25 mars 2007.
21 déc. 2009	Etablissement d'un plan de mise en accessibilité de la voirie et des aménagements des espaces publics dans chaque commune.	Article 45 de la loi du 11 février 2005. Article 2 du décret n° 2006-1657 du 21 décembre 2006.
1er janvier 2010	Les logements neufs doivent disposer d'une salle de bains transformable ultérieurement en douche accessible.	Article R. 111-18-6 du CCH.
12 février 2010	Adaptation de la totalité des programmes de télévision à destination des personnes sourdes ou malentendantes, à l'exception des messages publicitaires, sous réserve des dérogations justifiées par les caractéristiques de certains programmes.	Loi n° 86-1067 du 30 septembre 1986 relative à la liberté de communication. Article 74 de la loi du 11 février 2005.
Avant fin 2010	Mise en accessibilité des services de communication publique en ligne, comme les sites Web, le téléphone, etc.	Article 47 de la loi du 11 février 2005. Sous réserve d'un décret en Conseil d'Etat qui doit paraître.
1er janvier 2011	Obligation de mise en accessibilité des services ouverts au public dans les bâtiments des préfectures et des établissements d'enseignement supérieur appartenant à l'Etat.	Article R. 111-19-10 du CCH.

1er janvier 2011	Les ERP de la 1re à la 4e catégorie doivent faire le diagnostic de leurs conditions d'accessibilité et définir la nature et le coût des travaux à réaliser. Ce diagnostic est consultable par les usagers.	Article R. 111-19-9 du CCH.
1er janvier 2011	La mise en accessibilité devient obligatoire pour les professions libérales qui s'installent dans un immeuble d'habitation par changement de destination.	Article R. 111-19-8 du CCH. Arrêté du 9 mai 2007 pris en application de cette obligation.
1er janvier 2015	Au plus tard à cette date, Les ERP existants de la 1re à la 5e catégorie doivent répondre aux exigences de l'accessibilité.	Articles L. 111-7-3, R. 111-19-1, R. 111-19-8 du CCH. Arrêté du 21 mars 2007 relatif aux ERP existants.
1er janvier 2015	Date limite de mise en accessibilité des services de transports collectifs, et le cas échéant, de mise en place de services de transports de substitution.	Article 45 de la loi du 11 février 2005. Décret n° 2006-138 du 9 février 2006. Arrêté du 3 mai 2007 relatif aux transports en commun de personnes.

Chapitre 2

Adaptation et accessibilité du logement

I. L'ACCÈS AU LOGEMENT

La loi du 11 février 2005 garantit aux personnes handicapées l'accès aux droits fondamentaux et l'égalité de traitement. Elle affirme, pour tous, le droit à la solidarité de l'ensemble de la collectivité nationale et instaure des obligations pour leur assurer l'accès aux institutions ouvertes au public et leur maintien dans un cadre ordinaire de scolarité, de travail et de vie. Elle garantit l'accompagnement et le soutien des familles et des proches des personnes handicapées. Le logement est un des droits fondamentaux de chaque citoyen.

Or, en matière de logement, les personnes handicapées sont doublement pénalisées. Elles se heurtent, d'une part, comme tous les citoyens, à la pénurie de logements, notamment locatifs aidés et, d'autre part, au manque de logements accessibles. En effet, le parc de logements locatifs en général, et le parc de logements sociaux en particulier, souffrent d'une carence en logements adaptés ou accessibles aux personnes handicapées.

C'est dans cet esprit que les lois successives ont prévu des mesures spécifiques pour faciliter l'accès au logement des personnes handicapées, notamment la loi du 13 décembre 2000 et la loi du 11 février 2005.

La loi n° 2000-1208 du 13 décembre 2000 a fait de l'accessibilité des personnes handicapées un des objectifs de la politique du logement en général. Elle a inscrit parmi les priorités d'aide au logement l'accès des personnes handicapées. Au nombre des différentes mesures prévues à ce titre, se trouvent des dispositions plus particulières en matière d'aides financières, pour l'adaptation des logements. C'est ainsi que les surfaces de plancher supplémentaires, nécessaires à l'aménagement et à l'amélioration destinés aux personnes handicapées, sont déduites des calculs de la surface hors œuvre nette des constructions.

La loi n° 2005-102 du 11 février 2005 a fixé les modalités de mise en accessibilité des immeubles d'habitation. A ce titre, la loi a visé deux dispositifs distincts mais complémentaires, relatifs à l'accès au logement : l'un conforte les dispositions de maintien au domicile et l'autre organise les dispositions de mise en accessibilité des logements.

1. Les aides financières à l'adaptation du logement

Ce principe a pour objectif le maintien à domicile des personnes dépendantes. Les personnes handicapées, comme les personnes âgées, peuvent bénéficier des prestations financières prévues par la loi qui leur permettent d'équiper et d'adapter leur domicile et de vivre chez elles. Cette disposition est valable, à condition que le logement soit situé dans un immeuble accessible. Quatre aides financières complémentaires et éventuellement, cumulables peuvent être attribuées sous condition :

- aides destinées aux travaux d'équipement et d'adaptation du logement pour les personnes handicapées. Ces aides sont attribuées au titre de la prestation de compensation du handicap par les maisons départementales des personnes handicapées [1] ;
- aides destinées à faire des travaux d'amélioration dans le logement. Ces aides sont attribuées par l'Agence Nationale de l'Habitat (ANAH) [2] ;
- allocation d'aide au logement en cas de location. Cette aide est versée sous condition, par la Caisse d'Allocation Familiale (CAF) ;
- aides destinées à prendre en charge le coût de personnel d'assistance. Cette aide diffère selon qu'il s'agit de financer le coût d'un auxiliaire de vie, d'une aide ménagère ou de l'aide d'une tierce personne, dans le cas de certains handicaps ou de dépendance lourde.

---

[1] www.cnsa.fr.

[2] www.anah.fr.

2. Mesures fiscales en faveur de l'accès au logement

Les obligations de mise en accessibilité générale, prévues par la loi pour les bâtiments d'habitation collectifs et les maisons individuelles neuves, ont pour objectif principal d'augmenter l'offre de logements accessibles aux personnes handicapées, et de garantir le maintien à domicile des personnes âgées ou en cas de survenue du handicap et/ou de dépendance.

La loi du 11 février 2005 institue également, plusieurs mesures en faveur du logement locatif, afin de promouvoir leur adaptation aux personnes handicapées et de permettre une meilleure insertion de la personne, dans son logement. La première de ces mesures donne la possibilité aux bailleurs sociaux et privés de passer des conventions avec des associations ou des structures spécialisées, pour mieux prendre en compte la question de l'adaptation du logement aux besoins des personnes handicapées. Ces conventions ont un double objectif : d'une part, apporter des réponses adaptées aux personnes handicapées et, d'autre part, faciliter le repérage du parc de logements accessibles. Une seconde mesure permet de faciliter l'insertion et le maintien des personnes handicapées dans le logement ordinaire. Les propriétaires bailleurs peuvent, désormais, passer des conventions avec des établissements ou des services d'accompagnement à domicile, afin de préciser les modalités d'intervention de ces structures dans leur parc, pour aider les personnes handicapées. D'autres mesures sont également prévues, comme la création, dans les communes de plus de 5 000 habitants, d'une commission communale d'accessibilité qui, compte tenu de ses compétences, est chargée d'organiser le recensement de l'offre de logements accessibles aux personnes handicapées.

Par ailleurs, la loi de finances pour 2004 a instauré un dispositif de crédit d'impôt pour dépenses d'équipement de l'habitation principale, applicable aux travaux d'installation d'équipements spécialement conçus pour les personnes âgées ou handicapées. Ce dispositif, réservé aux propriétaires, est complété par un autre, introduit par la loi du 11 février 2005, qui concerne les travaux d'adaptabilité en faveur des personnes handicapées locataires. Ainsi, les organismes HLM et les sociétés d'économie mixte, qui réalisent ou gèrent des logements sociaux, peuvent déduire de la taxe foncière les travaux d'adaptation du logement, en faveur des personnes handicapées. Ces travaux concernent, d'une part, la mise en accessibilité de l'immeuble et, d'autre part, les aménagements nécessaires pour adapter le logement.

➤ Travaux d'accessibilité de l'immeuble déductibles de la taxe foncière

a) Cheminement extérieur :
- élargissement du cheminement et du portail d'entrée ;
- construction d'une rampe pour doubler ou remplacer un emmarchement ;
- aménagement de bateaux pour franchir les trottoirs ;
- suppression de murs, murets, de portes ou portails, de marches, seuils, ressauts ou de tout autre obstacle ;
- amélioration du revêtement de sol ou du sol lui-même en vue d'obtenir un sol ferme et non glissant, par exemple ;
- installation de mains courantes.

b) Elargissement ou aménagement de places de parking.

c) Parties communes à l'intérieur de l'immeuble :
- élargissement de la porte d'entrée et des portes le long des parties communes conduisant aux logements, élargissement des couloirs ;
- construction d'une rampe ;
- suppression de murs, de cloisons, de portes, de marches, de seuils, de ressauts ou d'autres obstacles ;
- amélioration des revêtements de sol ;
- installation de mains courantes, d'un ascenseur ou d'autres appareils permettant le transport de personnes handicapées (monte malades, plate-forme ou appareil élévateur, par exemple) ;
- modification des boîtes aux lettres et divers systèmes de commande.

➤ Travaux d'accessibilité et d'adaptation du logement déductibles de la taxe foncière

- Elargissement de la porte d'entrée, des portes intérieures du logement, des portes d'accès aux balcons, terrasses, loggias et jardins.
- Construction d'une rampe.
- Suppression de marches, de seuils et de ressauts.
- Suppression ou modification de murs, cloisons et placards.
- Modification de l'aménagement et de l'équipement des pièces d'eau (cuisine, WC, bains, douche, buanderie, etc.), évier, lavabo, baignoire, douche, WC, placards, etc.
- Amélioration des revêtements de sol.
- Installation de mains courantes, barres d'appui, poignées de rappel de portes, protection de murs et de portes.
- Modification de la robinetterie, des divers systèmes de fermeture, d'ouverture ou des systèmes de commande des installations électriques, d'eau, de gaz et de chauffage.
- Modification des volets et fenêtres.
- Alerte à distance (équipement et branchement).

II. LES OBLIGATIONS DE MISE EN ACCESSIBILITÉ

Toute demande de permis de construire déposée à compter du 1er janvier 2007 doit respecter les règles de construction qui permettent de rendre le bâtiment accessible aux personnes handicapées.

➤ Principales références réglementaires relatives aux immeubles d'habitation

- La loi n° 2005-102 du 11 février 2005, et en particulier son article 41, modifiant le Code de la construction et de l'habitation et créant de nouveaux articles, législatifs et réglementaires, relatifs à l'accessibilité aux personnes handicapées des bâtiments d'habitation.

- Code de la construction et de l'habitation :
  - articles L. 111-7 à L. 111-7-4 et L. 111-19-15 à L. 111-19-24 ;
  - articles R. 111-18 à R. 111-18-11, R. 111-19-27 à R. 111-19-30.
- Décret n° 2006-555 du 17 mai 2006 relatif à l'accessibilité des établissements recevant du public, des installations ouvertes au public et des bâtiments d'habitation et modifiant le Code de la construction et d'habitation.
- Arrêté du 1er août 2006 modifié relatif à l'accessibilité aux personnes handicapées des bâtiments d'habitation collectifs et de maisons individuelles lors de leur construction.
- Arrêté du 26 février 2007 relatif à l'accessibilité pour les personnes handicapées des bâtiments d'habitation collectifs, lorsqu'ils font l'objet de travaux et des bâtiments existants où sont créés des logements par changement de destination.
- Arrêté du 26 février 2007 relatif au coût de construction servant à déterminer le seuil à partir duquel des travaux de rénovation sur un bâtiment d'habitation collectif, déclenchent l'obligation de mettre la totalité des parties communes, en conformité avec les règles d'accessibilité.
- Arrêté du 22 mars 2007 modifié relatif à l'attestation constatant que les travaux sur certains bâtiments respectant les règles d'accessibilité et ses annexes 2 et 3.
- Arrêté du 30 novembre 2007 modifiant l'arrêté du 1er août 2006 relatif à l'accessibilité aux personnes handicapées des bâtiments d'habitation collectifs et de maisons individuelles lors de leur construction.

Pour mémoire

Définition de bâtiments d'habitation collectifs

L'article R. 111-8 du Code de la construction et de l'habitation (CCH) donne une définition pour les « bâtiments d'habitation collectifs » au sens de l'accessibilité des personnes handicapées :
« est considéré comme un bâtiment d'habitation collectif tout bâtiment dans lequel sont superposés, même partiellement, plus de deux logements distincts desservis par des parties communes bâties ». Cette définition est spécifique aux règles d'accessibilité.
Tout bâtiment d'habitation qui n'est pas collectif est considéré, au sens de l'accessibilité, comme maison individuelle. Cette définition est plus large que celle donnée par l'article L. 231-1 du CCH qui considère comme maison individuelle, un immeuble à usage d'habitation ne comportant pas plus de deux logements.

1. Bâtiments d'habitation collectifs neufs

« *Est considéré comme accessible pour les personnes handicapées tout bâtiment ou aménagement lié à un bâtiment permettant à un habitant ou à un visiteur handicapé, avec la plus grande autonomie possible de circuler, d'accéder aux locaux et équipements, d'utiliser les équipements, de se repérer et de communiquer. Les conditions d'accès des personnes handicapées doivent être les mêmes que celles des autres publics ou, à défaut, présenter une qualité d'usage équivalente.* » Article R. 111-18-1 du CCH.

Les bâtiments d'habitation collectifs et leurs abords doivent être construits et aménagés de façon à être accessibles aux personnes handicapées, quel que soit leur handicap. Ils doivent respecter les règles de mise en accessibilité, qu'ils comptent ou non, des personnes handicapées parmi leurs habitants. En effet, l'accessibilité d'un immeuble s'adresse aussi bien à ses habitants, qu'aux personnes qui viendraient leur rendre visite, parmi lesquels certaines pourraient être en situation de handicap.

Les obligations d'accessibilité visent à supprimer les obstacles au déplacement et à l'usage des bâtiments d'habitation et de leurs équipements, pour que des personnes avec déficience motrice, sensorielle ou intellectuelle, puissent y accéder et vivre de façon autonome. Il s'agit également d'éviter les accès par l'arrière du bâtiment d'habitation ou par les locaux de service qui, *a priori*, n'auraient pas une qualité d'usage équivalente à un accès par l'entrée principale de l'immeuble.

➤ Les caractéristiques techniques

Les dispositions architecturales et les règles d'aménagement, que les bâtiments d'habitation collectifs ou individuels doivent respecter pour être considérés accessibles, sont résumées dans le tableau ci-après, extrait de l'arrêté du 1er août 2006 modifié relatif aux règles d'accessibilité aux personnes handicapées des bâtiments d'habitation collectifs et des maisons individuelles lors de leur construction.

Résumé des dispositions applicables aux immeubles d'habitation collectifs lors de leur construction

Parties du bâtiment concernées par l'accessibilité	Caractéristiques techniques à respecter
1. Les abords	
– Le chemin d'accès au bâtiment est accessible et respecte la chaîne de déplacement. Si les caractéristiques du terrain ne le permettent pas, un espace de stationnement est à prévoir à proximité de l'entrée du bâtiment. Il est relié à celui-ci par un cheminement accessible.	– *Repérage et guidage* : une personne avec déficience auditive, visuelle ou mentale doit pouvoir se localiser, s'orienter et atteindre le bâtiment. La signalisation est placée à chaque point, où un choix d'itinéraire est possible. Une personne avec déficience motrice doit pouvoir accéder à tout équipement ou aménagement de l'immeuble.
– Le revêtement du cheminement respecte un contraste visuel et tactile par rapport à son environnement ou comporte sur toute sa longueur un repère continu tactile et visiblement contrasté.	– *Caractéristiques dimensionnelles* : les profils en long et en travers du cheminement doivent respecter les critères d'accessibilité. Des espaces de manœuvre et d'usage sont à prévoir pour les personnes en fauteuil roulant.

	– *Sécurité d'usage* : le revêtement de sol, les mobiliers sur le cheminement, toute rupture de niveau, comme escaliers, le croisement avec une voie de circulation doivent respecter le principe d'accessibilité.
2. Stationnement d'automobile – Les parcs de stationnement intérieur et extérieur doivent comporter des places adaptées situées à l'entrée du bâtiment dont le nombre minimum est fixé à 5 % des places de stationnement pour les résidents et à 5 % également des places réservées aux visiteurs.	– *Repérage* : un marquage au sol et un panneau doivent signaler chaque place adaptée destinée aux visiteurs. – *Caractéristiques dimensionnelles* : la largeur minimale des places adaptées est de 3,30 m. la place doit correspondre à un espace horizontal au dévers près, inférieur ou égal à 2 %. – *Atteinte et usage* : les places adaptées doivent permettre à une personne en fauteuil roulant de quitter l'emplacement une fois le véhicule garé et d'atteindre l'entrée du bâtiment ou de l'ascenseur sans ressaut de raccordement de plus de 2 cm et avec chanfrein.
3. Accès au bâtiment – L'entrée principale du bâtiment doit être accessible en continuité avec le chemin d'accès. Il doit être facilement repérable. – L'affichage du nom des occupants et les boîtes aux lettres doivent être situés au niveau d'accès principal au bâtiment. – Le dispositif d'accès au bâtiment et le moyen de se signaler à un occupant et de communiquer avec lui doivent pouvoir être repérés, atteints et utilisés par une personne handicapée, quel que soit son handicap.	– *Repérage* : l'entrée du bâtiment est repérable par des éléments architecturaux, choix des matériaux différents ou visuellement contrastés. Les informations concernant les modalités d'accès au bâtiment, les signalements, etc. doivent être éclairés et facilement repérables par un contraste visuel. – *Atteinte et usage* : les systèmes de contrôle d'accès ou de communication entre visiteurs et occupants ainsi que les dispositifs de commande manuelle doivent être utilisables par une personne en position « debout » comme en position « assis ». Le dispositif de déverrouillage électrique, doit permettre à une personne à mobilité réduite d'atteindre la porte et d'entamer la manœuvre d'ouverture, avant que la porte ne soit à nouveau, verrouillée. Tout signal lié au fonctionnement des dispositifs d'accès au bâtiment, ainsi que les équipements de communication avec les occupants, doivent être sonores et visuels. Une boucle magnétique permet l'amplification par une prothèse auditive. Les appareils à menu déroulant doivent permettre l'appel direct par un code.

4. Circulation intérieure

Circulations horizontales

- Les circulations intérieures horizontales doivent respecter les règles d'accessibilité pour tous les types de handicap.
- Les occupants handicapés doivent pouvoir accéder à l'ensemble des locaux collectifs ainsi qu'aux caves et celliers situés à un niveau nécessairement desservis par un cheminement accessible.
- Les cheminements des parties communes doivent être repérables et identifiables par les personnes déficientes visuelles ou mentales.
- Un niveau d'accès décalé de moins de 1,20 m doit être desservi par un cheminement accessible. Une dénivellation supérieure ou égale à 1,20 m est considérée comme un étage. Lorsque le bâtiment comporte un ascenseur, tout niveau décalé de ce type doit être desservi.

Circulations verticales

- Les ascenseurs et les escaliers non visibles depuis l'entrée du bâtiment, doivent pouvoir être repérés par une signalisation adaptée. En cas de possibilité de choix, cette signalisation doit aider l'usager à choisir l'ascenseur ou l'escalier qui lui convient.
- Les bâtiments de 3 étages ou moins, comprenant plus de quinze logements situés en étages au-dessus ou au-dessous du rez-de-chaussée, doivent prévoir, dès la construction, l'emplacement pour un ascenseur ultérieur, qui peut être réalisée à l'intérieur ou à l'extérieur du bâtiment. Dans les deux cas, le principe d'installation doit être prévu dès la construction du bâtiment.
- Une dénivellation qui ne peut être franchie par un cheminement accessible doit faire l'objet d'une demande de dérogation et doit être compensée, a *minima*, par l'installation d'un appareil élévateur, à condition qu'il soit situé à intérieur, d'usage permanent et respectant les réglementations en vigueur.
- Si le bâtiment est équipé d'un ascenseur, tous les étages comportant des logements ou des locaux collectifs, comme cave, celliers, parc de stationnement doivent être desservis.

Les escaliers

- Les escaliers situés dans les parties communes doivent pouvoir être utilisés en sécurité par les personnes handicapées. Des aménagements ou équipements sont prévus pour faciliter, notamment, le repérage des obstacles et l'équilibre tout au long de l'escalier.
- L'escalier, quelle que soit sa conception, doit comporter une main courante de chaque côté.
- *Caractéristiques dimensionnelles* : la largeur minimale entre mains courantes doit être de 1 m. La hauteur des marches est inférieure ou égale à 17 cm et la largeur du giron supérieure ou égale à 28 cm.
- *Sécurité d'usage* :
  - l'éveil de la vigilance est assuré, au niveau de la première et la dernière marche, par l'utilisation d'un revêtement de sol qui permet un contraste visuel et tactile, et d'une contremarche visuellement contrastée par rapport à la marche ;
  - les nez de marches doivent être contrastés visuellement par rapport au reste de l'escalier, être « non glissants », ne pas présenter de débord excessif par rapport à la contremarche ;

- les mains courantes sont rigides et facilement préhensible. Elles sont situées à une hauteur comprise entre 0,80 m et 1 m. ou sont à la hauteur du garde-corps. Elles se prolongent horizontalement de la longueur d'une marche, sans créer d'obstacle au niveau des circulations horizontales. Un éclairage particulier ou un contraste visuel les met en évidence.

Les ascenseurs

– Les ascenseurs et leurs dispositions de commandes, extérieures et intérieures à la cabine, doivent pouvoir être repérés et utilisés par les personnes handicapées. Les ascenseurs doivent être conformes à la norme NF EN 81-70 relative à l'« accessibilité aux ascenseurs pour toutes les personnes y compris les personnes avec handicap ».

5. Parties communes

Les revêtements de sols

– Les revêtements de sols et les équipements situés sur le sol des cheminements des parties communes doivent être sûrs, permettre une circulation aisée des personnes handicapées et ne doivent pas créer de gêne visuelle ou sonore pour les personnes ayant une déficience sensorielle.

– *Dispositions spécifiques* : les tapis situés devant les portes d'accès au bâtiment ne doivent pas gêner la progression d'un fauteuil roulant. Ils ne doivent pas créer de ressaut de plus de 2 cm. Les revêtements absorbants doivent représenter au moins 25 % de la surface au sol des circulations intérieures desservant les logements.

Les portes et les sas

– Toutes les portes situées dans ou donnant sur les parties communes doivent permettre le passage des personnes handicapées et pouvoir être manœuvrées par des personnes ayant des capacités physiques réduites, y compris en cas de système d'ouverture complexe.

– Les portes comportant une partie vitrée importante doivent pouvoir être repérées par les personnes malvoyantes de toutes tailles et ne pas créer de gêne visuelle.

– Les sas doivent permettre le passage et la manœuvre des portes par les personnes handicapées.

– *Caractéristiques dimensionnelles* : les portes doivent avoir une largeur minimale de 0,90 m. Lorsque le vantail est ouvert à 90°, la largeur de passage minimale doit être de 0,83 m. Les portes des caves et des celliers doivent avoir une largeur minimale de 0,80 m. A l'intérieur du sas, un espace de manœuvre de porte existe devant chaque porte, hors débattement éventuel de la porte non manœuvré.

– *Atteinte et usage* : les poignées de porte doivent facilement être utilisables en position « debout » comme « assise », y compris par une personne ayant des difficultés à saisir et à faire un geste de rotation du poignet. Les serrures doivent pouvoir être

	utilisées par une personne en fauteuil roulant. La durée d'ouverture automatique des portes doit permettre le passage de personnes à mobilité réduite. – *Sécurité d'usage* : les portes comportant une partie vitrée importante doivent être repérables ouvertes comme fermées à l'aide d'éléments visuels contrastés par rapport à l'environnement immédiat.
Dispositifs de commande et de service – Les équipements, les dispositifs de commande et de service, comme les boîtes aux lettres et les commandes d'éclairage, situés sur les cheminements extérieurs ainsi que dans les parties communes doivent pouvoir être repérés, atteints et utilisés par les personnes handicapées. La disposition des équipements ne doit pas créer d'obstacle ou de danger pour les personnes ayant une déficience visuelle.	– *Repérage* : les équipements et dispositifs de commande doivent être repérables, grâce à un éclairage particulier ou à un contraste visuel. Les commandes d'éclairage doivent être visibles de jour comme de nuit. – *Atteinte et usage* : ces équipements et dispositifs doivent être accessibles à une personne en fauteuil roulant et situés à une hauteur comprise entre 0,90 m et 1,30 m. En cas de boîtes aux lettres normalisées, cette obligation ne concerne que 30 % d'entre elles.
Dispositifs de l'éclairage – Les cheminements de circulations communes intérieures et extérieures bénéficient d'une qualité d'éclairage, artificiel ou naturel, suffisant pour éviter toute gêne visuelle ou de repérage. Les locaux collectifs font l'objet d'un éclairage suffisant. Les sources lumineuses doivent éviter tout effet d'éblouissement direct des usagers en position « debout » comme « assise » ou de reflet sur la signalétique.	– *Dispositions spécifiques à l'éclairage* : lorsque l'éclairement naturel n'est pas suffisant, l'éclairement artificiel doit permettre d'assurer des valeurs d'au moins : 20 lux pour les cheminements extérieurs, 50 lux pour les circulations piétonnes des parcs de stationnement, 100 lux à l'intérieur et 150 lux pour les escaliers. Tout effet d'éblouissement direct des usagers en position debout comme assis ou de reflet sur la signalétique doit être évité. Lorsque la durée de fonctionnement du système d'éclairage est temporisée, l'extinction doit être progressive. Dans le cas d'un fonctionnement par détection de présence, la détection doit couvrir l'ensemble de l'espace concerné, et deux zones de détection successives doivent obligatoirement se chevaucher.

Source : L'arrêté du 1er août 2006 modifié relatif à l'accessibilité aux personnes handicapées des bâtiments d'habitation collectifs et de maisons individuelles lors de leur construction.

➤ Logements situés dans les bâtiments d'habitation collectifs neufs

• Les conditions d'accessibilité des logements

Les logements situés dans des immeubles collectifs doivent, dès leur construction, respecter les règles d'accessibilité. Ces obligations et leurs caractéristiques techniques sont déterminées de sorte qu'elles puissent être appliquées à tous les logements, en France. Ainsi, la réglementation relative à l'accessibilité a fixé des caractéristiques minimales qui permettront à chacun, y compris aux personnes handicapées, d'utiliser au mieux son logement. Ces dispositions ont également pour objectif de construire des logements qui, si nécessaire, par un aménagement simple, peuvent être adaptés aux besoins spécifiques d'une personne handicapée ou dépendante. L'adaptabilité de l'équipement sanitaire, les caractéristiques dimensionnelles des pièces ou l'emplacement réservé à un ascenseur qui serait créé ultérieurement, en sont des illustrations. Ces dispositions, comme celles prévues pour les maisons individuelles, répondent à un double objectif :
- augmenter l'offre de logements accessibles, aussi bien dans le secteur collectif, qu'individuel, pour répondre aux attentes des personnes handicapées ;
- permettre aux personnes âgées ou devenues dépendantes de rester, le plus longtemps possible, chez elles par une transformation simple de leur logement.

Les dispositions architecturales et les aménagements propres à assurer l'accessibilité des logements doivent respecter les obligations suivantes :

Pour tous les logements
- Les circulations et les portes des logements doivent présenter, dès la construction, des caractéristiques, permettant la circulation de personnes handicapées.
- Les dispositifs de commande doivent y être aisément repérables et utilisables par ces personnes.

Pour les logements situés sur plusieurs niveaux
- Tous les niveaux doivent respecter les caractéristiques minimales d'accessibilité.
- Un escalier adapté prenant en compte les caractéristiques d'accessibilité et de sécurité minimales, doit relier tous les niveaux.

- Le niveau d'accès au logement doit comporter au moins la cuisine, le séjour, une chambre ou partie du séjour aménageable en chambre, un cabinet d'aisances et une salle d'eau.

Pour les logements situés en rez-de-chaussée
Pour les logements situés en étage desservi par un ascenseur
Pour les logements pour lesquels une desserte ultérieure par un ascenseur est prévue dès la construction

- Les caractéristiques minimales du logement doivent permettre à une personne handicapée d'utiliser la cuisine, le séjour, la chambre, un cabinet d'aisances et une salle d'eau. Ces caractéristiques de base concernent principalement, les dispositions dimensionnelles du logement afin de permettre son utilisation par une personne en fauteuil roulant. La réglementation permet cependant, d'aménager ces surfaces à d'autres fins sous réserve que des travaux simples permettent d'en rétablir la possibilité d'utilisation par une personne en fauteuil roulant.
- L'accès au balcon, terrasse ou loggia, situé au niveau d'accès au logement et présentant une profondeur de plus de 60 cm, doit être assuré depuis au moins une pièce de vie pour tout permis de construire déposé à partir du 1er janvier 2008. Cet accès doit être conçu de manière telle que le seuil et les portes permettent, par des aménagements simples, le passage d'une personne en fauteuil roulant.
- Les bâtiments d'habitation, dont la demande de permis de construire sera déposée à partir du 1er janvier 2010, comporteront au moins, une salle d'eau conçue et équipée de manière à permettre, par des aménagements simples, l'installation ultérieure d'une douche accessible à une personne handicapée.

Pour mémoire

Escalier adapté

Un escalier est considéré comme adapté s'il répond aux caractéristiques dimensionnelles suivantes :

- la largeur minimale est de 0,80 m. Lorsqu'une main courante empiète sur l'emmarchement de plus de 0,10 m, la largeur de l'escalier se mesure à l'aplomb de la main courante ;

– la hauteur des marches est inférieure ou égale à 18 cm ;
– la largeur du giron supérieure ou égale à 24 cm.
S'il est inséré entre parois pleines, l'escalier doit comporter au moins une main courante (voir tableau ci-dessus). En l'absence de paroi sur l'un ou l'autre des côtés de l'escalier, le garde-corps installé tient lieu de main courante.

• Obligations d'ascenseurs

L'installation d'un ascenseur est obligatoire pour les bâtiments d'habitation collectifs de plus de trois étages accueillant des logements, au-dessus ou au-dessous du rez-de-chaussée. Si le bâtiment comporte plusieurs rez-de-chaussée, les étages sont comptés à partir du plus bas niveau d'accès pour les piétons.

Lorsque l'installation d'un ascenseur est obligatoire, chaque niveau doit être desservi, qu'il soit situé en étage ou en sous-sol et qu'il comporte des locaux collectifs ou des parties privatives. Sont soumis à ces obligations les bâtiments ayant fait l'objet d'une demande de permis de construire, déposée à partir du 1er janvier 2007.

L'installation d'un ascenseur n'est pas obligatoire dans les bâtiments d'habitation collectifs de trois étages et moins. Néanmoins, si le bâtiment comprend plus de quinze logements situés en étages, au dessus ou au-dessous du rez-de-chaussée, il doit être conçu de manière telle qu'il permette l'installation ultérieure d'un ascenseur, sans modification des structures et de circulations existantes. Ces dispositions sont applicables aux demandes de permis de construire, déposées à compter du 1er janvier 2008.

➤ Dérogations

Des dérogations peuvent être accordées, pour des raisons liées à l'impossibilité technique résultant de l'environnement du bâtiment, des caractéristiques du terrain, de la présence de constructions existantes ou de contraintes liées au classement de la zone de construction, en particulier au regard de la réglementation de prévention contre les inondations.

2. Maisons individuelles neuves

Les maisons individuelles, dont la demande de permis de construire est déposée à partir du 1er janvier 2007, doivent être construites et aménagées de façon à être accessibles aux personnes handicapées, quel que soit leur handicap.

Les règles d'accessibilité sont applicables aux maisons individuelles construites pour être louées ou mises à disposition ou pour être vendues. Elles ne s'appliquent pas aux maisons individuelles dont le propriétaire a, directement ou par l'intermédiaire d'un professionnel de la construction, entrepris la construction ou la réhabilitation pour son usage personnel.

Une maison individuelle est considérée comme accessible si le bâtiment et ses aménagements permettent à un habitant ou à un visiteur handicapé, avec la plus grande autonomie possible, de circuler, d'accéder aux locaux et équipements, d'utiliser les équipements, de se repérer et de communiquer, notamment pour l'accès à la maison. Les conditions d'accès des personnes handicapées doivent être les mêmes que celles des autres personnes ou, à défaut, présenter une qualité d'usage équivalente. Dans le cas des maisons individuelles, cette condition vise plus particulièrement les distances à parcourir, les revêtements de sol, le niveau de l'éclairage, etc.

L'obligation d'accessibilité concerne les circulations extérieures, le cas échéant, les places de stationnement d'automobiles, les dimensionnements intérieurs du logement en ce qui concerne les circulations, les caractéristiques du logement selon le nombre de niveaux qu'il comporte, etc. Dans le cas d'ensembles résidentiels comprenant plusieurs maisons individuelles groupées, l'obligation d'accessibilité porte également sur les locaux et équipements collectifs affectés à ces ensembles. Les caractéristiques techniques de ces dispositions sont fixées par l'arrêté du 1er août 2006 modifié.

Par ses dispositions, la réglementation fixe un minimum d'obligations qui ont, pour objectif, de supprimer les obstacles au déplacement et à l'usage des maisons et de leurs équipements par des personnes handicapées qui peuvent vivre de façon indépendante et autonome. Ces dispositions ne visent pas les personnes non autonomes qui ont des besoins spécifiques et nécessitent la présence d'un accompagnement humain.

En cas de présence de balcon, loggia ou terrasse, présentant une largeur de plus de 60 cm et situés au niveau d'accès au logement, au moins un accès depuis une pièce de vie à ces espaces doit être prévu, de façon que le seuil et les portes permettent, par des aménagements simples, le passage d'une personne en fauteuil roulant. Ce dispositif est applicable pour les demandes de permis de construire déposées à partir du 1er janvier 2008.

Toutes les demandes de permis de construire déposées à compter du 1er janvier 2010, doivent intégrer au moins, une salle d'eau conçue et équipée de manière à permettre, par des aménagements simples, l'installation ultérieure d'une douche accessible à une personne handicapée.

➤ Dérogations

Des dérogations peuvent être accordées pour des raisons liées à l'impossibilité technique résultant de l'environnement du bâtiment, des caractéristiques du terrain, de la présence de constructions existantes ou de contraintes liées au classement de la zone de construction, en particulier au regard de la réglementation de prévention contre les inondations.

3. Bâtiments d'habitation collectifs existants

Les bâtiments d'habitation collectifs qui font l'objet de travaux de modification ou d'extension, et les bâtiments existants où sont créés des logements par changement de destination sont tenus de mettre en application les règles d'accessibilité. Cette obligation s'applique aux permis de construire déposés à compter du 1er janvier 2007. Les caractéristiques techniques de l'accessibilité, que doivent respecter ces bâtiments, sont précisées par l'arrêté du 26 février 2007 [3]. Elles s'appliquent dans tous les cas, qu'il s'agisse

[3] Arrêté du 26 février 2007 relatif à l'accessibilité pour les personnes handicapées des bâtiments d'habitation collectifs lorsque qu'ils font l'objet de travaux et des bâtiments existants où sont créés des logements par changement de destination. Publié au Journal officiel du 8 mars 2007.

des travaux partiels (hors entretien) ou des travaux plus importants. Deux règles sont à retenir :

- le maintien, au minimum, des conditions d'accessibilité existantes en cas de travaux réalisés à l'intérieur d'un bâtiment d'habitation collectif ;
- l'application des règles d'accessibilité selon les dispositions prévues pour les bâtiments d'habitation collectifs neufs, en cas de création de surfaces ou de volumes nouveaux dans les parties communes des bâtiments ou en cas de création de surfaces ou de volumes nouveaux de logement. Cette obligation ne concerne pas la création de surfaces ou de volumes nouveaux à l'intérieur d'un logement existant ou à l'intérieur des espaces affectés à un usage privatif. Les surfaces ou volumes nouveaux concernés peuvent être :
  - des parties communes du bâtiment, notamment des circulations horizontales et verticales,
  - des locaux collectifs,
  - des places de stationnement situées à l'intérieur ou à l'extérieur du bâtiment et non affectées à un usage privatif,
  - des espaces affectés à un usage privatif, notamment des places de stationnement situées à l'intérieur ou à l'extérieur,
  - des logements.

➤ Dispositions à respecter selon la nature des travaux

En cas de modifications, hors travaux d'entretien, apportées aux circulations communes et locaux collectifs et leurs équipements jouant un rôle en matière d'accessibilité, il faut respecter les dispositions prévues pour les bâtiments d'habitation collectifs neufs. Des adaptations mineures peuvent être apportées, lorsque les contraintes liées à la structure du bâtiment l'imposent. Pour précision :

- les travaux d'entretien, de réparation et de maintenance, sont ceux qui ont pour but de préserver ou de recouvrer l'état initial d'un composant du bâtiment ou d'un équipement et d'en assurer la pérennité ;

- les circulations communes sont les circulations horizontales et verticales, intérieures et extérieures, situées dans les parties communes ;
- les équipements jouant un rôle en matière d'accessibilité sont tous les équipements disposés dans les circulations communes et dans les locaux collectifs, qui sont susceptibles d'être utilisés par les habitants ou les visiteurs, et notamment les dispositions d'accès, les portes, les boîtes aux lettres, les mains courantes d'escalier, les panneaux d'information, les dispositifs d'éclairage, les éléments de signalétiques, etc. ;
- les adaptations mineures qui peuvent être apportées aux exigences d'accessibilité sont celles liées à la présence d'éléments participant à la solidarité du bâtiment tels que murs, plafonds, planchers, poutres ou poteaux.

En cas de travaux dont le coût est supérieur ou égal à 80 % de la valeur du bâtiment, tout le bâtiment doit être rendu accessible selon les dispositions prévues pour les bâtiments d'habitation collectifs neufs. Les dispositions architecturales, les aménagements intérieurs et extérieurs, les parties communes, les parties privatives comme caves, celliers ou places de stationnement et les logements concernés par les travaux sont mis en accessibilité. Le coût des travaux à prendre en compte est le montant de l'ensemble des travaux d'investissement sur le bâtiment réalisés ou votés depuis deux ans. Le calcul se fait sur la base du rapport entre le coût des travaux engagés sur 2 ans et la valeur théorique du bâtiment. Cette valeur est le produit de sa surface hors œuvre nette, par le coût au mètre carré, fixé par l'arrêté du 26 février 2007 à 1 287 euros. Cette valeur est révisée chaque année au 1er janvier, en fonction de la variation annuelle de l'indice du coût de la construction.

En cas de travaux sur les ascenseurs, les travaux modificatifs, hors entretien, apportés à la signalisation sur le palier ou en cabine doivent permettre de recevoir par des moyens adaptés les informations liées aux mouvements de la cabine, aux étages desservis et au système d'alarme. L'installation de nouveaux ascenseurs doit être l'occasion de disposer de ces moyens accessibles aux personnes handicapées quel que soit leur handicap.

En cas de demande de dérogation par un propriétaire bailleur qui, pour des raisons liées aux caractéristiques du bâtiment ne peut le rendre accessible à l'occasion des travaux, le propriétaire est tenu, à la demande de la personne handicapée concernée, de lui proposer une offre d'un autre logement. Cette obligation incombe aux propriétaires bailleurs qui possèdent plus de 500 logements locatifs dans le département.

➤ Dérogations

Des dérogations peuvent être accordées pour des raisons suivantes :

- en cas d'impossibilité technique résultant de l'environnement du bâtiment, des caractéristiques du terrain, de la présence de constructions existantes ou de contraintes liées au classement de la zone de construction, en particulier au regard de la réglementation de prévention contre les inondations ;
- en cas de contraintes liées à la préservation du patrimoine architectural qui pourraient être retenues :
  - si les travaux affectent les parties extérieures ou intérieures d'un bâtiment d'habitation classé au titre des monuments historiques,
  - ou si le bâtiment d'habitation est situé aux abords et dans le champ de visibilité d'un monument historique classé ou inscrit, en zone de protection du patrimoine architectural, urbain ou paysager ou en secteur sauvegardé et que les travaux sont de nature à porter atteinte à la qualité de ces espaces protégés.

  Cependant, les prescriptions imposées par le Code de l'urbanisme[4] relatives aux secteurs sauvegardés, ne peuvent faire obstacle à l'adaptation des règles d'accessibilité d'un immeuble bâti, sauf pour prévenir la dégradation du patrimoine concerné ;
- en cas de contraintes d'urbanisme liées aux dispositions du plan d'occupation des sols, qui pourraient empêcher une extension rendue nécessaire pour l'application des règles d'accessibilité, comme l'installation d'un ascenseur par exemple ;
- en cas de disproportion manifeste entre les améliorations apportées par les travaux d'accessibilité et leurs conséquences. Pour justifier cette disproportion, le maître d'ouvrage établit un rapport d'analyse des bénéfices et inconvénients résultant de leur application.

---

[4] Article L. 313-2 du Code de l'urbanisme.

Chapitre 3

Etablissements recevant du public et installations ouvertes au public

I. DÉFINITION DES ÉTABLISSEMENTS CONCERNÉS

1. Etablissements recevant du public

La définition des établissements recevant du public (ERP) est celle de l'article R. 123-2 du Code de la construction et de l'habitation, retenue pour la protection contre les risques d'incendie et de panique :

« Constituent des établissements recevant du public tous bâtiments, locaux et enceintes dans lesquels des personnes sont admises, soit librement, soit moyennant une rétribution ou une participation quelconque, ou dans lesquels sont tenues des réunions ouvertes à tout venant ou sur invitation, payantes ou non. Sont considérées comme faisant partie du public toutes les personnes admises dans l'établissement, à quelque titre que ce soit, en plus du personnel. »

Les établissements recevant du public sont classés par catégorie, en fonction du nombre de personnes qui peuvent y accéder et par type, selon la nature de leurs activités.

➤ Classement des établissements par catégorie

Les ERP sont classés en deux groupes :
- le premier groupe comprend les établissements des 1re, 2e, 3e et 4e catégories ;
- le deuxième groupe comprend les établissements de la 5e catégorie.

Les catégories des établissements sont déterminées suivant les dispositions particulières à chaque type d'établissement. Il comprend :

- d'une part, l'effectif des personnes constituant « le public ». Il est déterminé, suivant le cas, d'après le nombre de places assises, la surface réservée au public, la déclaration contrôlée du chef de l'établissement ou d'après l'ensemble de ces indications ;
- d'autre part, l'effectif du personnel de l'établissement n'occupant pas des locaux indépendants qui posséderaient leurs propres dégagements. Toutefois, pour les établissements de 5e catégorie, ce dernier effectif n'intervient pas pour le classement.

Il existe des données précises sur les établissements placés dans les quatre premières catégories. Mais, une forte incertitude porte sur le nombre des établissements de la 5e catégorie qui ne sont pas recensés de façon systématique. Il existe en France, 158 400 établissements classés dans les quatre premières catégories et on estime entre 400 000 et 800 000 établissements classés dans la 5e catégorie. Ces établissements, qui intéressent directement la vie quotidienne de chacun, sont tout particulièrement concernés par la réglementation sur l'accessibilité. En effet, il s'agit des équipements de proximité, comme les commerces de quartier, la pharmacie, le cabinet médical, etc.

Différentes catégories d'établissements

Catégorie d'établissement	Effectif du public pouvant y accéder
1re catégorie	Au-dessus de 1 500 personnes
2e catégorie	De 701 à 1 500 personnes
3e catégorie	De 301 à 700 personnes
4e catégorie	300 personnes et au-dessous, à l'exception des établissements compris dans la 5e catégorie
5e catégorie	Au-dessous de 300 personnes et dans lesquels l'effectif du public n'atteint pas le chiffre minimum fixé par le règlement de sécurité pour chaque type d'exploitation

➤ Classement des établissements par type

Les établissements son classés par le règlement de sécurité contre les risques d'incendie, en plusieurs types selon la nature de leur exploitation. Les établissements sont répartis en deux groupes : les établissements qui sont installés dans un bâtiment et les autres établissements. Ils sont répartis par type dans le tableau ci-après.

Différents types d'établissements

Type	Etablissements situés dans un bâtiment	Type	Etablissements spéciaux
J	Structures d'accueil pour personnes âgées et handicapées	PA	Etablissements de plein air
L	Salles d'auditions, de conférences, de réunions, de spectacles ou à usage multiple	CTS	Chapiteaux, tentes et structures
M	Magasins de vente, centres commerciaux	SG	Structures gonflables
N	Restaurants et débits de boissons	PS	Parcs de stationnement couverts
O	Hôtels et pensions de famille	GA	Gares
P	Salles de danse et salles de jeux	OA	Hôtels-restaurants d'altitude
R	Etablissements d'enseignement, colonies de vacances	EF	Etablissements flottants
S	Bibliothèques, centres de documentation	REF	Refuges de montagne
T	Salles d'expositions		
U	Etablissements sanitaires		
V	Etablissements de culte		
W	Administrations, banques, bureaux		
X	Etablissements sportifs couverts		
Y	Musées		

Source : Arrêté du 25 juin 1980 modifié – Article GN 1 – Classement des établissements, règlement de sécurité contre les risques d'incendie et de panique dans les établissements recevant du public.

2. Les installations ouvertes au public

Les installations ouvertes au public (IOP) sont les lieux ou les équipements autres que ceux classés en catégories d'établissement recevant du public. Ces installations, bien que non concernées par les règles de sécurité, comme c'est le cas des établissements recevant du public, doivent néanmoins se conformer aux règles d'accessibilité. La nouvelle réglementation abroge la définition existante et ne prévoit plus aucune définition pour ces installations, en estimant qu'une telle définition est peu applicable, du fait de la diversité des installations concernées[1]. Une telle définition en effet, s'avère difficile, notamment au regard des obligations relatives à l'accessibilité qui sembleraient peu adaptées à certaines installations. C'est le cas, par exemple, d'un sentier aménagé en montagne ou sur le littoral, qui peut difficilement être mis en accessibilité.

Sont considérés comme des installations ouvertes au public, les espaces publics ou privés qui desservent les ERP, les aménagements, en plein air, incluant des tribunes et gradins, les jardins et les aménagements qui y sont réalisés, les parties non bâties des terrains de camping et autres terrains aménagés pour l'hébergement touristique, les téléphones et les sanitaires installés sur la voirie publique, etc.

Les établissements et installations ouverts au public affectés aux services de transports collectifs, comme les aéroports, les gares ferroviaires, les gares maritimes, etc. sont également soumis aux règles d'accessibilité. Par contre, les aménagements liés à la voirie et aux espaces publics, les équipements de liaison comme les escaliers mécaniques ou les passerelles pour piétons, situés dans ces espaces ne sont pas concernés. Ces mêmes équipements, s'ils sont intégrés dans un bâtiment et ses abords ou s'ils sont situés dans l'enceinte d'une installation ouverte au public, doivent respecter les règles d'accessibilité.

---

[1] L'ancien article R. 111-19 du Code de la construction et de l'habitation est abrogé par le décret n° 2006-555.

3. Sécurité incendie et l'accessibilité

Les mesures de sécurité, que devront respecter les établissements recevant le public, sont prescrites par le règlement de sécurité contre les risques d'incendie et de panique. Ces mesures sont prises en application d'un dispositif du Code de la construction et de l'habitation qui, dans ses articles L. 123-2 et R. 123-3 à 123-7, précise que les constructeurs, propriétaires et exploitants des établissements recevant du public sont tenus, tant au moment de la construction qu'au cours de l'exploitation, de respecter les mesures de prévention et de sauvegarde propres à assurer la sécurité des personnes. Ces mesures doivent également, tenir compte des besoins particuliers des personnes handicapées ou à mobilité réduite. Elles sont déterminées, compte tenu de la nature de l'exploitation, des dimensions des locaux, du mode de construction et du nombre des personnes pouvant être admises dans l'établissement, y compris les personnes handicapées.

La réglementation relative à l'accessibilité des ERP ne définit que les modalités d'accès des personnes handicapées aux équipements publics. Leur évacuation, en cas d'incendie, est organisée par les dispositifs relatifs aux règles de sécurité. Selon ces règles, les bâtiments et les locaux où sont installés les établissements recevant du public doivent être construits de manière à permettre l'évacuation rapide et en bon ordre de la totalité des occupants. Ils doivent avoir une ou plusieurs façades en bordure de voies ou d'espaces libres permettant l'évacuation du public, l'accès et la mise en service des moyens de secours et de lutte contre l'incendie.

Le règlement de sécurité précise, pour chaque catégorie d'établissement, l'effectif au-delà duquel la présence de personnes handicapées circulant en fauteuil roulant nécessite l'adoption de mesures particulières de sécurité. Ce règlement est fixé sur la base d'un pourcentage de personnes handicapées par rapport à l'effectif total du public pouvant entrer dans l'établissement. Cette disposition est arrêtée par l'article GN 8 du règlement comme c'est précisé dans le tableau suivant.

Admission des personnes handicapées dans certains établissements recevant du public – Article GN 8

Type d'établissement	Rez-de-chaussée	Autre niveau
Etablissements de spectacle, salles de conférence et de réunion, bals et dancings	5 % de personnes handicapées accompagnées ou non avec un minimum de deux	1 % de personnes handicapées accompagnées avec un minimum de deux
Restaurants, cafés, bibliothèques, musées	10 % de personnes handicapées accompagnées ou non avec un minimum de quatre	1 % de personnes handicapées accompagnées avec un minimum de deux
Magasins de vente, supermarchés, hypermarchés, halls d'exposition	2 % de personnes handicapées accompagnées ou non avec un minimum de quatre	0,5 % de personnes handicapées accompagnées avec un minimum de deux
Centres commerciaux	5 % de personnes handicapées accompagnées ou non avec un minimum de quatre	2 % de personnes handicapées accompagnées avec un minimum de deux
Hôtels	25 % de personnes handicapées accompagnées ou non avec un minimum de quatre	1 % de personnes handicapées accompagnées avec un minimum de deux
Etablissements d'enseignement primaire et secondaire publics ou privés	1,5 % de personnes handicapées accompagnées ou non avec un minimum de deux	Même effectif qu'en rez-de-chaussée
Etablissements de l'enseignement supérieur publics ou privés	5 % de personnes handicapées accompagnées ou non avec un minimum de deux	Même effectif qu'en rez-de-chaussée
Etablissements sanitaire publics ou privés	Sans objet	Sans objet
Etablissements de culte	Sans limitation	10 % de personnes handicapées accompagnées avec un minimum de cinq
Banques et administrations publiques ou privées	Sans limitation	Sans limitation
Piscines et établissements sportifs couverts	Sans limitation	10 % de personnes handicapées accompagnées avec un minimum de cinq

Source : Le règlement de sécurité contre les risques d'incendie et de panique, livre 1er concernant les dispositions applicables à tous les ERP, article GN 8 relatif à l'admission des personnes handicapées.

Lorsque le nombre de personnes handicapées dépasse les effectifs fixés par cette réglementation, leur évacuation en cas d'incendie, se fait :
- par ascenseur sous certaines conditions ;
- par rampe, marche d'évacuation, etc.

Les conditions de ces évacuations exceptionnelles sont fixées par le règlement de sécurité contre les risques d'incendie et de panique.

Pour des mesures de sécurité, les établissements recevant du public doivent être équipés :
- d'un système de sécurité incendie de catégorie A dans le cas des ERP des 1re, 2e et 3e catégories et ceux de la 4e catégorie comprenant des locaux à sommeil ;
- d'un équipement d'alarme du type 2 b pour les autres établissements ;
- d'un téléphone relié au réseau public, accessible en permanence, permettant d'alerter les services de secours et de lutte contre l'incendie.

A l'occasion de la nouvelle réglementation relative à l'accessibilité des personnes handicapées, les mesures de sauvegarde et de sécurité et les moyens d'évaluation, imposés au titre de l'article L. 123-2 du CCH au ERP, ont été modifiées, afin de tenir compte des besoins particuliers des personnes handicapées ou à mobilité réduite. Mais, les règlements de sécurité contre les risques d'incendie qui définissent ces mesures, ne sont pas encore révisés. Les établissements recevant du public, qui doivent dès à présent, respecter les mesures d'accessibilité, sont donc confrontés aux règlements de sécurité qui ne sont pas conformes avec le principe d'accueil des personnes handicapées. La Commission centrale de sécurité a engagé une réflexion sur l'évolution possible de la réglementation contre les risques d'incendie pour tenir compte de nouvelles obligations d'accueil des personnes handicapées. En attendant la révision de ces textes, l'Observatoire national de la sécurité des établissements scolaires et d'enseignement supérieur, présidé par Jean-Marie SCHLERET, s'est plus particulièrement intéressé à ce sujet. Estimant que la sécurité contre les risques d'incendie ne devrait pas paraître comme antinomique avec les règles relatives à l'accessibilité des personnes handicapées et de leur évacuation, l'Observatoire a élaboré un guide de réflexion sur l'évaluation et la mise en sécurité et l'accueil des élèves handicapés dans les établissements d'enseignement du second degré[2]. Ce guide, sans être un document réglementaire, apporte des recommandations pour permettre aux responsables d'établissements d'accueillir les élèves handicapés tout en veillant à leur sécurité. Ces recommandations, qui tiennent compte des besoins de tous les types de handicaps, pourraient servir à enrichir les réflexions engagées pour la révision des règles de sécurité.

II. LES OBLIGATIONS DE MISE EN ACCESSIBILITÉ

Toute demande de permis de construire, déposée à partir du 1er janvier 2007, doit respecter les règles relatives à l'accessibilité aux personnes handicapées des établissements recevant du public ou des installations ouvertes au public (ERP et IOP).

➤ Principales références réglementaires relatives aux ERP et IOP

- Code de la construction et de l'habitation modifié par l'article 41 de la loi n° 2005-102 du 11 février 2005 qui a créé de nouveaux articles relatifs à l'accessibilité aux personnes handicapées des bâtiments d'habitation, notamment :
  - articles L. 111-7 à L. 111-7-4, L. 111-8-3, L. 111-26 ;
  - articles R. 111-19 à R. 111-19-30.
- Décret n° 2006-555 du 17 mai 2006 relatif à l'accessibilité des établissements recevant du public, des installations ouvertes au public et des bâtiments d'habitation et modifiant le Code de la construction et d'habitation.
- Décret n° 2007-1327 du 11 septembre 2007 relatif à la sécurité et à l'accessibilité des établissements recevant du public et des immeubles de grande hauteur, modifiant le Code de la construction et de l'habitation et portant diverses dispositions relatives au Code de l'urbanisme.

---

[2] Accueil des élèves handicapés dans les établissements d'enseignement du second degré. Guide de réflexion sur l'évacuation et la mise en sécurité. Observatoire national de la sécurité des établissements scolaires et d'enseignement supérieur, 2006. http://ons.education.gouv.fr.

- Arrêté du 1er août 2006 modifié relatif à l'accessibilité aux personnes handicapées des établissements recevant du public et des installations ouvertes au public, lors de leur construction ou de leur création.
- Arrêté du 21 mars 2007 relatif à l'accessibilité pour les personnes handicapées des établissements existants recevant du public et des installations existantes ouvertes au public.
- Arrêté du 22 mars 2007 modifié[3] relatif à l'attestation constatant que les travaux sur certains bâtiments respectant les règles d'accessibilité et son annexe 3.
- Arrêté du 11 septembre 2007 relatif au dossier de demande d'autorisation de travaux de construction, d'aménagement ou de modification d'un établissement recevant du public et les règles d'accessibilité.
- Arrêté du 30 novembre 2007, modifiant l'arrêté du 1er août 2006 relatif à l'accessibilité aux personnes handicapées des établissements recevant du public et des installations ouvertes au public, lors de leur construction ou de leur création.

1. Etablissements nouveaux recevant du public et installations nouvelles ouvertes au public

Les ERP et IOP doivent être accessibles, dès leur création, aux personnes handicapées, quel que soit leur handicap. Sont concernées par ces dispositions la construction ou la création par changement de destination, avec ou sans travaux, d'un établissement recevant du public et d'une installation ouverte au public dont la demande de permis de construire est déposée à partir du 1er janvier 2007.

Est considéré comme accessible, tout bâtiment ou aménagement qui permet, dans des « conditions normales de fonctionnement », à des personnes handicapées, avec la plus grande autonomie possible, de circuler, d'accéder aux locaux et équipements, d'utiliser les équipements, de se repérer, de communiquer et de bénéficier des prestations en vue desquelles cet établissement ou cette installation a été conçue. Les conditions d'accès des personnes handicapées doivent être les mêmes, que celles des personnes valides ou, à défaut, présenter une « qualité d'usage » équivalente.

[3] L'arrêté du 22 mars 2007 modifié par l'arrêté du 3 décembre 2007 et consolidé.

• Qualité d'usage

La notion de « qualité d'usage » doit s'entendre par rapport à l'usage du bâtiment, comme par exemple, les distances à parcourir, les matériaux utilisés, le niveau d'éclairement, la signalétique, etc. Il peut également concerner, par exemple le mode d'accès. Un accès par l'arrière du bâtiment ou par les locaux de service ne saurait *a priori* être considéré comme présentant une qualité d'usage équivalente à celle de l'accès principal sur le hall d'entrée d'un ERP[4].

• Sécurité

La notion de « conditions normales de fonctionnement » doit s'entendre comme opposition à des situations créées, en cas d'incendie ou de panique. Si la réglementation a tenu à préciser cette situation, c'est parce que les conditions d'accès aux moyens d'alarme, à l'affichage des consignes particulières, aux issues de secours, etc. ne sont pas précisées par les règles d'accessibilité. Ces dispositions sont prises en compte par la réglementation sur la sécurité contre les risques d'incendie, dont la révision, actuellement en projet, a pour objectif, de définir les modalités de leur mise en accessibilité.

L'obligation d'accessibilité porte sur les parties extérieures et intérieures des établissements et installations et concerne les circulations, une partie des places de stationnement automobile, les ascenseurs, les locaux et leurs équipements. Ces obligations et les caractéristiques techniques que doivent respecter les maîtres d'ouvrage, sont précisées par l'arrêté du 1er août 2006 modifié, qui fixe les règles de base pour assurer l'accessibilité des établissements et de leurs abords en ce qui concerne :
- les cheminements extérieurs ;
- le stationnement des véhicules ;
- les conditions d'accès et d'accueil dans les bâtiments ;
- les circulations intérieures horizontales et verticales à l'intérieur des bâtiments ;

---

[4] Circulaire interministérielle n° DGUHC 2007-53 du 30 novembre 2007 relative à l'accessibilité des établissements recevant du public, des installations ouvertes au public et des bâtiments d'habitation.

- les locaux intérieurs et les sanitaires ouverts au public ;
- les portes et les sas intérieurs et les sorties ;
- les revêtements des sols et des parois ;
- les équipements et mobiliers intérieurs et extérieurs susceptibles d'y être installés ;
- les dispositifs d'éclairage et d'information des usagers.

L'objectif de cette réglementation est de supprimer les obstacles au déplacement et à l'usage des bâtiments ouverts au public et de leurs équipements, pour que les personnes avec déficience motrice, sensorielle ou intellectuelle, puissent y accéder et utiliser ses prestations de façon autonome. Le principe retenu est le même que pour les bâtiments d'habitation, avec cependant, certaines adaptations nécessaires pour les appliquer aux bâtiments recevant du public. Ces dispositions ne visent pas les personnes non autonomes qui ont des besoins spécifiques et nécessitent la présence d'un accompagnement humain.

➤ Champ d'application de la réglementation

Pour mémoire

Changement de destination

Les constructions sont destinées à l'habitation, à l'hébergement hôtelier, aux bureaux, au commerce, à l'artisanat, à l'industrie, à l'exploitation agricole ou forestière ou à la fonction d'entrepôt. Chaque destination obéit à des règles d'urbanisme, notamment en ce qui concerne la délivrance de permis de construire. Ces règles sont édictées par les articles L. 421-1 et R. 123-9 du Code de l'urbanisme. Les changements de destination des bâtiments, en raison de leur nature ou de leur localisation, doivent être précédés par la délivrance d'un permis de construire.

Selon la réglementation relative à l'accessibilité, la transformation en locaux ouverts au public d'un comble d'ERP existant ou d'un volume ou local non affecté initialement à usage d'ERP, est considérée comme « changement de destination ».

Cette réglementation s'applique lors de la construction ou de la création par changement de destination, avec ou sans travaux, d'un établissement recevant du public quelle que soit sa catégorie, ou d'une installation ouverte au public. Ainsi, sont concernés par cette réglementation, tous les équipements d'usage courant, comme par exemple, l'école, la bibliothèque, la piscine, le gymnase, la salle des fêtes, le centre de loisirs, le cinéma, le théâtre, la salle de concert, la mairie, la poste, la banque, le cabinet médical, le commerce de proximité ou le centre commercial, etc.

Des exceptions sont cependant prévues. Ces exceptions précisées par l'arrêté du 1er août 2006 modifié, concernent les établissements décrits ci-après :

➤ Les règles d'accessibilité selon l'activité de l'établissement

• Locaux destinés aux professions libérales

Il s'agit notamment, des cabinets médicaux, laboratoires d'analyse et d'imageries médicales, cabinets d'avocat, notaires...

Les établissements de cinquième catégorie, créés par changement de destination, pour accueillir des professions libérales bénéficient d'un délai supplémentaire pour se conformer aux règles d'accessibilité. Sont concernées par cette exception, des professions libérales installées, soit dans des locaux à usage professionnel exclusif, soit dans des locaux à usage mixte professionnel et d'habitation, aménagés dans des bâtiments à usage d'habitation existants. La définition des ERP concernés par cette exception est donnée par l'arrêté du 9 mai 2007, publié au Journal officiel du 13 mai 2007, pris en application de l'article R. 111-19 du CCH.

Cette exception est apportée par la réglementation, afin d'assurer la présence de certaines professions libérales, notamment le corps médical, dans le tissu urbain. Ainsi, à ces établissements sont appliquées, jusqu'au 1er janvier 2011, les règles appliquées aux ERP existantes, au-delà, les règles appliquées aux ERP neufs s'imposent :

- **avant le 1er janvier 2011**, une partie du bâtiment ou de l'installation doit fournir, dans le respect des règles d'accessibilité pour les bâtiments neufs, l'ensemble des prestations, en vue desquelles l'établissement est conçu. Cette partie doit être la plus proche possible de l'entrée principale et doit être desservie par le cheminement usuel ;

- des modalités particulières sont prévues pour l'application de ces mesures, lorsqu'il existe des contraintes liées à la présence d'éléments participant à la solidité du bâtiment, tels que murs, plafonds, planchers, poutres ou poteaux, qui empêchent les travaux de mise en accessibilité. Ces modalités sont précisées par l'arrêté du 21 mars 2007 relatif à l'accessibilité pour les personnes handicapées des ERP et IOP existants ;
- si l'établissement ne peut pas être mis en accessibilité, une partie de ses prestations doit être fournie par de mesures de substitution ;
- **avant le 1er janvier 2015**, les parties de bâtiment ou installation où sont réalisés des travaux de modifications, sans changement de destination, doivent respecter les mesures de mise en accessibilité.

• Etablissements avec places assises

Il s'agit notamment, des restaurants, cafés, cinémas, théâtres, salles de concert...

Tout établissement ou installation qui accueille du public assis doit pouvoir recevoir des personnes handicapées dans les mêmes conditions d'accès et d'utilisation que celles offertes aux personnes valides. A cet effet, le propriétaire ou le gérant doit aménager des emplacements accessibles par un cheminement praticable. L'objectif visé est de permettre aux personnes en fauteuil roulant d'accéder à l'établissement, d'atteindre un emplacement, s'il y a lieu, de consommer, d'assister aux activités ou spectacles proposés. Dans les restaurants, ainsi que dans les salles à usage polyvalent ne comportant pas d'aménagements spécifiques, ces emplacements doivent pouvoir être dégagés, lors de l'arrivée des personnes handicapées. Le nombre, les caractéristiques et la disposition de ces emplacements sont définis en fonction du nombre total de places offertes. Les emplacements accessibles aux personnes en fauteuil roulant sont répartis comme suit :

– si l'établissement dispose de 50 places, au moins 2 emplacements doivent être accessibles. Au-delà, un emplacement supplémentaire est à prévoir par tranche de 50 places en sus ;
– si l'établissement dispose de plus de 1 000 places, un arrêté municipal fixe le nombre des places qui ne saurait être inférieur à 20 ;
– la répartition des places doit permettre, aux personnes handicapées, de bénéficier des mêmes prestations que tous les autres publics. Lorsque plusieurs places s'imposent dans un établissement et que la nature des prestations offertes présente des différences importantes, selon l'endroit où le public est admis, les places adaptées doivent être réparties, en fonction des différentes catégories de places offertes au public. Cette mesure est notamment d'importance dans les théâtres et salles de concert.

Les mesures d'accessibilité ne concernent pas uniquement les personnes en fauteuil roulant. Il faut également veiller à l'accueil des personnes déficientes auditives. Les salles de spectacle et de conférence doivent prévoir des systèmes de transmission et d'amplification du son, pour rendre leurs prestations accessibles à ces personnes.

• Etablissements avec hébergement

Il s'agit notamment, des hôtels, motels, pensions de famille, hôpitaux, maisons de retraite, établissements médico-sociaux...

Tout établissement qui dispose de locaux d'hébergement pour le public doit comporter des chambres aménagées et accessibles, de manière à pouvoir être occupées par des personnes handicapées. Lorsque les chambres comportent une salle d'eau, celle-ci doit être et accessible. Si les chambres ne comportent pas de salle d'eau et s'il existe, au moins, une salle d'eau au niveau de l'étage, celle-ci doit être aménagée et être accessible, depuis ces chambres, par un cheminement praticable. Lorsque les chambres comportent un cabinet d'aisances, celui-ci doit être aménagé et accessible. Si ces chambres ne disposent pas de cabinet d'aisances, un cabinet indépendant et accessible depuis ces chambres par un cheminement praticable, doit être aménagé à cet effet. Ce cheminement doit également conduire aux différents équipements prévus dans l'établissement.

Les établissements qui comportent des locaux d'hébergement pour le public, notamment les établissements hôteliers, ainsi que tous les établissements avec « locaux à sommeil », comme les hôpitaux et les internats, doivent comporter des chambres adaptées aux personnes en fauteuil roulant. Ces chambres sont réparties entre les différents niveaux desservis par ascenseurs. Les chambres doivent répondre aux critères précisés dans le tableau ci-après.

Nombre minimal de chambres adaptées à l'accueil des personnes handicapées dans les établissements d'hébergement

Taille de l'établissement selon le nombre de chambres offertes	Nombre minimum de chambres adaptées
L'établissement ne comporte pas plus de 20 chambres	1 chambre
L'établissement ne compte pas plus de 50 chambres	2 chambres
Par tranche de 50 chambres supplémentaires au-delà de 50 chambres	1 chambre supplémentaire

Pour les établissements d'hébergement de personnes âgées ou de personnes présentant un handicap moteur, la totalité des chambres ou logements, salles d'eau, douches et W.C. doit être adaptée.

• Les caractéristiques dimensionnelles des chambres adaptées

Une chambre adaptée doit disposer des surfaces nécessaires pour permettre à une personne en fauteuil roulant de circuler à l'intérieur de la chambre et de ses services, et doit être équipée pour permettre aux personnes déficientes sensorielles de l'utiliser et de communiquer en autonomie. C'est pourquoi, la réglementation a fixé les surfaces et les équipements minimum nécessaires à prévoir dans les chambres, dès la construction de l'établissement. Les chambres doivent répondre aux dispositions suivantes :

- une prise de courant, au moins, doit être située à proximité d'un lit et, si l'établissement dispose d'un réseau de téléphonie interne, une prise de téléphone doit être reliée à ce réseau ;
- le numéro de chaque chambre figure en relief sur la porte ;
- les surfaces prévues pour une chambre adaptée doivent comporter, en dehors du débattement de porte éventuel, les dispositions suivantes :
  - une emprise de 1,40 m × 1,90 m pour un lit double,
  - une emprise de 0,90 m × 1,90 m pour un lit simple,
  - une hauteur de couchage comprise entre 0,40 m et 0,50 m du sol lorsque le lit est fixé au sol,
  - un espace libre d'au moins 1,50 m de diamètre,
  - un passage d'au moins 0,90 m sur les deux grands côtés du lit et un passage d'au moins 1,20 m sur le petit côté libre du lit, ou un passage d'au moins 1,20 m sur les deux grands côtés du lit et un passage d'au moins 0,90 m sur le petit côté libre du lit ;
- le cabinet de toilette intégré à la chambre ou situé à l'étage doit comporter :
  - une douche accessible, équipée de barres d'appui,
  - en dehors du débattement de porte et des équipements fixes, un espace de manœuvre avec possibilité de demi-tour. Les dimensions de cet espace sont indiquées dans le tableau ci-dessous qui définit les caractéristiques dimensionnelles des différents espaces libres ;
- le cabinet d'aisances intégré à la chambre ou situé à l'étage doit offrir, dès la livraison :
  - en dehors du débattement de porte, un espace d'usage accessible à une personne en fauteuil roulant, tel que défini dans le tableau ci-dessous (p. 175), situé latéralement par rapport à la cuvette,
  - une barre d'appui latérale, permettant le transfert de la personne depuis le fauteuil vers la cuvette et réciproquement. La barre doit être située à une hauteur comprise entre 0,70 m et 0,80 m. Sa fixation ainsi que le support doivent permettre à un adulte de prendre appui de tout son poids.

• Etablissements avec douche ou cabines d'essayage

Les établissements et installations comportant des douches, des cabines d'essayage, d'habillage, comme magasins, piscines, centres sportif, établissements de remise en forme...

Lorsqu'il existe des douches, des cabines de déshabillage ou d'essayage, au moins une cabine ou douche doit être aménagée et accessible par un cheminement praticable. Ces cabines doivent être installées au même emplacement que les autres cabines ou douches, lorsque celles-ci sont regroupées. Si elles sont séparées pour chaque sexe, au moins une cabine ou une douche accessible et séparée, pour chaque sexe, doit être installée.

- Les cabines d'essayage, d'habillage ou de déshabillage, doivent respecter les dispositions suivantes :
  - un espace de manœuvre, en dehors du débattement de porte éventuel, avec possibilité de demi-tour dont les caractéristiques dimensionnelles sont définies dans le tableau ci-après (p. 175),
  - un équipement disposant d'un appui en position « debout » et permettant de s'asseoir.
- Les douches aménagées doivent comporter, en dehors du débattement de porte éventuel :
  - un siphon de sol,
  - un équipement disposant d'un appui en position « debout » et permettant de s'asseoir,
  - un espace d'usage situé latéralement par rapport à cet équipement,
  - des équipements accessibles en position « assis », notamment des patères, robinetterie, sèche-cheveux, miroirs, dispositif de fermeture des portes, etc. Ces équipements doivent être faciles à manœuvrer, comme par exemple, les commandes de douches qui doivent pouvoir être utilisées par des personnes ayant des difficultés de préhension, etc.

• Etablissements avec des caisses de paiement

Cette catégorie concerne tout établissement ou installation avec des caisses de paiement disposées en batterie, comme les supermarchés, les grands magasins, etc.

Lorsqu'il existe des caisses de paiement disposées en batterie, au moins une caisse par tranche de vingt doit être aménagée et accessible par un cheminement praticable. Au moins une d'entre elles doit être prioritairement ouverte. Si ces caisses sont localisées sur plusieurs niveaux, ces obligations s'appliquent à chaque niveau. La largeur minimale du cheminement d'accès aux caisses adaptées doit être de 0,90 m.

Les caisses adaptées sont conçues et disposées de manière à permettre leur usage par une personne en fauteuil roulant. Elles sont munies d'un affichage directement lisible par l'usager afin de permettre aux personnes sourdes ou malentendantes de recevoir l'information sur le prix à payer.

• Enceintes sportives et établissements de plein air

La réglementation prévoit la possibilité d'appliquer, si nécessaire, des caractéristiques supplémentaires aux établissements et installations suivants :

- les enceintes sportives et les établissements de plein air ;
- les établissements conçus en vue d'offrir au public une prestation visuelle ou sonore.

Ces mesures s'ajoutent aux autres dispositions d'accessibilité que doit respecter l'établissement. L'objectif de ces mesures spécifiques est de définir, plus particulièrement, les modalités de mise en accessibilité pour les personnes déficientes sensorielles que ces établissements peuvent accueillir. Les caractéristiques de ces mesures devront être précitées par un prochain arrêté.

• Certains établissements spéciaux

Dans certains établissements spéciaux, les règles d'accessibilité qui s'imposent aux autres établissements sont inadaptées. C'est le cas notamment, des établissements pénitenciers, des établissements militaires, des centres de rétention administrative, des locaux de garde à vue, des chapiteaux, des tentes et structures gonflables, des hôtels-restaurants d'altitude, des refuges de montagne et des établissements flottants. Ces différents établissements doivent se conformer au principe d'accessibilité, mais les règles en vigueur ne correspondent ni à la nature de leurs activités, ni à leur mode de fonctionnement. C'est pourquoi, la loi a donné la possibilité de définir des dispositions particulières, pour chaque catégorie de ces établissements. Des arrêtés ministériels doivent fixer les règles propres à ces établissements qui vont se substituer, en totalité, aux règles générales de l'accessibilité des ERP.

Pour mémoire

Obligation d'ascenseur

Un ascenseur est obligatoire :
- pour toutes les catégories d'établissement recevant du public ou installation ouverte au public (à l'exception des établissements d'enseignement), qui peuvent accueillir 50 personnes en sous-sol, en mezzanine ou en étage ;
- si l'établissement ou l'installation reçoit moins de 50 personnes, mais que certaines de ses prestations ne peuvent pas être offertes au rez-de-chaussée (cf. les ERP de 5e catégorie) ;
- pour les établissements d'enseignement qui peuvent accueillir au moins 100 personnes.

Un appareil élévateur ne peut remplacer un ascenseur, que si une dérogation est obtenue selon les modalités fixées par la réglementation (cf. voir la partie consacrée aux dérogations). Dans ce cas, l'appareil élévateur doit être d'usage permanent et respecter les réglementations en vigueur.

Un escalier mécanique ou un plan incliné mécanique ne peut en aucun cas remplacer un ascenseur obligatoire.

➤ Dérogations

Des dérogations peuvent être demandées dans les cas suivants :
- *impossibilité technique* résultant de l'environnement du bâtiment, des caractéristiques du terrain, de la présence de constructions existantes ou de contraintes liées au classement de la zone de construction, en particulier au regard de la réglementation de prévention contre les inondations ;
- en cas de création d'un ERP ou IOP dans une construction existante, s'il existe des difficultés liées à la construction conservée ou à la nature des travaux qui y sont réalisés ;

– pour des motifs liés à la conservation du patrimoine architectural, en cas de création d'un ERP par changement de destination dans un bâtiment ou une partie de bâtiment classé ou inscrit au titre des monuments historiques.

➤ Principales caractéristiques techniques

L'arrêté du 1er aout 2006 définit les règles d'accessibilité que les établissements recevant du public doivent respecter, lors de leur construction ou de leur création. Il fixe les modalités techniques à prendre en compte, pour les différents espaces du bâtiment que les personnes handicapées peuvent emprunter et apporte des précisions aux caractéristiques des moyens d'information et de signalisation qu'il faut installer, pour tenir compte, notamment des besoins des personnes déficientes sensorielles et mentales.

• Gabarit d'encombrement du fauteuil roulant

Les exigences réglementaires relatives au gabarit d'encombrement du fauteuil roulant sont établies sur la base d'un fauteuil occupé dont les dimensions d'encombrement sont de 0,75 m × 1,25 m. Cette dimension est utilisée notamment, pour déterminer la largeur des portes, des chemins d'accès, des espaces de circulation, etc.

• Espaces libres de tout obstacle

Les personnes concernées par le handicap moteur, comme les personnes en fauteuil roulant ou les personnes avec des cannes, ont besoin d'espaces libres de tout obstacle pour trois raisons principales :
– se reposer ;
– effectuer une manœuvre ;
– utiliser un équipement ou un dispositif quelconque.

Ces espaces doivent être horizontaux au dévers près de 2 %.

Caractéristiques dimensionnelles des différents espaces libres[5]

Type d'espace	Caractéristiques dimensionnelles
1. Palier de repos Le palier de repos permet à une personne debout, mais à mobilité réduite ou à une personne en fauteuil roulant de se reprendre, de souffler.	Le palier de repos s'insère en intégralité dans le cheminement. Il correspond à un espace rectangulaire de dimensions 1,20 m × 1,40 m.
2. Espace de manœuvre avec possibilité de demi-tour L'espace de manœuvre permet la manœuvre du fauteuil roulant mais aussi d'une personne avec une ou deux cannes. Il permet de s'orienter différemment ou de faire demi-tour.	L'espace de manœuvre reste lié au cheminement mais avec une exigence de largeur correspondant à un ∅ 1,50 m.
3. Espace de manœuvre de porte Qu'une porte soit située latéralement ou perpendiculairement à l'axe d'une circulation, l'espace de manœuvre nécessaire correspond à un rectangle de même largeur que la circulation commune mais dont la longueur varie selon qu'il faut pousser ou tirer la porte. Cas particulier des sas d'isolement : ils ont pour fonction d'éviter la propagation des effets d'un incendie provenant de locaux dangereux (parc de stationnement, celliers et caves regroupés, etc.) au reste du bâtiment. Les deux portes s'ouvrent à l'intérieur du sas. lorsque qu'un usager handicapé franchit une porte un autre usager doit pouvoir ouvrir l'autre porte.	Deux cas de figure : – ouverture en poussant : la longueur minimum de l'espace de manœuvre de porte est de 1,70 m ; – ouverture en tirant ; la longueur minimum de l'espace de manœuvre de porte est de 2,20 m. Sas d'isolement : – à l'intérieur du sas, devant chaque porte, l'espace de manœuvre correspond à un espace rectangulaire d'au moins 1,20 m × 2,30 m ; – à l'extérieur du sas, devant chaque porte, l'espace de manœuvre correspond à un espace rectangulaire d'au moins 1,20 m × 1,70 m.
4. Espace d'usage L'espace d'usage permet le positionnement du fauteuil roulant ou d'une personne avec une ou deux cannes pour utiliser un équipement ou un dispositif de commande ou de service.	L'espace d'usage est situé à l'aplomb de l'équipement, du dispositif de commande ou de service. Il correspond à un espace rectangulaire de 0,80 m × 1,30 m.

[5] Arrêté du 1er août 2006 modifié, relatif à l'accessibilité aux personnes handicapées des établissements recevant du public et des installations ouvertes au public lors de leur construction ou de leur réalisation. NOR : SOCU0611478A.

• Information et signalisation

Lorsque des informations permanentes sont fournies aux visiteurs, par le moyen d'une signalisation visuelle ou sonore, celles-ci doivent pouvoir être reçues et interprétées par un visiteur handicapé.

Les éléments d'information et de signalisation doivent être visibles et lisibles par tous les usagers. Ils doivent, en particulier être compréhensibles par les personnes atteintes de déficience mentale. Seules les informations fournies de façon permanente aux usagers sont concernées.

Caractéristiques de perception et de compréhension de l'information

Visibilité	Les informations doivent être regroupées. Les supports d'information doivent répondre aux exigences suivantes : – être contrastés par rapport à leur environnement immédiat ; – permettre une vision et une lecture en position « debout » comme en position « assis » ; – être choisi, positionné et orienté de façon à éviter tout effet d'éblouissement, de reflet ou de contre jour dû à l'éclairage naturel ou artificiel ; – s'ils sont situés à une hauteur inférieure à 2,20 m, permettre à une personne mal voyante de s'approcher à moins d'1 m.
Lisibilité	Les informations données sur ces supports doivent – être fortement contrastées par rapport au fond du support ; – la hauteur des caractères d'écriture doit être proportionnée aux circonstances : elle dépend notamment de l'importance de l'information délivrée, des dimensions du local et de la distance de lecture de référence fixée par le maître d'ouvrage en fonction de ces éléments ; – lorsque les informations ne peuvent être fournies aux usagers sur un autre support, la hauteur des caractères d'écriture ne peut en aucun cas être inférieure à : • 15 mm pour les éléments de signalisation et d'information relatifs à l'orientation, • 4,5 mm sinon.
Compréhension	La signalisation doit recourir autant que possible à des icônes ou à des pictogrammes. Lorsqu'ils existent, le recours aux pictogrammes normalisés s'impose.

2. Etablissements existants recevant du public et installations existantes ouvertes au public

Les établissements recevant du public et les installations ouvertes au public, déjà existants, doivent se mettre, progressivement, aux normes d'accessibilité pour accueillir les personnes handicapées. Les règles d'accessibilité, appliquées à ces établissements, sont celles que les ERP et IOP doivent respecter, lors de la construction. Seules, diffèrent les dates de mise en application de la réglementation, qui sont fixées, selon les catégories d'établissements et la nature des travaux. Des modalités particulières d'application sont cependant prévues, pour certains types de bâtiments, et lorsque les contraintes, liées à la structure du bâtiment l'imposent.

Les différentes dispositions prévues sont les suivantes :

En cas de travaux de modification ou d'extension d'un établissement, ces travaux doivent respecter, selon le cas, une des dispositions suivantes :
- s'ils sont réalisés à l'intérieur des volumes ou surfaces existants, ils doivent permettre, au minimum, de maintenir les conditions d'accessibilité existantes ;
- s'ils entraînent la construction de surfaces ou de volumes nouveaux, les parties de bâtiments, ainsi créées, doivent respecter les règles d'accessibilité pour une construction neuve ;
- s'il existe des contraintes liées à la structure du bâtiment, des conditions particulières d'application des mesures de mise en accessibilité sont prévues.

Les établissements existants classés dans les quatre premières catégories, doivent appliquer les dispositions suivantes :
- **avant le 1er janvier 2011**, les propriétaires ou exploitants doivent avoir réalisé un diagnostic des conditions d'accessibilité de leur établissement. Ce diagnostic analyse la situation de l'établissement ou de l'installation, au regard des obligations d'accessibilité. Il décrit les travaux nécessaires, pour respecter celles qui doivent être satisfaites et établit une évaluation du coût de ces travaux. Ce diagnostic est tenu à la disposition de tout usager de l'établissement ou de l'installation ;
- **avant le 1er janvier 2015**, les parties de bâtiments existants où sont réalisés des travaux de modification, sans changement de

destination, doivent respecter les règles d'accessibilité appliquées aux constructions neuves ;
- **au 1er janvier 2015**, ils doivent être mis en conformité avec les règles d'accessibilité appliquées aux constructions neuves.

Les établissements existants de la 5e catégorie dont font partie, notamment les commerces et les professions libérales, sont soumis aux dispositions suivantes :
- **avant le 1er janvier 2015**, une partie du bâtiment ou de l'installation doit fournir au public, l'ensemble des prestations, en vue desquelles l'établissement ou l'installation est conçu. Cette partie doit être la plus proche possible de l'entrée principale et doit être desservie par le cheminement usuel ;
- en cas d'impossibilité, une partie de ces prestations peut être fournie par des mesures de substitution. Cette date est avancée au 1er janvier 2011, pour les établissements accueillant des professions libérales lors de leur installation (cf. chapitre consacré aux ERP neufs) ;
- un ascenseur est obligatoire, si l'établissement ou l'installation peut recevoir cent personnes ou plus en sous-sol, en mezzanine ou en étage. Il est également obligatoire si certaines prestations ne peuvent être dispensées au rez-de-chaussée.

Les bâtiments des préfectures et de l'enseignement supérieur qui appartiennent à l'Etat sont concernés par deux exceptions relatives à la date d'entrer en vigueur des règles d'accessibilité :
- **avant le 1er janvier 2008**, au moins une partie des bâtiments des préfectures est mise aux règles d'accessibilité, afin que l'ensemble des prestations puisse être délivré aux personnes handicapées ;
- **avant le 1er janvier 2010**, doivent être mises en accessibilité, les parties des bâtiments des préfectures où sont délivrées des prestations offertes au public et les parties classées en ERP des établissements d'enseignement supérieur de l'Etat.

Dans le cas des gares destinées aux transports collectifs, sont appliquées les obligations relatives aux ERP correspondants. Cependant, les gares sont des établissements recevant du public qui font partie des réseaux de transports ferroviaires et de transports guidés. Elles sont donc soumises aux règles d'accessibilité des transports collectifs, prévues par l'article 45 de la loi du 11 février

2005 (cf. voir la partie consacrée aux transports publics) qui prévoit :
- **avant le 12 février 2008**, c'est-à-dire au plus tard, trois ans après la publication de la loi, les autorités organisatrices de transports doivent élaborer des schémas directeurs d'accessibilité des services dont elles sont responsables. Ces schémas définissent les mesures de substitution à mettre en place, en cas de dérogation aux dispositions d'accessibilité relatives aux ERP.

➤ Les modalités de mise en accessibilité en cas de contraintes

En cas de travaux dans un ERP et lorsqu'il existe des contraintes liées à la présence d'éléments participant à la solidité du bâtiment, tels que murs, plafonds, planchers, poutres ou poteaux, qui empêchent les travaux de mise en accessibilité, des modalités particulières sont prévues. Ces modalités sont précisées par l'arrêté du 21 mars 2007 relatif à l'accessibilité pour les personnes handicapées des ERP et IOP existants et portent sur les éléments suivants :
- les cheminements extérieurs ;
- les places de stationnement adaptées, leur localisation et leurs caractéristiques ;
- les escaliers ;
- les ascenseurs ;
- les tapis roulants, les escaliers et plans inclinés mécaniques ;
- les portes, portiques et sas ;
- les sanitaires.

• Cheminements extérieurs

Lorsqu'une dénivellation ne peut être évitée, le plan incliné aménagé afin de la franchir doit avoir une pente inférieure ou égale à 6 %. Les valeurs de pentes suivantes sont tolérées exceptionnellement :
- jusqu'à 10 % sur une longueur inférieure ou égale à 2 m ;
- jusqu'à 12 % sur une longueur inférieure ou égale à 0,50 m.

Un palier de repos est nécessaire en haut et en bas de chaque plan incliné, quelle qu'en soit la longueur. En cas de plan incliné de pente supérieure ou égale à 5 %, un palier de repos est nécessaire tous les 10 m.

L'aménagement de ressauts successifs distants d'une largeur minimale de 2,50 m et séparés par des paliers de repos est toléré.

La largeur minimale du cheminement accessible est de 1,20 m, libre de tout obstacle.

Lorsqu'un rétrécissement ponctuel ne peut être évité, la largeur minimale du cheminement peut, sur une faible longueur, être comprise entre 0,90 m et 1,20 m de manière à laisser le passage pour une personne en fauteuil roulant ;

Lorsqu'un dévers est nécessaire sur le cheminement, il doit être inférieur ou égal à 3 %.

Les exigences portant sur les caractéristiques des escaliers de trois marches ou plus s'appliquent à l'exception de celle concernant le débord des nez de marches par rapport aux contremarches.

• Stationnement automobile

Les places de stationnement adaptées nouvellement créées doivent être localisées à proximité de l'entrée, du hall d'accueil ou de l'ascenseur. Cette obligation ne s'impose pas aux places adaptées existantes.

Les exigences portant sur les caractéristiques des places de stationnement adaptées s'appliquent à l'exception de celles concernant le dévers, qui doit être inférieur ou égal à 3 %, et l'horizontalité au dévers près du cheminement au niveau du raccordement avec la place de stationnement adaptée.

• Escaliers

La largeur minimale entre mains courantes est de 1 m.

Les marches doivent répondre aux exigences suivantes :
- hauteur inférieure ou égale à 17 cm ;
- largeur du giron supérieure ou égale à 28 cm.

Les exigences portant sur les caractéristiques des escaliers s'appliquent à l'exception de celle concernant le débord des nez de marches par rapport aux contremarches.

Les exigences portant sur les caractéristiques des mains courantes s'appliquent. Toutefois, dans le cas où l'installation de ces équipements dans un escalier aurait pour conséquence de réduire le passage à une largeur inférieure à 1 m, une seule main courante est exigée.

En l'absence de travaux ayant pour objet de changer les caractéristiques dimensionnelles des escaliers, celles-ci peuvent être conservées.

• Ascenseurs

Les règles relatives à l'installation d'ascenseurs sont celles qui s'imposent aux établissements recevant du public lors de leur construction ou création. Ces règles sont modifiées, lorsqu'il existe des contraintes liées à la présence d'éléments participant à la solidité du bâtiment.

Pour les établissements de 5e catégorie, un ascenseur est obligatoire :

- si l'établissement ou l'installation peut recevoir cent personnes et plus en sous-sol, en mezzanine ou en étage ;
- si l'établissement ou l'installation reçoit moins de cent personnes lorsque certaines prestations ne peuvent être offertes au rez-de-chaussée.

Pour certains établissements hôteliers, en fonction de leur catégorie, des dispositifs particuliers sont prévus (voir ci-dessous, partie consacrée aux établissements hôteliers existants).

S'il est procédé à l'installation d'un ascenseur, celui-ci doit être conforme à la norme EN 81-70 relative à l'accessibilité aux ascenseurs pour toutes les personnes, y compris les personnes avec handicap, ou à des spécifications techniques équivalentes à cette norme et permettant de satisfaire aux mêmes exigences.

Si un ou plusieurs ascenseurs existent dans le bâtiment, alors un au moins par batterie doit respecter les dispositions suivantes :

- la signalisation palière du mouvement de la cabine respecte les exigences ci-après :
  - un signal sonore doit prévenir du début d'ouverture des portes,
  - deux flèches lumineuses d'une hauteur d'au moins 40 mm doivent être installées pour indiquer le sens du déplacement,

- un signal sonore utilisant des sons différents pour la montée et la descente doit accompagner l'illumination des flèches ;

– la signalisation en cabine respecte les exigences ci-après :
  - un indicateur visuel permet de connaître la position de la cabine. La hauteur des numéros d'étage est comprise entre 30 et 60 mm,
  - à l'arrêt de la cabine, un message vocal indique sa position ;

– en outre, un nouveau dispositif de demande de secours équipé de signalisation visuelle et sonore ou un dispositif de demande de secours existant faisant l'objet d'une modification comporte :
  - un pictogramme illuminé jaune, en complément du signal sonore de transmission de la demande, pour indiquer que la demande de secours a été émise,
  - un pictogramme illuminé vert, en complément du signal sonore normalement requis (liaison phonique), pour indiquer que la demande de secours a été enregistrée,
  - une aide à la communication pour les personnes malentendantes, telle qu'une boucle magnétique.

Dans tous les cas, les signaux sonores et messages vocaux doivent avoir un niveau réglable entre 35 et 65 dB.

• Tapis roulants, escaliers et plans inclinés mécaniques

Aucune disposition n'est exigée concernant le prolongement des mains courantes au-delà du départ et de l'arrivée de la partie en mouvement, l'indication de l'arrivée sur la partie fixe, ainsi que le positionnement de la commande d'arrêt d'urgence.

• Portes, portiques et sas

Les portes principales desservant des locaux pouvant recevoir moins de 100 personnes doivent avoir une largeur minimale de 0,80 m.

Les exigences portant sur les poignées de porte s'appliquent à l'exception de celle concernant l'éloignement de leur extrémité de plus de 0,40 m d'un angle rentrant de parois ou de tout autre obstacle à l'approche d'un fauteuil roulant.

Nonobstant les dispositions relatives aux portes principales et aux poignées de porte, dans les établissements hôteliers et les établissements comportant des locaux d'hébergement existants, seules les portes permettant de desservir et d'accéder aux chambres adaptées et aux services collectifs doivent avoir une largeur minimale de 0,90 m. La largeur minimale des portes des chambres non adaptées est de 0,80 m.

• Sanitaires

Lorsqu'il existe des cabinets d'aisances séparés pour chaque sexe, l'aménagement d'un cabinet d'aisances accessible n'est pas exigé pour chaque sexe. Tout cabinet aménagé pour les personnes handicapées pouvant être utilisé par des personnes de chaque sexe doit être accessible directement depuis les circulations communes.

Dans le cas où l'espace de manœuvre avec possibilité de demi-tour est situé à l'extérieur du cabinet d'aisances aménagé pour les personnes handicapées, il n'est pas exigé que cet espace soit situé devant la porte. Il doit cependant être aménagé à proximité de celle-ci. Un espace de manœuvre de porte est nécessaire devant la porte, qui doit en outre être équipée d'un dispositif permettant de la refermer derrière soi une fois entré.

➤ Champ d'application de la réglementation

Comme dans le cas de la réglementation relative aux établissements et installations récents, des mesures spécifiques sont appliquées à certains ERP ou IOP existants :

• Les enceintes sportives, les établissements de plein air et les établissements conçus en vue d'offrir au public une prestation visuelle ou sonore

Pour les établissements déjà existants, la réglementation prévoit la possibilité d'appliquer, si nécessaire, des mesures supplémentaires d'accessibilité. Ces mesures s'ajoutent aux autres dispositions d'accessibilité, que doit respecter l'établissement. L'objectif est de définir, plus particulièrement, les modalités de mise en accessibilité pour les personnes déficientes sensorielles, que ces établissements peuvent accueillir.

• **Certains établissements spéciaux**

Il s'agit des établissements pénitenciers, des établissements militaires, des centres de rétention administrative, des locaux de garde à vue, des chapiteaux, des tentes et structures gonflables, des hôtels-restaurants d'altitude, des refuges de montagne et des établissements flottants qui sont soumis à des prescriptions particulières. A cet égard et afin de mettre ces établissements en conformité avec les mesures d'accessibilité, des arrêtés spécifiques doivent fixer les règles propres à ces établissements qui vont se substituer en totalité aux règles générales de l'accessibilité.

• **Les établissements comportant des locaux d'hébergement**

Cela concerne notamment, les hôtels, motels et pensions de famille, les hôpitaux, les maisons de retraite, les établissements médico-sociaux... Ces établissements doivent respecter les règles d'accessibilité qui s'imposent, d'une part, en fonction de leur taille et, d'autre part, en fonction de leurs activités. D'une manière générale, tout établissement qui dispose de locaux d'hébergement pour le public, doit comporter des chambres aménagées et accessibles, de manière à pouvoir être occupées par des personnes handicapées, notamment des personnes en fauteuil roulant. Ces chambres sont réparties entre les différents niveaux desservis par ascenseurs. Les caractéristiques de ces chambres, au regard de l'accessibilité des personnes handicapées, sont les mêmes que celles définies plus haut, dans la partie consacrée aux établissements récents. Pour les établissements existants, ces dispositions peuvent faire l'objet de modalités particulières d'application, dès lors qu'il existe des contraintes liées à la solidité du bâtiment. Ces modalités particulières, sont les suivantes :

- l'aménagement d'une chambre adaptée n'est pas exigé dans les établissements qui ne comportent pas plus de 10 chambres, dont aucune n'est située au rez-de-chaussée ou en étage accessible par ascenseur ;
- les exigences portant sur les caractéristiques des chambres adaptées s'appliquent à l'exception, éventuellement, de celle concernant la présence de passages libres, de chaque côté du lit. Celui-ci n'est exigé que sur un grand côté du lit.

Les établissements hôteliers existant à la date du 26 février 2007 et classés en catégorie sans étoile, 1 étoile, 2 étoiles ou non classés, mais offrant une gamme de prix et de prestations équivalentes, sont exonérés de l'obligation d'installer un ascenseur à condition :

- de ne pas comporter plus de trois étages, en sus du rez-de-chaussée ;
- que les prestations et les chambres adaptées soient accessibles au rez-de-chaussée et que les chambres adaptées présentent une qualité d'usage équivalente à celles situées en étage.

Du fait de ces mesures spécifiques accordées aux hôtels, un groupe de travail composé des personnes désignées par le Conseil national consultatif des personnes handicapées et des représentants de l'hôtellerie doit proposer, annuellement, des mesures favorisant la prise en compte de tous les handicaps dans les établissements hôteliers existants, l'amélioration de l'offre d'hébergement, l'aménagement des chambres adaptées, dont notamment le mobilier et les équipements sanitaires, et le développement du label « tourisme et handicap ».

➤ Dérogations

Des dérogations peuvent être demandées dans les cas suivants :

- impossibilité technique résultant de l'environnement du bâtiment, des caractéristiques du terrain, de la présence de constructions existantes ou de contraintes liées au classement de la zone de construction, en particulier au regard de la réglementation de prévention contre les inondations ;
- en cas de création d'un ERP ou IOP, dans une construction existante, s'il existe des difficultés liées à la partie du bâtiment conservée, ou à la nature des travaux qui y sont réalisés ;
- pour des motifs liés à la conservation du patrimoine architectural, en cas de création d'un ERP, par changement de destination dans un bâtiment ou une partie de bâtiment classé ou inscrit au titre des monuments historiques ;
- si les travaux d'accessibilité sont susceptibles d'avoir des conséquences excessives sur l'activité de l'établissement ;
- dans le cas où l'ERP remplit une mission de service public, la dérogation ne peut être accordée que si une mesure de substitution est prévue.

Chapitre 4

Les procédures

➤ Principales références réglementaires

- Code de la construction et de l'habitation et Code de l'urbanisme.
- Décret n° 2006-555 du 17 mai 2006 relatif à l'accessibilité des établissements recevant du public, des installations ouvertes au public et des bâtiments d'habitation et modifiant le Code de la construction et d'habitation.
- Décret n° 2007-1327 du 11 septembre 2007 relatif à la sécurité et à l'accessibilité des établissements recevant du public et des immeubles de grande hauteur, modifiant le Code de la construction et de l'habitation et portant diverses dispositions relatives au Code de l'urbanisme.
- Décret n° 2006-1089 du 30 août 2006 relatif à la commission consultative départementale de sécurité et d'accessibilité.
- Arrêté du 22 mars 2007 modifié [1] fixant les dispositions relatives à l'attestation constatant que les travaux sur certains bâtiments respectent les règles d'accessibilité aux personnes handicapées.
- Arrêté du 11 septembre 2007 relatif au dossier de demande d'autorisation de travaux de construction, d'aménagement ou de modification d'un établissement recevant du public et les règles d'accessibilité.

I. AUTORISATION DE TRAVAUX

Toute construction, même ne comportant pas de fondations, doit, au préalable, obtenir un permis de construire. Certains travaux exécutés sur des constructions existantes, ainsi que des changements de destination, en raison de leur nature ou de leur localisation, doivent également être précédés de la délivrance d'un tel

[1] L'arrêté du 22 mars 2007 est modifié par un arrêté du 3 décembre 2007 et consolidé.

permis, selon les modalités fixées par l'article L. 421-1 du Code de l'urbanisme.

Dans le cas des bâtiments d'habitation, la demande de permis de construire n'est pas examinée au regard des règles de construction, mais des règles d'urbanisme. Par conséquent, elle n'est pas analysée, non plus, par rapport aux règles relatives à l'accessibilité. Ceci est valable, aussi bien pour la construction, que pour les aménagements effectués sur un bâtiment d'habitation existant. Mais, si les travaux sont soumis à permis de construire, conformément aux dispositions de l'article R. 111-19-27 du Code de la construction et d'habitation, une attestation de conformité aux règles d'accessibilité est à produire par le maître d'ouvrage, à l'achèvement de ces travaux.

Pour mémoire

Article R. 421-14 du Code de l'urbanisme

Sont soumis à permis de construire les travaux suivants, exécutés sur des constructions existantes, à l'exception des travaux d'entretien ou de réparations ordinaires :

a) Les travaux ayant pour effet la création d'une surface hors œuvre brute supérieure à vingt mètres carrés.

b) Les travaux modifiant les structures porteuses ou la façade du bâtiment, lorsque ces travaux s'accompagnent d'un changement de destination entre les différentes destinations.

c) Les travaux modifiant le volume du bâtiment et créant ou agrandissant une ouverture sur un mur extérieur.

d) Les travaux nécessaires à la réalisation d'une opération de restauration immobilière.

Dans le cas des établissements recevant du public, conformément à l'article L. 421-1 du Code de l'urbanisme et à l'article L. 111-8 du Code de la construction et de l'habitation, les travaux qui conduisent à la création, l'aménagement ou la modification d'un établissement doivent faire, au préalable, l'objet d'une autorisation délivrée par l'autorité administrative qui vérifie leur conformité avec les règles relatives à l'accessibilité des personnes handicapées.

La réforme de la procédure du permis de construire distingue l'autorité qui donne son accord au titre de l'autorisation relative au respect des règles d'accessibilité de celle qui délivre le permis de construire. Ainsi, même si le maire délivre le permis de construire au nom de la commune, il accorde l'autorisation d'accessibilité au nom de l'Etat.

En fonction des travaux projetés deux cas de figure se présentent :

- **si les travaux ne sont pas soumis à permis de construire**, mais à une déclaration préalable, un dossier de demande d'autorisation de travaux est déposé auprès de l'autorité administrative compétente qui est, dans ce cas, le maire. Une autorisation unique est délivrée, par le maire, au titre de la prise en compte des règles d'accessibilité et des règles relatives à la sécurité contre l'incendie ;
- **si les travaux sont soumis à permis de construire**, le dossier de demande de permis de construire tient lieu de demande d'autorisation relative au respect des règles d'accessibilité. Il est déposé auprès de l'autorité chargée de l'instruction du permis de construire. La délivrance du permis vaut accord de l'autorité compétente.

Pour mémoire

L'autorité qui délivre le permis de construire

L'autorisation de construire, d'aménager ou de modifier un établissement recevant du public, est accordée à condition que les travaux projetés soient conformes aux règles d'accessibilité. Cette autorisation est délivrée au nom de l'Etat par :

- le préfet, lorsque celui-ci est compétent pour délivrer le permis de construire ou lorsque le projet porte sur un immeuble de grande hauteur ;
- le maire, lorsque celui-ci est compétent pour délivrer le permis de construire au nom de la commune ou de l'Etat ou lorsque le projet ne fait pas l'objet d'un permis de construire.

1. Demande d'autorisation

Toute demande d'autorisation de construire, d'aménager ou de modifier est accompagnée par deux dossiers ; l'un précisant les règles d'accessibilité aux personnes handicapées et l'autre permettant de vérifier la conformité du projet avec les règles de sécurité contre l'incendie.

➤ Contenu du dossier

Le dossier de demande d'autorisation relatif à l'accessibilité doit comporter les plans et documents nécessaires pour permettre à l'autorité qui délivre l'autorisation, de vérifier la conformité du projet avec les règles d'accessibilité. Le cas échéant, le dossier comporte la demande de dérogation à ces règles, accompagnée des justificatifs nécessaires. Le contenu de ce dossier est précisé par l'arrêté du 11 septembre 2007[2] et comprend les pièces suivantes :

• Un plan coté

Ce plan coté, présenté en trois dimensions, contient des précisions sur la partie extérieure et intérieure du bâtiment. Il vise le respect de la chaîne de déplacement, notamment la prise en compte de l'accessibilité entre le cadre bâti, la voirie et les espaces publics. L'objectif est de vérifier que l'accessibilité du bâtiment, avec ses abords, est bien prise en compte. Le plan comprend :

- des précisions sur les cheminements extérieurs, ainsi que les conditions de raccordement entre la voirie et les espaces extérieurs du bâtiment. Le plan fait apparaître à une échelle plus fine :
  - l'ensemble des circuits destinés aux piétons et aux véhicules, notamment les liaisons entre l'accès au terrain, la voirie interne, les places de stationnement adaptées, les circulations piétonnes et l'entrée de l'établissement,

---

[2] Arrêté du 11 septembre 2007 relatif au dossier permettant de vérifier la conformité de travaux de construction, d'aménagement ou de modification d'un établissement recevant du public avec les règles d'accessibilité aux personnes handicapées. NOR : DEVU0763039A.

• les espaces de retournement, de repos ou de manœuvre d'un équipement ou d'un dispositif de commande, destinés à faciliter l'accès des personnes en fauteuil roulant, présentés par un cercle de diamètre 1,50 m ou par un rectangle,
• les pentes des plans inclinés, ainsi que les dévers des cheminements ;

– des précisions, pour chaque niveau du bâtiment, sur les circulations intérieures horizontales et verticales, les aires de stationnement et, s'il y a lieu, les locaux sanitaires destinés au public. Le plan fait apparaître à une échelle plus fine :
• le sens d'ouverture des portes et l'espace de leur débattement, figuré par un arc de cercle,
• les espaces de retournement, de repos, de l'usage ou de la manœuvre d'un équipement et les dispositifs de commande, requis, destinés à faciliter l'accès d'une personne en fauteuil roulant, présentés par un cercle de diamètre 1,50 m ou par un rectangle,
• l'emplacement, le cas échéant, de l'ensemble des appareils sanitaires et de leurs accessoires,
• la disposition et le nombre des places de stationnement réservées aux personnes handicapées.

• Une notice explicative

Cette notice, qui accompagne le dossier de demande d'autorisation, explique comment le projet prend en compte l'accessibilité pour les personnes handicapées en ce qui concerne :

– ***les dimensions des locaux*** ouverts aux usagers de l'établissement. Des documents graphiques peuvent illustrer ces dimensions. La notice apporte également, des précisions sur la présence et les caractéristiques fonctionnelles et dimensionnelles des équipements et des dispositifs de commande utilisables par le public suivant :
• dispositifs de contrôle d'accès, notamment digicodes et visiophones,
• dispositifs d'ouverture de portes, interrupteurs, commandes d'arrêt d'urgence, claviers...,
• portes automatiques, portillons, tourniquets,
• guichets, banques d'accueil et d'information, caisses de paiement,

- mobiliers fixes, notamment tables, comptoirs, sièges, présentoirs, lits, appareils sanitaires isolés, fontaines,
- appareils distributeurs, notamment distributeurs de tickets, de billets, de boissons et denrées alimentaires,
- dispositifs d'information et de communication divers, notamment signalétique, écrans, panneaux à messages défilants, bornes d'information, dispositifs de sonorisation,
- équipements de mobilité, notamment ascenseurs et appareils élévateurs, escaliers et trottoirs mécaniques ;

– ***la nature et la couleur des matériaux*** et revêtements de sols, murs et plafonds ;
– ***le traitement acoustique*** des espaces avec la mention, pour les locaux et espaces soumis à une exigence réglementaire, des niveaux de performance visés en termes d'isolement acoustique et d'absorption des sons ;
– ***le dispositif d'éclairage*** des parties communes avec la mention, pour les locaux et espaces soumis à une exigence réglementaire, des niveaux d'éclairement visés et des moyens éventuellement prévus pour l'extinction progressive des luminaires.

De plus, en fonction du type d'établissement ou d'installation concerné, la notice explicative doit définir les engagements du constructeur, en ce qui concerne l'application des règles d'accessibilité. Ces engagements précisent, notamment :

Pour un établissement ou une installation recevant du public assis : les emplacements accessibles aux personnes handicapées, le nombre de ces places, leur taux par rapport au nombre total de places assises, leur localisation et les cheminements permettant d'y accéder depuis l'entrée de l'établissement.

Pour un établissement disposant de locaux d'hébergement destinés au public : le nombre et les caractéristiques des chambres, salles d'eaux et cabinets d'aisances accessibles aux personnes handicapées, le taux de ces chambres et locaux par rapport au nombre total de chambres, leur localisation et, le cas échéant, leur répartition par catégories (chambres simples, doubles, suites...).

Pour un établissement ou une installation comportant des cabines d'essayage, d'habillage ou de déshabillage ou

des douches : le nombre et les caractéristiques des cabines et douches accessibles aux personnes handicapées.

Pour un établissement ou une installation comportant des caisses de paiement disposées en batterie : le nombre de caisses aménagées pour être accessibles aux personnes handicapées, et leur localisation.

Par ailleurs, s'il est fait recours à des conditions particulières d'application des règles d'accessibilité, en raison des caractéristiques du bâtiment ou de ses activités et selon chaque cas, la notice apporte des précisions pour justifier ce recours :

- dans le cas des travaux où il existe des contraintes structurelles pour appliquer les mesures d'accessibilité, le recours à des modalités particulières fait l'objet d'une notice justificative. Ces contraintes sont celles précisées par la réglementation et sont liées à la présence d'éléments participant à la solidité du bâtiment ;
- dans le cas des établissements de 5e catégorie qui sont amenés à mettre en place des mesures de substitution pour donner accès aux personnes handicapées, la notice explicative décrit ces mesures ;
- dans le cas des établissements pénitentiaires ou militaires, des centres de rétention administrative, des locaux de garde à vue, des chapiteaux et tentes, des structures gonflables, des hôtels-restaurants d'altitude, des refuges de montagne et des établissements flottants, la notice explicative indique comment le projet satisfait aux règles d'accessibilité des personnes handicapées ;
- dans le cas de demande de dérogation aux règles d'accessibilité, la notice explicative indique les règles pour lesquelles il est demandé de déroger, les éléments du projet auxquels s'appliquent ces dérogations et les justificatifs fondant chaque demande. Si l'établissement remplit une mission de service public, la notice précise également, les mesures de substitution proposées.

➤ Instruction des dossiers de la demande d'autorisation

Le dossier de demande d'autorisation de construire, d'aménager ou de modifier est adressé au maire de la commune dans laquelle les travaux sont envisagés, ceci que la demande soit autonome ou qu'elle soit incluse dans une demande de permis de construire. Cette demande comporte la demande d'autorisation proprement dite et deux dossiers, l'un relatif à l'accessibilité et l'autre à la sécurité.

La demande d'autorisation est instruite :

- par le maire, si les travaux ne sont pas soumis à permis de construire. Le maire adresse le dossier à la commission consultative départementale de la sécurité et d'accessibilité (CCDSA) pour avis, si le dossier ne comporte pas une demande de dérogation (voir ci-après procédure de demande de dérogation). Si le dossier fait l'objet d'une demande de dérogation, le maire l'adresse au préfet qui prend sa décision après avoir consulté la CCDSA ;
- par les services chargés de l'instruction des permis de construire dans le cas où le projet fait l'objet d'une demande de permis de construire.

Le délai d'instruction de la demande d'autorisation est de cinq mois, à compter du dépôt du dossier. Ce délai commence à courir, à compter de la réception de l'ensemble des pièces demandées. Il est réparti selon les modalités d'instruction suivantes :

- le dossier de demande d'autorisation est transmis, par l'autorité chargée de son instruction, à la commission consultative départementale de sécurité et d'accessibilité (CCDSA) afin de recueillir son avis sur les dispositions du projet, au regard des règles d'accessibilité des personnes handicapées. L'avis de la commission est réputé favorable s'il n'est pas notifié, dans un délai de deux mois, à compter de la saisine ;
- si dans un délai de cinq mois, la décision n'est pas notifiée, l'autorisation des travaux est considérée comme accordée. Toutefois, en cas de demande de dérogation, si celle-ci est refusée par le préfet, le défaut de notification pour l'autorisation des travaux vaut décision implicite de rejet de la demande. Autrement dit, l'autorisation des travaux est conforme à la décision du préfet concernant la demande de dérogation.

Si la décision prononce le rejet de la demande ou si elle est assortie de prescriptions ou d'une dérogation, elle doit être motivée.

2. Dérogations aux règles d'accessibilité

Des dérogations exceptionnelles peuvent être accordées aux obligations de mise en accessibilité des bâtiments, lors de leur construction ou à l'occasion des travaux de modification, dans des conditions fixées par la loi. Bénéficient de cette mesure, les demandes de dérogation à l'accessibilité présentées au titre :

- de la construction de bâtiments d'habitation collectifs ;
- des travaux portant sur des bâtiments d'habitation collectifs existants ;
- de la construction de maisons individuelles. Les maisons individuelles construites pour usage privé ne sont pas concernées ;
- de la construction ou de la création d'un ERP ou d'un IOP ;
- de la mise en accessibilité des ERP et IOP existants, ainsi que des ERP de 5e catégorie, destinés aux professions libérales.

➤ Motifs de dérogations

Les dérogations peuvent être demandées pour les motifs suivants :

L'impossibilité technique en raison de l'environnement du bâtiment, de la présence de constructions existantes, et notamment des caractéristiques du terrain ou de la présence de constructions existantes. Plusieurs situations se présentent, selon qu'il s'agit de bâtiments neufs ou de bâtiments existants :

- ***constructions neuves*** : les dérogations accordées à ce titre ne peuvent qu'être exceptionnelles, notamment quand il s'agit d'évoquer des impossibilités techniques. Cependant, l'implantation des bâtiments sur certaines parcelles peut présenter, compte tenu des caractéristiques du terrain, des contraintes pour le respect des règles d'accessibilité. Dans ce cas, le maître d'ouvrage doit démontrer l'impossibilité de respecter les règles et doit préciser, pour chaque disposition, les raisons pour lesquelles il demande une dérogation ;
- ***création d'un ERP ou IOP dans une construction existante*** : en cas de difficultés liées à la construction existante ou à la nature des travaux qui y sont réalisés, des dérogations pourront être accordées au respect de l'ensemble des exigences de l'accessibilité ;

- ***création d'un ERP par changement de destination*** : si le bâtiment ou une partie du bâtiment concerné par les travaux est classé ou inscrit au titre des monuments historiques, des dérogations pourront être accordées pour des motifs liés à la conservation du patrimoine architectural ;
- ***bâtiments existants*** : des dérogations pourront être accordées si des contraintes d'urbanisme, liées aux dispositions du plan d'occupation des sols empêchent une extension rendue nécessaire pour l'application des règles d'accessibilité, comme l'installation d'un ascenseur par exemple.

Les contraintes liées au classement en zone de constructibilité assorties de prescriptions particulières, notamment au regard de la réglementation de prévention contre les inondations. Dans certaines zones, les risques d'inondation peuvent entraîner des contraintes à la constructibilité, incompatibles avec les règles d'accessibilité. Cela pourrait être le cas dans les zones des plans de préventions des risques, où les constructions sont admises, mais sous certaines conditions. Dans ce cas, la demande de dérogation doit présenter des solutions de compromis qui respectent, au mieux, les contraintes liées aux risques d'inondation et les exigences relatives à l'accessibilité des personnes handicapées.

Les contraintes liées à la préservation du patrimoine architectural, généralement désignées comme incompatibles avec les obligations de mise en accessibilité, mais qui peuvent souvent être levées, avec des solutions recherchées pour chaque cas. Des dérogations pourront être accordées, dans le cas des bâtiments d'habitation ou établissements existants ou à l'occasion de création de logements par changement de destination :
- si la création d'un établissement recevant du public, par changement de destination, s'effectue dans un bâtiment ou une partie de bâtiment classé ou inscrit au titre de monuments historiques ;
- si les travaux affectent les parties extérieures ou intérieures d'un bâtiment d'habitation classé au titre des monuments historiques, dont la démolition, l'enlèvement, la modification ou l'altération sont interdits, et dont la modification est soumise à des conditions spéciales, en secteur sauvegardé ;
- si le bâtiment d'habitation est situé aux abords et dans le champ de visibilité d'un monument historique classé ou inscrit, en zone de protection du patrimoine.

Toutefois, en ce qui concerne les immeubles d'habitation, les prescriptions imposées par le Code de l'urbanisme, relatif aux secteurs sauvegardés, ne peuvent faire obstacle à l'adaptation des règles d'accessibilité, sauf pour prévenir la dégradation du patrimoine concerné. En effet, les règles d'accessibilité applicables aux bâtiments d'habitation collectifs, lorsqu'ils font l'objet de travaux, et aux bâtiments existants où sont créés des logements par changement de destination, prévalent par rapport aux prescriptions qui peuvent découler des plans de sauvegarde et de mise en valeur, sauf en cas de dégradation du patrimoine.

Les contraintes liées au coût des travaux. La disproportion manifeste entre les améliorations apportées et leurs conséquences peut être un motif de dérogation accordée dans les cas suivants :

- ***bâtiments d'habitation existants*** : dans le cas des travaux soumis aux règles d'accessibilité, le maître d'ouvrage établit un rapport d'analyse des bénéfices et inconvénients résultant de leur application. Ce rapport précise les conséquences de la mise en application et le nombre de logements concernés. Il fait état des difficultés que pourraient créer les travaux de mise en accessibilité, par exemple au regard de règles techniques, ainsi que l'impact économique des travaux ;
- ***établissements recevant du public existants*** : si les travaux d'accessibilité sont susceptibles d'avoir des conséquences excessives sur l'activité de l'établissement, des dérogations pourront être accordées. Les critères pour définir le rapport entre les travaux de mise en accessibilité et leurs conséquences excessives ne sont pas précisés par la réglementation. Il appartient au gérant ou à l'exploitant de l'établissement de produire, en appui à sa demande de dérogation, les éléments d'appréciation de ces conséquences, notamment la situation financière de l'établissement. Parmi les critères qui peuvent être pris en compte, on peut retenir par exemple[3] :
  - la réduction significative de l'espace réservé aux activités de l'ERP, du fait de l'encombrement des aménagements nécessaires à l'accessibilité et de l'impossibilité d'étendre la surface occupée,

[3] Circulaire interministérielle n° DGUHC 2007-53 du 30 novembre 2007 relative à l'accessibilité des établissements recevant du public, des installations ouvertes au public et des bâtiments d'habitation.

- l'impact économique du coût des travaux, lorsqu'il est tel qu'il pourrait entraîner une réduction importante de l'activité, le déménagement de celle-ci, une réduction sensible de chiffre d'affaire, voire la fermeture de l'établissement.

Pour les établissements recevant du public qui remplissent une mission de service public, comme les mairies, les services de préfectures, les caisses d'assurance maladie, les caisses d'allocation familiale, etc., la demande de dérogation doit obligatoirement être accompagnée par la mise en place de mesures de substitution.

Obligation d'ascenseurs dans les bâtiments neufs et existants en cas de dérogations

Type de bâtiment	Neuf	Existant, mais en cas de contraintes liées à la structure du bâtiment
Toutes les catégories d'ERP	A partir de 50 personnes accueillies en sous-sol, en mezzanine ou à l'étage.	Mêmes obligations que pour les ERP neufs.
Les ERP de 5e catégorie	Si accueille moins de 50 personnes, mais que les prestations ne peuvent pas être offertes au rez-de-chaussée.	– A partir de 100 personnes accueillies en sous-sol, en mezzanine ou à l'étage. – Moins de 100 personnes, si les prestations ne peuvent pas être offertes au rez-de-chaussée.
Etablissement d'enseignement	A partir de 100 personnes accueillies.	Mêmes obligations que pour les établissements neufs.
Hôtels sans étoiles, avec 1 et 2 étoiles ou non classés	Mêmes obligations que tous les ERP.	Sans ascenseur si l'hôtel comporte moins de trois étages et que les prestations et des chambres adaptées sont offerts au rez-de-chaussée.
Bâtiment d'habitation	– Plus de trois étages accueillant des logements, au-dessus ou au-dessous du rez-de-chaussée. – Si plus de 15 logements à l'étage, un espace de réserve d'assesseur est prévu.	Même obligation que pour le neuf si le coût des travaux sont, au moins, égal à 80 % de la valeur du bâtiment.

➤ Procédures de demande de dérogation

Si la loi accorde, sous certaines conditions, la possibilité de déroger aux règles d'accessibilité, néanmoins, ces dérogations demeurent exceptionnelles et très encadrées par la procédure d'autorisation. Pour en bénéficier, les demandeurs doivent constituer un dossier selon les modalités qui sont précisées plus haut, dans la partie consacrée aux demandes d'autorisation.

La dérogation est accordée par le préfet, après avis de la commission consultative départementale de sécurité et d'accessibilité (CCDSA), dans un délai de trois mois, pour les bâtiments d'habitation et de cinq mois, pour les établissements recevant du public et installations ouvertes au public soumis à l'autorisation de travaux.

Dans le cas des immeubles d'habitation, qu'il s'agisse de la construction de bâtiments d'habitation collectifs ou de maisons individuelles, ou qu'il s'agisse des travaux effectués sur un bâtiment d'habitation collectif existant, la demande de dérogation est transmise par le demandeur, au préfet. La demande indique les règles auxquelles le demandeur souhaite déroger, les éléments du projet auxquels elles s'appliquent et les justificatifs fondant chaque demande. Cette demande est transmise par le préfet, pour avis, à la CCDSA qui dispose d'un délai de deux mois pour formuler son avis. A défaut de réponse dans un délai de deux mois, à compter de la transmission de la demande par le préfet, l'avis de la CCDSA est réputé favorable. Le préfet dispose d'un délai de trois mois, pour prendre sa décision qui doit être motivée, notamment en cas de refus. A défaut de réponse du préfet dans un délai de trois mois, à compter de la date de réception initiale de la demande, la dérogation est réputée accordée.

Dans le cas des établissements recevant du public, la demande de dérogation est intégrée au dossier de demande d'autorisation des travaux (cf. ci-dessus, dossier de demande d'autorisation). La dérogation est accordée par décision motivée du préfet, après l'avis de la CCDSA. Dans le cas où l'autorité compétente, pour statuer sur la demande d'autorisation est le maire, il saisit la CCDSA et adresse un exemplaire de la demande, accompagnée de l'avis de la CCDSA, au préfet. Le préfet fait connaître au maire sa décision relative à la demande de dérogation. Cette décision, qui est motivée, est adressée au maire, dans un délai d'un mois.

Passé ce délai, la demande de dérogation est réputée favorable. Le délai maximum de réponse aux demandes de dérogation déposées par un ERP ou IOP est de cinq mois, selon les modalités fixées pour les demandes d'autorisation de travaux.

II. CONTRÔLE DE L'ACCESSIBILITÉ

Le contrôle de l'accessibilité, pour les établissements recevant du public et installations ouvertes au public, se fait d'abord, *a priori*, lors de la demande d'autorisation des travaux. Cette autorisation est examinée par la CCDSA, qui vérifie la conformité du projet des travaux avec les règles d'accessibilité. Les modalités de ce contrôle sont présentées ci-dessus, à la rubrique consacrée aux autorisations des travaux. Dans le cas des travaux soumis à permis de construire, le contrôle de l'accessibilité se fait également, *a posteriori*, par un contrôleur technique. En ce qui concerne les immeubles d'habitation, le contrôle de l'accessibilité se fait uniquement, par un contrôleur technique, en fin de chantier, si les travaux sont soumis à permis de construire. Dans les deux cas, le contrôleur technique établit une attestation d'accessibilité.

1. Attestation d'accessibilité

A l'issue des travaux soumis à permis de construire, le maître d'ouvrage doit établir une attestation qui constate la prise en compte des règles d'accessibilité. Les ERP, IOP et les bâtiments d'habitation, qui procèdent à des travaux de construction ou des travaux sur des bâtiments existants, sont concernés par cette obligation.

Cette attestation évalue les caractéristiques de chaque composant du bâtiment, au vu de la réglementation sur l'accessibilité selon qu'il s'agit (cf. annexes) :
- de maisons individuelles, à l'exception de celles appartenant à des personnes qui construisent ou améliorent un logement pour leur propre usage ;
- de constructions de bâtiments d'habitation collectifs ;

- de constructions ou de créations d'établissements recevant du public ou d'installations ouvertes au public ;
- de travaux dans les bâtiments d'habitation collectifs existants et dans les bâtiments existants où sont créés des logements par changement de destination ;
- de travaux dans les établissements existants recevant du public et les installations ouvertes au public existants.

Si la construction concernée comporte des usages différents, correspondant à plusieurs catégories de travaux, une attestation est établie pour chaque partie concernée. L'attestation peut, également être établie pour une partie de l'opération faisant l'objet du permis de construire, à condition que la partie concernée soit fonctionnellement indépendante du reste de la construction, au regard des règles d'accessibilité.

L'attestation est établie, pour chaque cas, conformément au modèle défini par la réglementation (*arrêté du 22 mars 2007 modifié fixant les dispositions relatives à l'attestation constatant que les travaux sur certains bâtiments respectent les règles d'accessibilité aux personnes handicapées*).

Elle indique les différentes mesures d'accessibilité définies par la réglementation qui sont respectées par les travaux, en tenant compte des dérogations éventuellement accordées par le préfet. Elle précise celles qui ne sont pas respectées, et fait éventuellement tout commentaire nécessaire. Quelle que soit la situation des travaux, au regard de la prise en compte de l'accessibilité, le contrôleur doit établir son attestation et la transmettre au maître d'ouvrage.

Cette attestation est établie avant la date d'achèvement de travaux, si la date de livraison est antérieure à celle d'achèvement de travaux, l'attestation est établie avant cette date. Cette possibilité donnée par la réglementation permet, le cas échéant, d'intervenir pour améliorer les mesures d'accessibilité, avant l'achèvement des travaux.

L'attestation, jointe à la déclaration d'achèvement de travaux, est adressée par le maître d'ouvrage, à l'autorité qui a délivré le permis de construire et au maire dans un délai de 30 jours à compter de la date d'achèvement des travaux. Si cette attestation n'est pas fournie, l'autorité qui a délivré le permis peut diligenter un contrôle et, en cas de non conformité des travaux aux règles d'accessibilité, prendre les mesures qui s'imposent selon le cas (voir paragraphe 4, les sanctions).

Le contrôleur technique ou l'architecte qui a établi l'attestation d'accessibilité, a la possibilité de signaler toute situation particulière.

2. Contrôleur technique

L'attestation d'accessibilité est établie par un contrôleur technique titulaire d'un agrément l'habilitant à intervenir sur les bâtiments ou par un architecte soumis à l'article 2 de la loi n° 77-2 du 3 janvier 1977 sur l'architecture. Cet agrément, reconnu par le ministère chargé de la Construction, est attribué en fonction des compétences techniques et de la moralité professionnelle. Il donne l'habilitation pour intervenir sur les bâtiments. L'activité de contrôle technique est incompatible avec l'exercice de toute activité de conception, d'exécution ou d'expertise d'un ouvrage. Ainsi, l'attestation d'accessibilité ne peut pas être établie par l'architecte qui a conçu le projet, réalisé les plans ou signé la demande de permis de construire. Mais, l'attestation peut être établie par le contrôleur technique de l'opération.

Contrôle de l'accessibilité

« Le représentant de l'Etat dans le département, le maire ou ses délégués ainsi que les fonctionnaires et les agents commissionnés à cet effet par le ministre chargé de l'Urbanisme et assermentés, peuvent à tout moment, visiter les constructions en cours, procéder aux vérifications qu'ils jugent utiles et se faire communiquer tous documents techniques se rapportant à la réalisation des bâtiments, *et en particulier ceux concernant l'accessibilité aux personnes handicapées quel que soit le type de handicap*. Ce droit de visite et de communication peut aussi être exercé après l'achèvement des travaux pendant deux ans. » *(Article L. 151-1 du Code de la construction et de l'habitation, et L. 460-1 du Code de l'urbanisme.)*

L'activité de contrôle technique, ainsi que les attestations établies à l'issue du contrôle, sont encadrées par la réglementation et punies en cas d'infraction. Le fait, pour une personne non habilitée, d'établir une attestation d'accessibilité, et le fait de faire usage d'une telle attestation sont punis d'une amende prévue pour les contraventions de la 5e classe, soit de 1 500 € portés à 3 000 € en cas de récidive. Une telle infraction encourt également la peine complémentaire d'affichage ou de diffusion par la presse de la décision prononcée.

3. Autorisation d'ouverture des ERP

Conformément à l'article L. 111-8-3 du Code de la construction et de l'habitation, l'ouverture d'un établissement recevant du public, à l'exception de ceux de 5e catégorie, est subordonnée, à une autorisation délivrée par l'autorité administrative après contrôle des règles d'accessibilité. Cette autorisation concerne les ERP récents et les ERP existants faisant l'objet de travaux. Elle est accordée selon les modalités suivantes instituées par l'article R. 111-19-29 du même code :

- ***Pour tous les travaux soumis à permis de construire***, il n'y a plus de visite de réception. L'autorisation de l'ouverture est accordée au vu de l'attestation d'accessibilité que le maître d'ouvrage fait établir par un contrôleur technique.
- ***Pour les établissements de la 1re à la 4e catégorie***, qui n'ont pas fait l'objet de travaux à l'occasion de leur ouverture, ou ont fait l'objet de travaux non soumis à permis de construire, l'autorisation est accordée, après la visite de contrôle effectuée par la Commission Consultative Départementale de Sécurité et d'Accessibilité (CCDSA). La commission vérifie les travaux et atteste leur conformité avec les dispositions réglementaires relatives à l'accessibilité des personnes handicapées.
- ***Pour les établissements de la 5e catégorie*** disposant de locaux à sommeil, la visite de contrôle n'est obligatoire que pour vérifier le respect des règles de sécurité.

Si l'accessibilité du bâtiment n'est pas respectée conformément à la réglementation, le préfet peut refuser l'autorisation d'ouverture,

pénaliser ou ordonner, dans certains cas, la fermeture de l'établissement. Cette dernière décision peut intervenir dans les cas suivants :
- quand un ERP existant, qui a bénéficié d'une autorisation d'ouverture sous conditions, ne respecte pas les dispositions d'accessibilité prévues ;
- dès 2015, tous les ERP qui n'auraient pas été mis en conformité avec les règles d'accessibilité, sous réserve de dérogations éventuelles, préalablement demandées.

4. Les sanctions

En cas de non respect des règles d'accessibilité, la loi a prévu des sanctions qui interviennent à différentes étapes. Elles sont administratives et pénales.

➤ Les sanctions administratives

Les sanctions administratives sont celles qui visent les maîtres d'ouvrage ou les exploitants. Elles interviennent dans les cas suivants :
- l'attribution de subventions publiques pour la construction, l'extension ou la transformation du gros œuvre d'un bâtiment n'est possible que si le maître d'ouvrage apporte, dans le dossier d'autorisation des travaux, la preuve de la prise en compte des règles d'accessibilité. A l'achèvement des travaux d'un bâtiment qui ont bénéficié d'une subvention, si les règles d'accessibilité ne sont pas respectées, l'autorité publique qui a accordé les subventions peut demander leur remboursement ;
- si, à l'achèvement des travaux soumis au permis de construire, le maître d'ouvrage n'est pas en mesure de fournir une attestation de prise en compte des exigences de l'accessibilité, l'autorité qui a délivré le permis, peut établir un procès verbal d'infraction qui sera adressé au procureur de la République ;
- l'autorisation d'ouverture d'un ERP peut être refusée par le préfet, si l'établissement n'a pas respecté les règles d'accessibilité ;
- le préfet peut ordonner la fermeture d'un établissement, pour le non respect des règles d'accessibilité.

➤ Les sanctions pénales

Les sanctions pénales applicables aux personnes physiques et morales qui ne respectent pas les règles d'accessibilité sont renforcées. Plusieurs niveaux de sanction sont prévus :

- des amendes de 45 000 € peuvent être exigées ; en cas de récidive, la peine peut être portée jusqu'au 75 000 € et 6 mois d'emprisonnement ;
- les personnes physiques pourront, désormais, être condamnées à des peines complémentaires d'affichage ou de diffusion de la décision prononcée, par voie de presse écrite, etc. Ces peines sont encourues, selon le cas, par les propriétaires, les maîtres d'ouvrage, les architectes, les contrôleurs techniques, les entreprises ou toute autre personne responsable de l'exécution des travaux ;
- la responsabilité des personnes morales peut également être reconnue. Les amendes peuvent, comme dans le droit commun, monter jusqu'au quintuple de celles applicables aux personnes physiques. Elles pourraient également être condamnées à une peine complémentaire d'affichage ou de diffusion par voie de presse de la décision de condamnation. Une peine complémentaire d'interdiction temporaire ou définitive d'exercer certaines professions peut être prononcée à leur encontre.

III. LES INSTANCES DE CONCERTATION

La réglementation relative aux dispositions de mise en accessibilité, fait référence à trois instances de concertation ou de consultation :

- la première est communale ou intercommunale. Créée auprès des autorités territoriales, elle a un rôle de concertation et d'échange sur toutes les actions relatives à l'accessibilité. Il s'agit de la commission communale d'accessibilité ;
- la seconde est départementale. Placée sous l'autorité du préfet, elle est une instance de consultation qui doit donner son avis sur un certain nombre de domaines, pour lesquels sa consultation est

rendue obligatoire par la loi. Il s'agit de la Commission Consultative Départementale de Sécurité et d'Accessibilité (CCDSA) ;
- la troisième est nationale. Placée auprès du ministre en charge des questions relatives aux personnes handicapées, cette instance doit être consultée sur tous les textes législatifs et réglementaires concernant les personnes handicapées. Il s'agit du Conseil National Consultatif des Personnes Handicapées (CNCPH).

1. Commission communale d'accessibilité

Au-delà des textes réglementaires qui encadrent l'organisation de la mise en accessibilité dans les agglomérations, la loi a prévu un dispositif de suivi de la situation de l'accessibilité, dans sa globalité, à l'échelon local. Ainsi, les communes de 5 000 habitants et plus, doivent créer une commission communale de l'accessibilité des personnes handicapées. Cette commission s'inscrit dans une logique plus globale qui porte sur l'accessibilité du cadre de vie, en général. Elle couvre tout le champ de « la chaîne de déplacement » et concerne les logements, les établissements recevant du public, les transports collectifs, les espaces publics, etc.

La commission communale d'accessibilité est composée notamment, des représentants de la commune, d'associations d'usagers et d'associations représentant les personnes handicapées. Elle est présidée par le maire qui fixe la liste de ses membres.

Une telle commission peut aussi, être créée au niveau intercommunal, par les communes qui le souhaitent, même si elles comptent moins de 5 000 habitants chacune. Dans les agglomérations, où la compétence en matière de transports ou d'aménagement du territoire est exercée au sein d'un établissement public de coopération intercommunale, la commission de l'accessibilité doit être créée auprès de cet établissement.

La commission communale ou intercommunale de l'accessibilité est chargée de dresser un constat de l'état d'accessibilité du cadre bâti, de la voirie, des espaces publics et des transports dans la commune (ou dans les communes, dans le cas d'une commission intercommunale), et de faire toute proposition utile, de nature à améliorer la mise en accessibilité de l'existant. La commission a un rôle consultatif et ne dispose pas, elle-même, de pouvoir de décision ou de coercition. Toutefois, le recours à ses connaissances et à son expertise pourra être sollicité en tant que de besoin, par exemple lors de l'élaboration des schémas directeurs de transport et de l'annexe « accessibilité » des plans de déplacements urbains.

La commission accessibilité est également chargée d'organiser un système de recensement de l'offre de logements accessibles aux personnes handicapées.

Par ailleurs, il est à souligner que la loi du 11 février 2005 a rendu obligatoire la réalisation d'une évaluation des mesures de mise en accessibilité des logements neufs. Cette évaluation, qui doit être menée avant le 12 février 2008, soit trois ans après sa promulgation, a pour objectif de vérifier l'impact financier de ces mesures sur les loyers et si nécessaire, d'envisager les réponses à apporter.

2. Commission consultative départementale de sécurité et d'accessibilité

La CCDSA est l'organisme compétent, à l'échelon du département, pour donner des avis à l'autorité investie du pouvoir de police. Elle existe, depuis un décret du 8 mars 1995 qui a institué sa création, par arrêté préfectoral, dans chaque département. Elle est présidée par le préfet qui nomme ses membres à l'exception des représentants des collectivités territoriales qui sont nommés par leurs instances représentatives.

Parmi les différents domaines, pour lesquels cette commission est consultée par le préfet, se trouvent notamment ceux relatifs :
- ***à la sécurité*** contre les risques d'incendie et de panique dans les établissements recevant du public et dans les immeubles de grande hauteur, notamment dans les domaines suivants :
  - la prévention et la prévision des risques de toute nature,
  - l'élaboration du plan ORSEC ou des plans d'urgence,
  - les mesures prévues pour la sécurité du public et l'organisation des secours lors des grands rassemblements ;
- ***à l'accessibilité*** aux personnes handicapées des établissements recevant du public, des installations ouvertes au public, de la voirie

et de l'habitation, en cas de demande de dérogations aux règles d'accessibilité.

Le décret du 21 décembre 2006, pris en application de la loi du 11 février 2005, a renforcé les missions et les compétences des CCDSA. Il en a également modifié la composition en augmentant ses membres, afin de renforcer la présence des organisations ou des associations concernées par l'accessibilité. Ainsi, sont présents au sein de la CCDSA, quatre représentants des associations de personnes handicapées du département et, en fonction des affaires traitées, trois membres représentent les propriétaires et gestionnaires de logements, les propriétaires et exploitants d'établissements recevant du public, ou les maîtres d'ouvrage et gestionnaires de voirie ou d'espaces publics. Le chef du service départemental de l'architecture et du patrimoine est membre de cette commission, avec voix consultative.

Au titre de l'accessibilité, la CCDSA est chargée d'émettre un avis sur les demandes d'autorisation de travaux ou de dérogations, ou de procéder à la visite des ERP et IOP, au regard des règles d'accessibilité pour les personnes handicapées.

Le préfet peut également décider de créer des commissions d'accessibilité d'arrondissement, intercommunales ou communales avec les mêmes compétences. En pratique, ce sont les sous-commissions départementales pour l'accessibilité, dont la création est prévue par la réglementation, qui examinent, par délégation, les dossiers les plus courants.

Le mode de consultation et des travaux de la CCDSA et de ses commissions spécialisées sont encadrés par la réglementation qui prévoit, notamment en ce qui concerne l'accessibilité, des délais au delà desquels l'avis de la commission est réputé favorable[4].

La CCDSA doit transmettre annuellement, un rapport d'activité au Conseil Départemental Consultatif des Personnes Handicapées (CDCPH). Ce rapport évalue les incidences de l'application de la loi relative à l'accessibilité. Il a pour objectif de rendre compte au CDCPH des conditions dans lesquelles, elle et les commissions dépendant d'elle, ont formulé leurs avis et ont notamment instruit

[4] Décret n° 95-260 du 8 mars 1995 modifié par le décret n° 2006-1089 du 30 août 2006, relatif à la commission consultative départementale de sécurité et d'accessibilité.

les demandes de dérogation. Le Conseil Départemental Consultatif des Personnes Handicapées, pour sa part, intègre ces éléments dans son rapport annuel qu'il transmet au Conseil National Consultatif des Personnes Handicapées.

3. Conseil national consultatif des personnes handicapées

Institué par la loi du 17 janvier 2002 relative à la modernisation sociale et renforcé, dans ses missions, par la loi du 11 février 2005, le Conseil National Consultatif des Personnes Handicapées (CNCPH) joue un rôle de tout premier plan dans le dispositif de concertation relatif au handicap. Placé auprès du ministre en charge de cette question, ce conseil a pour mission d'assurer la participation des personnes handicapées à l'élaboration et à la mise en œuvre des politiques qui les concernent, notamment par les avis qu'il émet sur les projets de loi et de textes réglementaires. Le CNCPH est composé de 65 membres représentant les collectivités territoriales, les associations représentatives des personnes handicapées ou leurs familles, les organisations professionnelles et l'Etat. Il est l'interlocuteur principal des pouvoirs publics en matière de consultation sur les politiques engagées en direction des personnes handicapées. Il s'appuie sur les Conseils Départementaux Consultatifs des Personnes Handicapées (CDCPH) qui sont placés auprès des préfets de départements. Les CDCPH élaborent, chaque année, un rapport d'activité qui est transmis par le Préfet au CNCPH. Ces deux instances, nationale et départementale, jouent un rôle important dans les modalités de concertation sur les dispositions relatives à l'accessibilité. Il est expressément établi par la loi, que tous les textes réglementaires concernant le cadre bâti sont soumis à l'avis du CNCPH, avant publication. Par ailleurs, les CDCPH doivent rassembler chaque année, un rapport, émanant des CCDSA et faisant une évaluation, comme nous l'avons vu plus haut, des incidences de l'application de la loi relative à l'accessibilité.

Titre 2.

Déplacements et espaces publics

L'espace public est un trait d'union entre deux lieux dans la Cité. Il permet à chacun de se déplacer et de l'emprunter, par ses propres moyens, comme à pied, en bicyclette, en fauteuil roulant, en voiture ou par des moyens collectifs, comme le transport en commun. Chacun le pratique selon ses possibilités et ses difficultés, avec ou sans encombrements, pour aller d'un endroit à l'autre : rentrer chez soi, aller à l'école ou au spectacle, faire ses courses, etc. Ce sont autant d'activités qui peuvent être rendues possibles si l'espace public et si les moyens de transports qui le desservent sont accessibles.

Jusqu'à une date récente, le principe d'accessibilité était pris en compte séparément, pour chacun des composants du cadre bâti, des transports et de la voirie, sans prendre en compte l'ensemble du processus de déplacement. Encore aujourd'hui, les ruptures dans « la chaîne de déplacement » sont fréquentes, notamment par ce que les solutions relèvent de multiples autorités : la voirie est aménagée par la municipalité qui se charge également de l'installation des mobiliers, des abris bus, des aménagements de trottoirs etc., le transport public relève de gestionnaires spécifiques, et les bâtiments sont des domaines privés. Désormais, la loi du 11 février 2005, en instaurant le principe de « la chaîne de déplacement » accessible, impose la continuité de l'accessibilité, entre le cadre bâti et les moyens de transports.

L'article 45 de la loi du 11 février 2005, établit que « la chaîne de déplacement », comprend le cadre bâti, la voirie, les aménagements des espaces publics, les systèmes de transport et leur inter-modalité. Il précise que tout obstacle le long de « la chaîne de déplacement » doit être levé pour permettre son accessibilité, dans sa totalité, aux personnes handicapées ou à mobilité réduite. Elle garantit, par ses textes d'application, la continuité dans le principe d'accessibilité en rendant compatibles les différentes règles de construction et d'aménagement relatives aux services de transport collectif, à la voirie et au cadre bâti. L'organisation de « la chaîne de déplacement » se traduit, en particulier, par l'élaboration des documents de planification ou de programmation introduits par la loi, qui permettent de définir les modalités de mise en accessibilité des différentes composantes de cette chaîne. Ainsi, la loi institue deux dispositifs :

– le schéma directeur d'accessibilité des services de transports ;
– le plan de mise en accessibilité de la voirie et des espaces publics.

Chapitre 1

Transports publics

➤ Principales références réglementaires

- Loi n° 82-1153 du 30 décembre 1982 d'orientation des transports intérieurs modifiée par la loi du 11 février 2005.
- Article 45 et 46 de la loi n° 2005-102 du 11 février 2005.
- Décret n° 2006-138 du 9 février 2006 relatif à l'accessibilité du matériel roulant affecté aux services de transport public terrestre de voyageurs.
- Directive nationale du 13 avril 2006 d'application de la loi 2005-1-2 du 11 février 2005 pour l'accessibilité des services de transport public terrestres de personnes handicapées et à mobilité réduite.
- Arrêté du 3 mai 2007 relatif aux transports en commun de personnes.
- Arrêté du 3 août 2007 modifiant l'arrêté du 2 juillet 1982 relatif aux transports en commun de personnes qui intègre les dispositions de l'arrêté du 3 mai 2007.

➤ Quelques définitions

Personnes à mobilité réduite : ce terme désigne toutes les personnes ayant des difficultés pour utiliser les transports publics, telles que, par exemple, personnes handicapées (y compris les personnes souffrant de handicaps sensoriels et intellectuels et les personnes en fauteuil roulant), personnes handicapées des membres, personnes de petite taille, personnes transportant des bagages lourds, personnes âgées, femmes enceintes, personnes ayant un caddie et personnes avec enfants (y compris enfants en poussette).

- **Les services de transport concernés**

Les transports publics concernés sont ceux qui sont précisés par l'article 7-II de la loi n° 82-1153 du 30 décembre 1982 d'Orientation des Transports Intérieurs (LOTI) qui indique que l'Etat et, dans la limite de leurs compétences, les collectivités territoriales ou leurs groupements organisent les transports publics réguliers de personnes et peuvent organiser des services de transport à la demande. L'exécution des services occasionnels de transport public routier de personnes, considérés comme activités à caractère touristique ou commercial, n'est pas concernée. La loi distingue différents niveaux territoriaux de compétences :

- ***Les services de transports urbains*** organisés à l'intérieur des périmètres de transports urbains définis en application de l'article 27 de la LOTI. Les services de transports urbains relèvent, selon le cas, de communes, de groupements de communes ou de syndicats mixtes. Les transports scolaires à l'intérieur des périmètres de transports urbains relèvent également, en principe, de la responsabilité de l'autorité organisatrice urbaine sauf délégation au département (art. L. 213-11 et L. 213-12 du Code de l'éducation).
- ***Les services de transports non urbains d'intérêt départemental***. Ils relèvent du Conseil général, hors périmètre de transports urbains. Ils comprennent des services réguliers et des services à la demande de transport routier, y compris les transports scolaires définis à l'article L. 213-11 du Code de l'éducation. En font également partie les services routiers de substitution aux services ferroviaires non inscrits au plan de transport régional (article 29 du décret n° 85-891 du 16 août 1985) et les services d'intérêt national organisés et mis en œuvre par les départements par délégation de l'Etat (article 31 du décret du 16 août 1985). Enfin, les départements ont la faculté d'exploiter des infrastructures de transports ferrés ou de transports guidés non urbains en application de l'article 18-1 de la LOTI.
- ***Les services de transport d'intérêt régional***. Ces services relèvent du Conseil régional et comprennent les services routiers réguliers non urbains d'intérêt régional mentionnés à l'article 29 de la LOTI et à l'article 30 du décret 85-891 du 16 août 1985 ; les services ferroviaires régionaux effectués sur le réseau ferré national dans le cadre d'une convention passée entre la Région

et la SNCF ; les services routiers effectués en substitution aux services ferroviaires sus-mentionnés définis à l'article 1er du décret n° 2001-1116 du 27 novembre 2001 relatif aux transferts de compétences en matière de transports collectifs d'intérêt régional.

• Les autorités responsables

La mise en œuvre des dispositions législatives concerne :

- L'ensemble des autorités organisatrices de transport public au sens de la LOTI, autorités organisatrices de transports publics urbains (AOTU), Syndicat des Transports d'Ile-de-France (STIF), autorités responsables de l'organisation des transports départementaux et régionaux et l'Etat pour les services de transport routier non urbains prévus à l'article 29-I de la LOTI, la SNCF pour les services nationaux en qualité de responsables de l'élaboration des schémas directeurs d'accessibilité des services de transports qu'ils organisent.
- L'établissement « Réseau Ferré de France » en tant que maître d'ouvrage des opérations d'investissement sur le réseau ferré national.
- Les communes ou les établissements publics de coopération intercommunale pour l'élaboration du plan de mise en accessibilité de la voirie et des espaces publics ainsi que pour la constitution d'une commission communale ou intercommunale.
- Les communes ou les établissements publics de coopération intercommunale ainsi que les syndicats mixtes compétents en matière d'organisation des transports publics urbains pour le volet accessibilité des plans de déplacements urbains.
- Les autorités organisatrices de transport ou, le cas échéant, les entreprises procédant à l'acquisition de matériels roulants affectés à l'exécution du service public des transports de personnes. N'entrent pas dans le champ d'application des dispositions de l'article 45 de la loi du 11 février 2005, les véhicules affectés aux services occasionnels de transport public routier de personnes, qui ne relèvent pas des activités de service public au sens de l'article 7-II de la LOTI.

Transport en commun de personnes : il désigne le transport de passagers au moyen d'un véhicule à moteur qui comporte plus de 9 places assises y compris celle du conducteur.

Véhicules de transport en commun affectés aux services de transport public : ils désignent les autobus et les autocars, définis à l'article R. 311-1 du Code de la route, affectés à des services réguliers ou à la demande. Les services publics à la demande de transport routier de personnes sont des services collectifs offerts à la place, déterminés en partie en fonction de la demande des usagers et dont les règles générales de tarification sont établies à l'avance, et qui sont exécutés avec des véhicules définis par la réglementation (articles 25 et 26 du décret n° 85-891 du 16 août 1985).

Les « autobus » comportent plus de neuf places assises y compris celle du conducteur. Par leur construction et leur aménagement, ils sont affectés au transport en commun de personnes et de leurs bagages. Il s'agit des véhicules conçus et aménagés pour être exploités exclusivement à l'intérieur d'un périmètre de transports urbains. A la demande des « autorités organisatrices de transports » concernées, le préfet peut, après avis du ou des départements concernés, autoriser la circulation des autobus sur des voies situées à l'extérieur d'un périmètre de transports urbains. Ces véhicules ont des sièges, ainsi que des places destinées à des voyageurs debout ; ils sont agencés pour permettre les déplacements des voyageurs correspondant à des arrêts fréquents. Au sens des textes communautaires, ces véhicules sont de classe I.

Autobus de faible capacité : désigne un autobus dont le nombre de passagers ne dépasse pas 22, sans compter le conducteur. Au sens des textes communautaires, ces véhicules sont de classe A.

Les « autocars » sont des autobus affectés au transport de personnes sur de longues distances. Il s'agit des véhicules à moteur conçus et aménagés pour le transport en commun de personnes principalement assises. Au sens des textes communautaires, ces véhicules sont de classes II ou III.

Autocar de faible capacité : désigne un autocar ne comportant pas de places debout et dont le nombre de passagers ne dépasse pas 22, non compris le conducteur. Au sens des textes communautaires, ces véhicules sont de classe B.

Les « autobus ou autocars articulés » : désignent les autocars ou les autobus qui sont composés d'un élément avant et d'un élément arrière communiquant avec le premier et articulé derrière lui de manière permanente.

I. PLANIFICATION DE LA MISE EN ACCESSIBILITÉ

Dans un délai de dix ans, à compter de la date de publication de la loi, soit le 12 février 2015, les services de transports collectifs doivent se mettre en mesure d'assurer l'accessibilité pour les personnes handicapées et à mobilité réduite. Pour atteindre cet objectif, plusieurs outils de planification, accompagnés de moyens d'évaluation et de consultation, sont prévus par le législateur, qui sont les suivants :

- le schéma directeur d'accessibilité des services de transports collectifs ;
- le plan de déplacement urbain, notamment son annexe « accessibilité » ;
- la commission communale ou intercommunale pour l'accessibilité des personnes handicapées ;
- la participation des associations représentatives de personnes handicapées dans les instances de concertation.

1. Le schéma directeur d'accessibilité

L'obligation de la mise en accessibilité des réseaux de transports collectifs incombe aux autorités organisatrices de transports publics. A cette fin, dans un délai de trois ans à compter de la publication de la loi, les autorités compétentes pour l'organisation des transports publics, le Syndicat des transports d'Ile-de-France et, en l'absence d'autorité organisatrice, l'Etat, doivent élaborer un schéma directeur d'accessibilité des services de transports publics. Cette obligation est également élargie aux exploitants des aérodromes et aux gestionnaires de gares maritimes.

Le schéma directeur a pour objectif d'assurer la mise en accessibilité de ces services aux termes du délai de dix ans fixé par la loi. C'est un document de programmation des opérations de mise en accessibilité qui définit et précise, conformément au principe de progressivité prévu par la loi, les diverses modalités, selon lesquelles l'obligation d'accessibilité sera remplie par les différents types ou catégories de services de transports. Il est élaboré sur la base d'un état des lieux, en matière d'accessibilité des services et des réseaux qui font partie du schéma directeur. Il comprend notamment, le diagnostic des conditions d'accessibilité des gares de transport qui sont des établissements recevant du public (ERP).

Le schéma directeur d'accessibilité :

- fixe la programmation de la mise en accessibilité des services et réseaux de transports ;
- définit les modalités de cette mise en accessibilité, pour les différents types de transports :
  - aménagement et équipement des installations d'accès aux véhicules,
  - dispositions concernant les matériels roulants,
  - les mesures d'exploitation et d'organisation des services,
  - les correspondances et les échanges entre les différentes lignes de transports publics ;
- établit les éventuels cas de dérogations et définit les services de substitution qui seront mis en place, dans le délai de trois ans, à compter de l'approbation du schéma directeur par l'autorité organisatrice de transport ;
- prévoit la programmation des investissements à réaliser et des mesures d'organisation à mettre en œuvre, dans le délai de dix ans, prévu par la loi, pour la mise en accessibilité des services de transports collectifs. Il définit également, les objectifs en matière de fonctionnement des dispositifs de mise en accessibilité des services de transports et les conditions de maintenance qui en découlent ;
- envisage les conditions de sa mise à jour dans les cas où des évolutions technologiques permettraient d'apporter des solutions aux impossibilités techniques avérées identifiées initialement.

Ce schéma est élaboré par l'autorité organisatrice de transport dans le cadre d'une consultation organisée avec l'ensemble des acteurs concernés et principalement les associations représentatives de personnes handicapées.

Pour mémoire

L'autorité organisatrice des transports publics

Les politiques locales de déplacements sont de la compétence des autorités organisatrices des transports définies par la loi n° 82-1153 du 30 décembre 1982 d'Orientation des Transports Intérieurs (LOTI).
L'ensemble des autorités organisatrices de transports publics au sens de la LOTI, sont les autorités organisatrices de transports publics urbains (AOTU), comme le Syndicat des Transports d'Ile-de-France (STIF), les autorités responsables de l'organisation des transports départementaux et régionaux et l'Etat pour les services de transport routier non urbains prévus à l'article 29-I de la LOTI, la SNCF pour les services nationaux en qualité de responsables de l'élaboration des schémas directeurs d'accessibilité des services de transports qu'ils organisent. L'élaboration et la mise en œuvre de la politique globale des transports en France sont assurées conjointement par l'Etat et les collectivités territoriales concernées dans le cadre d'une planification décentralisée. Elle est confiée, par la loi d'orientation des transports intérieurs (la LOTI), à une autorité organisatrice des transports. Ces autorités sont les collectivités territoriales chargées de la gestion des déplacements des personnes sur le territoire. Ville, agglomération, département, région, possèdent en fonction de leur organisation, la compétence d'organisateur des transports publics.

2. Le plan de déplacements urbains

La loi du 11 février 2005, introduit l'obligation de la prise en compte de l'accessibilité dans les Plans de Déplacements Urbains (PDU) par des modifications apportées à la loi du 30 décembre 1982 d'orientation des transports intérieurs. Ces modifications concernent plus particulièrement :

- ***les objectifs des PDU*** : désormais, les PDU doivent intégrer, parmi leurs objectifs, l'amélioration de l'accessibilité des réseaux de transports publics aux personnes handicapées ou à mobilité réduite. Cette obligation s'applique également aux mesures d'aménagement et d'exploitation que les PDU prévoient ;

- ***une annexe d'accessibilité*** : une annexe particulière est créée dans les PDU pour traiter de la question de l'accessibilité. Cette annexe, indique les mesures d'aménagement et d'exploitation à mettre en œuvre, afin d'améliorer l'accessibilité des réseaux de transports publics aux personnes handicapées et à mobilité réduite, ainsi que le calendrier de réalisation correspondant. Ces mesures peuvent reprendre, en tant que de besoin, les éléments figurant dans les schémas directeurs d'accessibilité des services de transports collectifs. Le PDU intègre, par ailleurs, le plan de mise en accessibilité de la voirie et des aménagements des espaces publics établi par les collectivités territoriales. Ce plan est présenté dans le chapitre consacré à la voirie ;
- ***la concertation*** : les associations représentant les personnes handicapées ou à mobilité réduite sont consultées, à leur demande, pour l'élaboration du projet de PDU afin de mieux prendre en compte leurs besoins.

Pour mémoire

Le plan de déplacements urbains

Il définit les principes de l'organisation des transports de personnes et de marchandises, de la circulation et du stationnement, dans le périmètre de transports urbains. Il vise à assurer un équilibre durable entre les besoins en matière de mobilité et de facilité d'accès, d'une part, et la protection de l'environnement et de la santé, d'autre part. Il a comme objectif un usage coordonné de tous les modes de déplacement. Il précise les mesures d'aménagement et d'exploitation à mettre en œuvre, afin de renforcer la cohésion sociale et urbaine et d'améliorer l'accessibilité des réseaux de transports publics aux personnes handicapées ou à mobilité réduite ainsi que le calendrier des décisions et réalisations. Il comporte une annexe particulière traitant de l'accessibilité. Cette annexe indique les mesures d'aménagement et d'exploitation à mettre en œuvre, afin d'améliorer l'accessibilité des réseaux de transports publics aux personnes handicapées et à mobilité réduite, ainsi que le calendrier de réalisation correspondant. *(Article 28 de la loi du 30 décembre 1982 d'orientation des transports intérieurs.)*

3. Accessibilité des services de transports

La loi précise les conditions économiques, sociales et environnementales dans lesquelles le système de transports intérieurs doit prendre en compte les besoins des usagers. Ces besoins sont satisfaits par la mise en œuvre des objectifs de limitation ou de réduction des risques, accidents, nuisances sonores et environnementales et dans le respect des droits de tout usager, y compris les personnes handicapées et les personnes à mobilité réduite, de se déplacer et la liberté d'en choisir les moyens.

Les usagers de transports publics doivent pouvoir se déplacer dans les conditions raisonnables d'accès, de qualité et de prix, ainsi que de coût pour la collectivité. Dans cet esprit, la loi prévoit la possibilité d'instaurer des mesures particulières en faveur des personnes handicapées et à mobilité réduite et de leurs accompagnateurs.

Il convient de souligner que l'application de ces dispositions est de portée générale, et que les mesures prévues par la loi, ne sauraient ouvrir droit à compensation[1]. En effet, l'article L. 114-4 du Code de l'action sociale et des familles, introduit par la loi du 30 juin 1975, invite les pouvoirs publics à prendre des dispositions nécessaires afin de prévoir l'adaptation des services de transport collectif ou l'aménagement progressif des normes de construction des vèhicules de transport collectif et les conditions d'accès à ces véhicules, ou alors faciliter la création et le fonctionnement de services de transports spécialisés pour les personnes handicapées.

II. CHAMP D'APPLICATION

Les dispositifs relatifs à l'accessibilité des services et des réseaux de transports publics s'appliquent aux différents types ou catégories de moyens de transports. Ils concernent les transports ferrés,

[1] Directive d'application des mesures relatives à l'accessibilité des services de transport public terrestres de personnes handicapées et à mobilité réduite. Directive nationale du 13 avril 2006.

routiers, urbains ou non urbains. Les services de transports départementaux ou régionaux, les services réguliers de transports scolaires, les services publics à la demande, les transports fluviaux réguliers, les gares, les lieux d'inter-modalités, les pôles d'échanges, les interfaces entre les infrastructures et service, etc.

Les règles d'accessibilité concernent différents matériels, notamment :

– les véhicules de transport routier, autobus et autocars et les véhicules de moins de neuf places ;
– les transports guidés urbains qui sont les trains, tramways et métro ;
– les matériels ferroviaires.

Il concerne également :

– les établissements recevant du public qui sont les gares routières et ferroviaires ;
– les emplacements d'arrêt des véhicules de transports en commun, comme les arrêts de bus et de car.

III. DÉROGATIONS

Au préalable, il faut rappeler que pour le transport, comme pour le cadre bâti, la loi instaure l'obligation de l'accessibilité pour toutes les formes de handicaps. Cela signifie, que si une impossibilité de mise en accessibilité d'un système de transport pour les personnes en fauteuil roulant était avérée, l'accessibilité des autres catégories de personnes handicapées ou à mobilité réduite doit être néanmoins assurée.

Les dérogations à l'obligation de mise en accessibilité des services de transports collectifs sont limitées à deux situations :

➤ L'impossibilité technique avérée des réseaux de transports existants

Dans le cas ou l'impossibilité technique ne permet pas de mettre en accessibilité les réseaux existants, des moyens de transports adaptés doivent être mis à la disposition des personnes handicapées ou à mobilité réduite, pour répondre à leurs besoins. Ils sont organisés et financés par l'autorité organisatrice de transport compétente. Il peut s'agir :

- des services de transports de substitution : ce sont des services de transports publics accessibles qui assurent, dans des conditions analogues, la desserte d'une ligne de transport non accessible ; cela peut être, par exemple, une ligne ou un réseau d'autobus accessible ou un service de transports publics qui se substitue à la desserte d'une ligne de métro non accessible, ou un service par autocar, accessible qui se substitue à la desserte d'une ligne ferroviaire non accessible ;
- des mesures de substitution : ces mesures peuvent être de nature humaine, organisationnelle ou technique, telle que prévues dans le cas de dérogations pour impossibilité technique, en matière d'accessibilité aux établissements recevant du public, remplissant un service public.

Les moyens de substitution doivent être mis en place dans un délai de trois ans, à compter de la constatation de l'impossibilité technique de mise en accessibilité. Les situations conduisant à l'impossibilité technique avérée, doivent être déterminées dans le schéma directeur de mise en accessibilité des services de transports publics.

Les cas de dérogations peuvent notamment, concerner :

- les gares de transports publics. Dans ce cas, sont appliquées les règles relatives à l'accessibilité des établissements recevant du public ;
- les emplacements d'arrêt de véhicule de transports publics. Dans ces cas, sont appliquées les règles relatives à l'accessibilité de la voirie et des espaces publics.

Pour tenir compte des principes de non-discrimination et de solidarité nationale, voulus par le législateur, le coût du transport de substitution, pour les usagers handicapés, ne doit pas être supérieur au coût du transport public existant.

➤ Les réseaux souterrains de transports ferroviaires et de transports guidés existants

Par exception, les réseaux souterrains de transports ferroviaires et de transports guidés existant ne sont pas soumis au délai de dix ans, prévu pour la mise en accessibilité des transports publics, sous condition :

- de l'élaboration d'un schéma directeur d'accessibilité, comme prévue par la loi. Les réseaux souterrains doivent figurer dans les schémas directeurs élaborés par l'autorité organisatrice des transports ;
- de la mise en place, dans un délai de trois ans, des transports de substitution répondant aux besoins des personnes handicapées et à mobilité réduite. Ce délai court à compter de la constatation de l'impossibilité technique de mise en accessibilité par le schéma directeur d'accessibilité.

Sont concernés par ces mesures dérogatoires, notamment, le métro parisien, le RER en Ile-de-France, certains tramways, etc.

IV. DISPOSITIONS DE CONTRÔLE

Afin d'assurer le respect de mise en accessibilité et de mieux prendre en compte les besoins des personnes handicapées et à mobilité réduite, les autorités organisatrices de transports publics doivent mettre en place une procédure de dépôt de plainte en matière d'obstacles à la libre circulation des personnes à mobilité réduite. Cette disposition n'institue pas une nouvelle sanction pénale, mais ouvre la possibilité, aux personnes handicapées, de déposer une demande ou une réclamation en vue de supprimer, réduire ou compenser des obstacles à leurs déplacements.

A cet effet, un registre devra être ouvert au siège de l'autorité organisatrice de transport ou en un autre lieu porté à la connaissance du public, par les moyens de publicité appropriés, sur lesquels les personnes intéressées inscriront leur demande.

Il appartiendra à l'autorité organisatrice de transport d'informer le demandeur des suites réservées à sa requête. La possibilité d'une telle requête était déjà prévue par l'article 10 abrogé du décret n° 78-1167 du 9 décembre 1978, pour favoriser l'accessibilité aux personnes handicapées des installations ouvertes au public.

Par ailleurs, comme c'est le cas dans le domaine de cadre bâti, l'octroi des aides publiques, pour favoriser le développement des systèmes de transport collectif, est subordonné à la prise en compte des règles d'accessibilité.

V. MATÉRIEL DE TRANSPORTS COLLECTIFS

La loi stipule que tout matériel roulant, à l'occasion de son renouvellement ou lors de l'extension des réseaux, doit être accessible aux personnes handicapées ou à mobilité réduite. Cette obligation est d'application immédiate.

Le matériel de transports visé par cette obligation couvre les moyens de transports suivants :
- les véhicules routiers, comme autobus, autocars ou tous autres véhicules automobiles acquis à l'occasion de la création ou de l'extension de services publics de transports de voyageurs ou lors du renouvellement du parc utilisé pour ces services ;
- les rames de systèmes ferroviaires et de transports publics guidés, comme métro ou tramway, acquis en vue de leur mise en exploitation commerciale ou qui font l'objet d'une modification substantielle.

Tout service de transports doit se mettre progressivement en accessibilité afin, qu'au 12 février 2015, échéance fixée par la loi, les systèmes de transports collectifs soient tous accessibles. Cependant, des dérogations exceptionnelles sont prévues pour les autobus, les autocars, et le matériel ferroviaire utilisé sur des lignes régionales dans les conditions suivantes :
- l'obligation de mise en accessibilité des véhicules de transport est entré en vigueur, pour les autocars et autobus, dans les délais prévus par l'arrêté du 3 mai 2007, et pour les transports ferroviaires et guidés dans les délais prévus par les arrêtés correspondants. Par conséquent, le matériel roulant acquis avant ces

dates, n'est pas soumis à cette obligation, même si ce matériel est livré après l'entrée en vigueur de la réglementation ;
- la mise en accessibilité ne s'impose pas au matériel affecté au transport ferroviaire régional commandé avant le 9 février 2006[2], dont la décision a été prise un an, au plus tard, après la date de parution de l'arrêté d'application de cette réglementation ;
- de même, cette obligation ne s'appliquent pas au matériel ferroviaire et guidé faisant l'objet d'une modification substantielle, lorsque le marché principal le concernant a été conclu, au plus tard, un an après la date de parution de l'arrêté prévu par la réglementation.

➤ Les règles d'accessibilité

Comme pour les immeubles bâtis, l'accessibilité des personnes handicapées au matériel roulant doit être assurée dans les mêmes conditions que celles des autres catégories d'usagers et doit permettre une utilisation sans danger, avec la plus grande autonomie possible.

La conception et les équipements des moyens de transports doivent permettre aux personnes handicapées ou à mobilité réduite :
- d'effectuer les opérations de montée et de descente des véhicules de transports et de l'installation à bord ;
- de bénéficier de tous les services offerts à l'intérieur du véhicule ou de la rame, sauf cas d'impossibilité technique avérée qui donneront lieu à la mise en place de mesures de substitution ;
- de se localiser, de s'orienter et de bénéficier, en toute circonstance, de l'information nécessaire à l'accomplissement du voyage.

Les dispositions et aménagements propres à assurer l'accessibilité du matériel roulant doivent satisfaire aux obligations suivantes :
- s'il subsiste, entre le véhicule ou la rame et le trottoir ou le quai, des lacunes horizontales ou verticales non franchissables, elles sont comblées grâce à l'ajout d'équipements ou de dispositifs adéquats, à quai ou embarqués ;

[2] Date de la publication du décret n° 2006-138 du 9 février 2006.

- au moins, une porte par véhicule ou par rame permet le passage d'un fauteuil roulant ;
- les véhicules et les rames contiennent, au moins, un emplacement destiné aux personnes se déplaçant en fauteuil roulant et des sièges réservés aux passagers à mobilité réduite, à proximité des accès. L'identification de ces emplacements et sièges est clairement affichée ;
- toute information, délivrée à bord ou nécessaire au bon déroulement du voyage, est diffusée sous forme sonore et visuelle et adaptée aux capacités de perception et de compréhension des personnes handicapées et à mobilité réduite.

Règles d'exploitation des véhicules de transports publics accessibles aux personnes handicapées ou à mobilité réduite

Dispositifs fixés par l'arrêté du 3 août 2007 relatif aux transports en commun de personnes

Règles d'affichage et d'exploitation	Caractéristiques techniques pour chaque catégorie de véhicule	
	Autobus	Autocars
INFORMATIONS SONORES ET VISUELLES **a. Indication de ligne et de destination**	– Une information sonore, dominant le bruit ambiant (+ 5 dB), sur la ligne et la destination du véhicule doit être délivrée par un haut-parleur situé près de la porte avant ou par un système équivalent. Pour les véhicules de faible capacité, s'il n'y a pas de dispositif d'annonce, l'information doit être délivrée par le conducteur. – Sur la face avant du véhicule, la ligne et la destination doivent être indiquées sur un support situé, le plus bas possible au-dessus du champ de vision du conducteur ou au-dessus du pare-brise. Les lettres et les chiffres ont une hauteur minimale de 18 cm pour la destination et de 20 cm pour la ligne (10 cm pour les dimensions des lettres et chiffres des véhicules de faible capacité).	
	– Sur le côté, l'indication de ligne et de destination doit être faite sur un panneau situé entre 120 cm et 250 cm du sol en arrière de la porte avant, quand le véhicule stationne à vide sur sol horizontal, la pression de suspension étant la pression normale d'utilisation spécifiée par le constructeur. – Un deuxième panneau est placé vers la dernière double porte dans le cas d'un véhicule articulé. – Les lettres et les chiffres ont une hauteur minimale de 8 cm.	– Sur le côté, l'indication de ligne et de destination doit être donnée par des lettres et des chiffres d'une hauteur de 80 mm au minimum.
	– A l'arrière du véhicule, l'indication de la ligne doit être fournie par un panneau situé à une hauteur minimale de 80 cm du sol. L'inscription doit avoir une hauteur de 20 cm minimum (10 cm pour les véhicules de faible capacité). – Les inscriptions sont de couleurs contrastées, par rapport au fond, conformément au paragraphe « Contraste visuel ». – En cas d'affichage électronique, le panneau d'affichage est éclairé en permanence, son inclinaison et son vitrage de protection doivent garantir l'absence de reflets.	

b. Nom des arrêts	– A bord du véhicule, le nom du prochain arrêt doit être fourni, sous forme sonore et visuelle, par un équipement embarqué. L'information doit être perceptible par l'ensemble des voyageurs et notamment ceux qui occupent les sièges réservés aux personnes à mobilité réduite. Dans les véhicules de faible capacité, s'il n'y a pas de dispositifs d'annonces, l'information doit être délivrée par le conducteur. – Pour les annonces visuelles, les caractères doivent avoir une hauteur minimale de 3 cm pour les minuscules et 5 cm pour les majuscules. Sur les panneaux électroniques, le message doit rester fixe pendant au moins dix secondes. L'écriture doit être de couleur contrastée par rapport au fond.	
		– Pour les services de nuit, l'indication de l'arrêt doit être à la fois fournie sous forme visuelle et délivrée par le conducteur ou l'accompagnateur.
c. Messages de service	– En cas de lignes en fourche, de services partiels ou de perturbations, les informations doivent être fournies par l'afficheur visuel et doublées d'une annonce vocale de la destination ou du changement.	– En cas de services partiels ou de perturbations, l'information doit être fournie par une annonce vocale doublée d'un signal lumineux ou par des dispositions équivalentes.
PLANS DE LIGNE	– Les plans de ligne, placés à l'intérieur du véhicule, ont des inscriptions contrastées et des caractères, d'au moins 1 cm. Ils doivent indiquer les correspondances avec les autres modes de transport. – Doivent être mis à la disposition des voyageurs au minimum : • un plan dans les véhicules d'une longueur inférieure ou égale à 8 m ; • deux plans dans les véhicules d'une longueur 8 m et 13,5 m ; • trois plans dans les véhicules de plus de 13,5 m et les véhicules articulés. – Les informations fournies doivent être perceptibles et compréhensibles par l'ensemble des voyageurs et notamment ceux qui occupent les sièges réservés aux personnes à mobilité réduite.	

VALIDATION DE TITRE DE TRANSPORT	– La possibilité d'une validation autonome doit être offerte aux personnes handicapées. – Les valideurs ne doivent ni présenter d'arêtes vives, ni empiéter sur l'emplacement spécial prévu pour l'utilisateur de fauteuil roulant. – La zone de présentation de la carte ou la fente, pour introduire le titre, doit être située à une hauteur comprise entre 80 et 100 cm du plancher, et être identifiable par une zone de couleur contrastée par rapport à l'environnement conformément au paragraphe « contraste visuel ». – La signalisation de fonctionnement doit être visuelle et sonore selon les dispositions suivantes : • la validité du titre est donnée par un point vert ou une flèche verte. Si le titre n'est pas valable, une croix rouge s'affiche ; • un signal sonore différent est entendu selon que le titre est valable ou non.
CONTRASTE VISUEL	– Pour faciliter la détection de certains équipements et la lecture de la signalétique et des informations, un contraste visuel est nécessaire. Le choix des matériaux supports et des couleurs ainsi que la qualité d'éclairage contribuent au contraste en luminance et en couleur. – Un contraste de luminance est mesuré entre l'intensité de lumière réfléchie par l'objet et par son support direct ou son environnement immédiat, ou par l'intensité de lumière réfléchie par deux éléments de l'objet. Le contraste de luminance doit être d'au moins 70 %. Un contraste équivalent peut également être recherché d'une manière chromatique, au moyen d'une différence de couleur entre deux surfaces.
AUTRES DISPOSITIONS	– La prise en compte de la demande d'arrêt doit être fournie sous une forme sonore et visuelle. – Le dispositif d'ouverture de porte, lorsqu'il existe, doit comporter un symbole graphique d'un relief d'au moins 1 mm permettant son identification par une personne déficiente visuelle. – L'ouverture et la fermeture des portes doivent être signalées par un signale sonore.

Chapitre 2

Voirie et espaces publics

➤ Principales références réglementaires

- Article 45 de la loi n° 2005-102 du 11 février 2005.
- Décret n° 2006-1657 du 21 décembre 2006 relatif à l'accessibilité de la voirie et des espaces publics.
- Décret n° 2006-1658 du 21 décembre 2006 relatif aux prescriptions techniques pour l'accessibilité de la voirie et des espaces publics.
- Arrêté du 15 janvier 2007 relatif aux prescriptions techniques pour l'accessibilité de la voirie et des espaces publics.

I. PLAN DE MISE EN ACCESSIBILITÉ DE LA VOIRIE

La loi du 11 février 2005 stipule que dans chaque commune, quelle que soit sa taille, à l'initiative du maire ou, le cas échéant, du président de l'établissement public de coopération intercommunale compétent en matière de voirie, un plan de mise en accessibilité de la voirie et des aménagements des espaces publics est établi

Ce plan, dont la portée est élargie à tous les aménagements des espaces publics, fixe notamment, les dispositions susceptibles de rendre accessible, aux personnes handicapées et à mobilité réduite, l'ensemble des circulations piétonnes et des aires de stationnement d'automobiles, situées sur le territoire de la commune ou de l'établissement public de coopération intercommunale. Sont ainsi intégrés dans ce plan, l'aménagement de places, parcs, jardins, trottoirs, l'installation de mobiliers urbains, etc.

Le plan de voirie doit déterminer le programme des travaux de mise en accessibilité, fixer les délais de réalisation, prévoir des mesures concernant le respect des règles de stationnement et rappeler les bonnes pratiques, en matière de signalisation des obstacles au déplacement.

La loi précise que lorsqu'un plan de déplacements urbains existe, ce plan de mise en accessibilité en fait partie intégrante. L'objectif visé est d'éviter la juxtaposition ou la multiplication de plans différents, dans la même agglomération. Ainsi, une meilleure cohérence peut être assurée entre ces deux plans de planification qui sont complémentaires. Le législateur a souhaité, par ce dispositif, que soit établie une coordination renforcée entre, d'une part, les aménagements de voirie et des espace publics et, d'autre part, l'accessibilité des services de transports pour assurer effectivement, la continuité de « la chaîne du déplacement ».

L'intégration du plan de mise en accessibilité de la voirie, au plan de déplacements urbains, renforcera également son impact sur les documents d'urbanisme, voire sur les décisions des gestionnaires de voirie auxquelles il s'impose dans un rapport de compatibilité. La directive nationale du 13 avril 2006, recommande, aux autorités compétentes pour l'élaboration du schéma directeur d'accessibilité des services de transports, ainsi qu'aux autorités compétentes pour l'élaboration du plan de mise en accessibilité de la voirie et des espaces publics : de mener, autant que possible, en parallèle, l'établissement de ces documents et des mesures d'adaptation qu'ils comportent, avec le schéma directeur de mise en accessibilité des services de transports collectifs.

Le plan de voirie est élaboré, comme les autres dispositifs relatifs à l'accessibilité, en concertation avec les associations représentatives de personnes handicapées ou à mobilité réduite. Sont également associées à cette concertation, les associations représentatives des commerçants implantés sur la commune, l'autorité en charge des transports urbains et le cas échéant, l'architecte des bâtiments de France. La présence des représentants des commerçants permettrait notamment, de faciliter la prise en compte de l'accessibilité aux magasins à l'occasion des aménagements de trottoirs.

Son élaboration doit être accompagnée par des moyens d'information et de publicité, auprès des habitants de la commune et des instances consultatives. Les modalités d'information et de publicité sont encadrées par la réglementation. Il s'agit de :

- la publicité sur l'engagement de l'élaboration du plan, qui doit être assurée par un affichage, pendant un mois en mairie, et le cas échéant, au siège de l'instance intercommunale chargée de son élaboration ;
- l'information des instances de consultation qui est également organisée auprès :
  - de la commission communale ou intercommunale pour l'accessibilité des personnes handicapées dans les communes de 5 000 habitants et plus,
  - de la commission consultative départementale de sécurité et d'accessibilité (CCDSA) pour les communes de moins de 5 000 habitants,
  - du conseil départemental consultatif des personnes handicapées (CDCPH).

II. CHAMP D'APPLICATION

La loi du 11 février 2005 institue l'obligation de la « chaîne du déplacement » accessible aux personnes handicapées ou à mobilité réduite. La « chaîne du déplacement » comprend le cadre bâti, la voirie, les espaces publics et les systèmes de transport. Les modalités de mise en accessibilité de la voirie et des espaces publics sont précisées par un décret du 21 décembre 2006 et ses textes d'application, qui définissent les prescriptions techniques de mise en application.

Ainsi, pour assurer la continuité de l'accessibilité, entre le cadre bâti et les moyens de transports, telle que prévue par la loi, à partir du 1er juillet 2007, toute intervention sur l'espace public doit respecter, sous certaines conditions, les règles d'accessibilité. Sont concernés par cette obligation :
- *en agglomération*, l'aménagement des espaces publics et de l'ensemble de la voirie ouverte à la circulation publique ;
- *hors agglomération*, l'aménagement des zones de stationnement, des emplacements d'arrêt des véhicules de transport en commun et des postes d'appel d'urgence.

Ces dispositions sont applicables aux voies publiques ou privées ouvertes à la circulation publique et aux autres espaces publics, à l'occasion :
- de la réalisation de voies nouvelles ;
- d'aménagements ou de travaux ayant pour effet de modifier la structure des voies, ou d'en changer l'assiette ;
- de travaux de réaménagement, de réhabilitation ou de réfection des voies, des cheminements existants ou des espaces publics.

Cette obligation est, de rigueur, pour tous les aménagements, qu'ils soient ou non, réalisés dans le cadre d'un projet de mise en accessibilité de la voirie et des espaces publics.

Les aménagements doivent être exécutés de manière à permettre l'accessibilité des voiries et des espaces publics, aux personnes handicapées ou à mobilité réduite, avec la plus grande autonomie possible. Ils doivent satisfaire aux dispositions fixées par le décret du 21 décembre 2006, et détaillées dans l'arrêté du 15 janvier 2007 relatif aux prescriptions techniques pour l'accessibilité de la voirie et des espaces publics (cf. annexes).

Les modalités d'aménagement et d'équipement des installations, pour accès aux véhicules de transports publics, comme les arrêts de bus, leurs emplacements et leurs mobiliers, sont prévus par le schéma directeur d'accessibilité des services de transports publics que chaque agglomération est tenue d'élaborer avant le 12 février 2008.

III. DÉROGATIONS

Pour la voirie et les espaces publics, comme pour le cadre bâti, l'obligation de la mise en accessibilité est accompagnée par la possibilité de dérogations, qui peuvent être demandées dans certains cas et sous certaines conditions. Ces dérogations pourront être accordées, en cas d'impossibilités techniques constatées par l'autorité gestionnaire de la voirie ou des espaces publics en cause, et après avis de la commission consultative départementale de sécurité et d'accessibilité, consultée dans des conditions fixées par la réglementation. Ces dérogations doivent être motivées et justifiées. La

procédure de la saisine de la CCDSA est la même que pour le cadre bâti :
- la demande de dérogation est adressée au préfet, en qualité de président de la CCDSA avant approbation du projet ;
- la demande est accompagnée d'un dossier établi en trois exemplaires comprenant tous les plans et documents permettant à la commission de se prononcer sur la pertinence de la dérogation ;
- lorsque la demande de dérogation est justifiée par des contraintes liées à la protection d'espaces protégés, l'avis de l'architecte des Bâtiments de France est joint au dossier.

A défaut de réponse de la commission, dans un délai de deux mois, à compter de la date à laquelle son président a reçu la demande, l'avis demandé est réputé favorable. Si le dossier est incomplet, le président de la commission invite le demandeur, par lettre recommandée, avec accusé de réception et dans le mois suivant la réception de la demande, à fournir les pièces complémentaires. Dans ce cas, le délai d'instruction de deux mois commence à courir, à compter de la réception des pièces complétant le dossier.

IV. ESPACES PUBLICS ET ACCESSIBLES AUX DIFFÉRENTS TYPES DE HANDICAPS

Les caractéristiques techniques d'une voirie accessible sont précisées par les textes réglementaires relatifs à la mise en accessibilité de la voirie et des espaces publics, comme il a été souligné plus haut. De plus, ces textes définissent les modalités d'aménagement à respecter pour tenir compte des particularités de chaque handicap. Par exemple, afin de faciliter le déplacement des personnes déficientes visuelles – rendu souvent difficile en raison de présences de mobiliers et d'obstacles fréquents sur les voies publiques – plusieurs dispositifs réglementaires sont instaurés. Les prescriptions techniques prévues par la réglementation[1] sont, pour l'essentiel, les suivantes :

[1] Arrêté du 15 janvier 2007 relatif aux prescriptions techniques pour l'accessibilité de la voirie et des espaces publics.

➤ Pour le handicap moteur et les personnes à mobilité réduite, comme les personnes âgées

Les cheminements ne doivent pas être glissants, doivent être dégagés de tout obstacle et praticables, y compris en cas de pavés. Ils respectent des pentes, des largeurs, des ressauts, etc. qui sont définis par la réglementation.

Les places de stationnement, dont le nombre et la répartition sont fixés par la réglementation, doivent être accessibles et adaptées aux fauteuils roulants, les dispositifs de protection de leur accès sont interdits.

Les parcomètres et les postes d'appel d'urgence doivent être accessibles et conçus pour une utilisation facile.

Les points d'arrêt de véhicules de transport collectif sont aménagés, au plus près du quai d'accès ou du trottoir.

Les escaliers publics doivent respecter les règles d'accessibilité relatives à la largeur, la hauteur et le giron des marches et disposer des mains courantes dont le positionnement, la hauteur et le nombre sont réglementés.

Les panneaux signalétiques et autres systèmes d'information doivent être visibles et lisibles, de jour comme de nuit, pour des personnes en situation assise ou debout.

➤ Pour les personnes aveugles ou malvoyantes

Le mobilier urbain doit être facilement détectable.

Les passages pour piétons sont clairement identifiés avec des bandes d'éveil et de l'utilisation de contrastes visuels, qui doivent également être repérables de façon tactile, par un marquage au sol ou par une différence de revêtement de chaussée.

L'utilisation de contrastes visuels permet une meilleure détection des aménagements, équipements et mobiliers. Ces contrastes se réalisent par la luminance, le chromatisme, l'éclairage ou les matériaux.

Les feux de signalisation doivent comporter un dispositif sonore, comme des répétiteurs sonores.

Des bandes d'éveil de vigilance sont implantées au niveau des points d'arrêts des transports guidés, comme le train, le métro ou le tramway, sur toute la longueur.

➤ Pour les personnes sourdes ou malentendantes

Les moyens d'information sonores sont doublés par des messages visuels, et sont conçus pour permettre aux personnes déficientes auditives de les utiliser.

La communication avec des postes d'appel d'urgence doit permettre un retour d'information visuel.

➤ Pour les personnes handicapées mentales

La signalétique et les systèmes d'information doivent être compréhensibles par tous, notamment par les personnes handicapées mentales. Par exemple, les commandes utilisables par le public sont identifiées par des pictogrammes, les escaliers et autres équipements sont signalés par idéogrammes, etc.

La communication avec les postes d'appel d'urgence doit être recevable et interprétable par les personnes handicapées mentales qui sont en mesure de les utiliser.

V. CARACTÉRISTIQUES TECHNIQUES D'UNE VOIRIE ACCESSIBLE[2]

➤ Cheminements

Le sol des cheminements est créé ou aménagé avec un revêtement stable non glissant et ne doit comporter aucun obstacle. Il présente une pente, la plus faible possible et comporte le minimum

[2] Décret n° 2006-1658 du 21 décembre 2006 relatif aux prescriptions techniques pour l'accessibilité de la voirie et des espaces publics.

de ressauts. Lorsque ceux-ci ne peuvent être évités, ils comportent des bords arrondis ou chanfreinés. La pente transversale est la plus faible possible. Toute dénivellation importante peut être franchie par un plan incliné, dont les caractéristiques minimales sont définies par arrêté.

Les chemins piétonniers ont une largeur suffisante et dégagée de tout obstacle pour permettre aux piétons de se déplacer en sécurité, à pied, en fauteuil roulant, avec ou sans canne, etc. Ils sont clairement identifiés par rapport au reste de la voirie au moyen d'un contraste visuel et d'un repérage, tactile ou autre. Ils sont repérables par les personnes handicapées, notamment les personnes aveugles ou malvoyantes, qu'elles soient ou non assistées par un animal. Des bandes d'éveil de vigilance sont implantées aux endroits des traversées pour piétons. Le cheminement est aménagé pour permettre l'usage et la traversée des espaces publics, y compris des voies ou espaces pavés. Lorsque les trottoirs et zones piétonnes comportent des « bateaux », ceux-ci comportent des ressauts aux bords arrondis ou chanfreinés.

Le mobilier urbain, en particulier les bornes et poteaux, y compris lorsqu'ils sont implantés en porte-à-faux, est aisément détectable par les personnes aveugles ou malvoyantes.

La signalétique et les autres systèmes d'information sont accessibles aux personnes handicapées.

➤ Stationnement

Lorsque des places de stationnement sont matérialisées sur le domaine public, au moins 2 % de l'ensemble des emplacements de chaque zone de stationnement, arrondis à l'unité supérieure, sont accessibles et adaptés aux personnes circulant en fauteuil roulant. Si cet aménagement fait partie d'un projet global de stationnement, le nombre de places réservées est calculé sur la base de l'ensemble des emplacements prévus au projet. Au-delà de cinq cents places, le nombre de places aménagées est fixé par arrêté municipal sans pouvoir être inférieur à dix. Les emplacements réservés sont librement accessibles. Leur agencement doit permettre à toute personne de rejoindre le trottoir ou le cheminement pour piétons sans danger et sans rencontrer d'obstacle. Les parcmètres et autres systèmes d'accès sont facilement accessibles et utilisables par les personnes handicapées physiques. Ils sont installés, au plus près des places de stationnement réservées.

➤ Feux de signalisation

Les feux de signalisation lumineuse équipant les passages pour piétons doivent comporter un dispositif qui permet aux personnes aveugles ou malvoyantes de connaître les périodes durant lesquelles il est possible de traverser les voies de circulation.

➤ Emplacements d'arrêt de véhicules de transport collectif

Toute création ou tout aménagement d'un emplacement d'arrêt de véhicules de transport collectif est conçu, conformément au schéma directeur d'accessibilité des services de transports, pour faciliter l'accès des personnes handicapées à ces véhicules ainsi que leur embarquement. L'aménagement des points d'arrêt doit permettre l'arrêt des véhicules de transport collectif au plus près du quai ou du trottoir sur toute leur longueur. L'accès des piétons n'est pas entravé par l'implantation de mobilier urbain. Dans le cas de systèmes de transports guidés par rail, la sécurité des personnes aveugles ou malvoyantes est assurée par l'implantation de bandes d'éveil de vigilance.

➤ Postes d'appel d'urgence

Les postes d'appel d'urgence et leurs abords sont conçus pour être utilisés par les personnes handicapées, notamment celles qui circulent en fauteuil roulant et les personnes sourdes ou malentendantes.

Titre 3.

Formation, communication et expression citoyenne

Chapitre 1

Formation des professionnels

La mise en œuvre des dispositions relatives à l'accessibilité nécessite une bonne connaissance, d'une part des textes réglementaires et, d'autre part, des besoins générés par les différents types de handicaps. Que signifie concrètement la mise en accessibilité d'un lieu, d'un équipement ou d'un service ? Comment faciliter l'accès d'une personne déficiente auditive ou visuelle aux moyens de communication et d'information ou à l'usage des équipements ? Comment permettre à une personne handicapée mentale de se repérer dans l'espace et de se déplacer sans encombre et perturbation ? Pour répondre à ces questions, le législateur a estimé nécessaire de prévoir une formation à l'accessibilité, afin de donner un outil de connaissance aux acteurs de la conception et de la construction. En effet, une formation adaptée semble nécessaire, pour introduire la notion de l'accessibilité dans la formation des futurs professionnels du cadre bâti.

➤ Principales références réglementaires

- Article 41-V de la loi n° 2005-102 du 11 février 2005.
- Décret n° 2007-436 du 25 mars 2007 relatif à la formation à l'accessibilité du cadre bâti aux personnes handicapées.

I. UNE FORMATION PLURIDISCIPLINAIRE

Jusqu'à une période encore très récente, le thème de l'accessibilité faisait rarement partie du programme pédagogique des écoles d'architecture. C'est depuis l'entrée en vigueur, en juillet 2005, d'une nouvelle disposition réglementaire concernant l'organisation des diplômes d'architecture que ce thème est inscrit dans le cursus, au nombre des domaines d'études des élèves en architecture. L'article 7 de l'arrêté[1] du 20 juillet 2005 relatif aux cycles de formation des études d'architecture, précise que « *Les enseignements du projet architectural et du projet urbain et des disciplines qui concourent à l'architecture s'articulent autour de domaines d'études et de problématiques qui prennent en compte le rapport des formes architecturales aux contextes, aux échelles, aux fonctions, aux usages, aux techniques et aux temporalités.* »

Le principe d'un enseignement qui s'intéresse à la question du rapport des formes architecturales aux usages et aux fonctions, tels que définis dans cette réglementation, répond en effet, au souci de la prise en compte des exigences de l'accessibilité dans la construction.

Cependant, encore aujourd'hui, l'accessibilité n'est conçue qu'à travers une approche physique de la question et plus particulièrement, sous forme d'aménagements ou d'équipements destinés à faciliter le déplacement des personnes en fauteuil roulant. Il s'avère donc essentiel d'ouvrir l'enseignement à tous les aspects de l'accessibilité et à toutes les formes de handicaps qui peuvent être, certes physiques, mais aussi, mentales, cognitives ou psychiques. L'accessibilité, sous ses multiples aspects, facilite le déplacement et la participation des personnes handicapées aux différentes activités, et permet d'améliorer, d'une manière plus globale, l'accès et l'usage de tous les citoyens, qu'ils soient en petites ou grandes difficultés. En d'autres termes, l'accessibilité est l'affaire de tous. Nombres de spécialistes préconisent désormais, de considérer le principe d'accessibilité comme un moyen d'améliorer la qualité d'usage des espaces de vie pour tous et non, comme éléments de réponses ponctuelles aux besoins des personnes handicapées. C'est ce principe qui a guidé l'esprit de la nouvelle réglementation relative à la formation des études d'architecture. Les responsables des formations sont appelés à concourir à la prise en compte de la qualité d'usage dans les différentes disciplines de l'architecture et de l'aménagement urbain.

---

[1] Arrêté du 20 juillet 2005 relatif aux cycles de formation des études d'architecture conduisant au diplôme d'études en architecture conférant le grade de licence et au diplôme d'Etat d'architecte conférant le grade de master.

En effet, l'arrêté du 20 juillet 2005, introduit la notion de « qualité d'usage » dans la formation des architectes, en précisant : « *Les constructions et l'aménagement de nos villes doivent intégrer le plus en amont possible une démarche de développement de qualité d'usages pour tous, établie à partir de critères minimum de mobilité et de perception indispensables à certains d'entre nous, en fonction de leurs différences spécifiques. Il s'agit d'assurer à chaque usager une utilisation sans inconvénients de l'espace, de répondre aux besoins de perception, de commodité, de fluidité, de simplicité... en un mot d'accessibilité pour tous sur les plans physiques, sensoriels et mentaux.* »

Mais, l'architecture n'est pas la seule discipline à former des professionnels de cadre bâti. D'autres cursus sont également concernés, notamment ceux formant des professionnels, qui par leur métier, peuvent, conditionner la qualité d'usage du cadre de vie. Un nombre important d'écoles, d'universités et d'organismes de formation ont, ainsi, un rôle déterminant à jouer pour conduire les futurs professionnels à introduire le principe d'accessibilité dans leurs missions respectives, en tant que décideurs, concepteurs ou réalisateurs. Pour parvenir à une telle généralisation, la loi du 11 février 2005 [2] a estimé que la mise en application concrète des mesures relatives à l'accessibilité nécessite un accompagnement préalable par une formation obligatoire à l'accessibilité, dès la formation initiale.

Cette loi précise que « *la formation à l'accessibilité du cadre bâti aux personnes handicapées est obligatoire dans la formation initiale des architectes et des professionnels du cadre bâti.* »

La loi introduit, par cette disposition, deux notions : la notion « cadre bâti » et la notion « professionnel du cadre bâti » qui sont définies, à l'occasion de l'examen des textes d'application de la loi par le Conseil d'Etat, dans ces termes :

« *Professionnel du cadre bâti* » – Pour répondre aux besoins de l'accueil et de l'accès des personnes handicapées, la loi a pris des dispositions pour étendre son champ d'application non seulement aux architectes et constructeurs du bâtiment, mais à tous

[2] Article 41-V de la loi n° 2005-102 du 11 février 2005.

ceux qui participent à la chaîne de conception jusqu'à la réalisation d'un équipement, d'un aménagement, d'un bâtiment, d'une installation, etc.

« *Cadre bâti* » – Cette notion se base sur deux critères, celui de la nature des lieux et celui de la nature des aménagements :
- la nature des lieux concerne : les locaux d'habitation, les lieux de travail, les établissements recevant du public et les installations ouvertes au public ;
- la nature des aménagements concerne : les dispositions architecturales, les aménagements et les équipements intérieurs et extérieurs.

Cette analyse permet de constater qu'au titre du « cadre bâti », la loi ne vise pas uniquement les constructions couvertes, mais aussi les espaces non couverts, ouverts au public, ainsi que les équipements et les aménagements liés à ces espaces. Les équipements et les installations qui meublent ces lieux sont également pris en compte dans le champ du « cadre bâti », dès lors qu'ils sont incorporés dans l'espace. Exemple : un écran de vidéo, dans un lieu public, devient un élément du cadre bâti, dès lors qu'il est scellé à un mur.

Cette précision est nécessaire pour comprendre la raison pour laquelle par exemple, la formation concernant l'aménagement des espaces naturels ou la formation des « designers » de mobiliers sont retenues au nombre des cursus qui doivent sanctionner une formation à l'accessibilité. Ce principe recouvre la possibilité, pour toute personne handicapée, non seulement d'accéder à un bâtiment et d'y circuler, mais également d'y recevoir les informations et les prestations qui sont offertes. Il permet également, d'assurer la continuité de l'accessibilité entre le cadre bâti, l'espace public, la voirie et le transport en commun.

Le décret[3], qui fait application des dispositions de la loi dans ce domaine, fixe la liste des diplômes et des formations concernés. Sont ainsi visés les diplômes qui, depuis le CAP (les certificats d'aptitude professionnelle) jusqu'au doctorat, sanctionnent des formations relatives à la construction, à l'aménagement de l'espace

---

[3] Décret n° 2007-436 du 25 mars 2007 publié au Journal officiel du 27 mars 2007.

public, à l'utilisation des matériaux, à la conception et à l'installation des mobiliers urbains, à l'équipement d'intérieur, à l'utilisation de l'image et du son comme moyens de communication en direction de certaines catégories de personnes handicapées.

Les dispositions de ce décret entrent en application à partir du 1er janvier 2009, date à laquelle la formation à l'accessibilité sera rendue obligatoire dans toutes les disciplines concernées.

II. LES DIPLÔMES ET DISCIPLINES ASSUJETTIS À LA FORMATION À L'ACCESSIBILITÉ

➤ Les diplômes

Deux catégories de diplômes sont visées :
- les diplômes ou titres délivrés par l'Etat ou en son nom ;
- les diplômes ou titres enregistrés au répertoire national des certifications professionnelles.

Dans les deux cas, il s'agit des diplômes ou des titres à finalité professionnelle, délivrés au nom de l'Etat, créés par décret et organisés par arrêté des ministres compétents. Ces diplômes et titres sont obtenus par les voies scolaires, universitaires, ou par l'apprentissage. En d'autre terme, la liste des diplômes visés est très cadrée mais, elle couvre tous les niveaux et toutes les spécialités de diplômes. Le répertoire national des certifications professionnelles est un registre officiel, sur lequel figure la liste des diplômes et des titres à finalité professionnelle classée par domaine d'activité et par niveau. « *Le répertoire national des certifications professionnelles a pour objet, de tenir à la disposition des personnes et des entreprises une information constamment à jour sur les diplômes et les titres à finalité professionnelle ainsi que sur les certificats de qualification (...)* »[4].

[4] Article R. 335-12 et suivants du Code de l'éducation.

➤ Les disciplines concernées

La réglementation énumère les domaines disciplinaires concernés par l'obligation de formation à l'accessibilité, par référence à la nomenclature des spécialités de formation. Cette nomenclature, fixée par décret, est une liste officielle des domaines de formation sur laquelle se base l'Etat pour catégoriser les diplômes reconnus. Elle est une référence « *utilisée dans les textes officiels, décisions, documents, travaux et études ainsi que dans les systèmes informatiques des administrations. Elle sert pour déterminer les métiers, groupes de métiers ou types de formations destinés à être certifiés au répertoire national des certifications professionnelles...* »[5].

La nomenclature des spécialités de formation est divisée en quatre domaines :

1. Domaines disciplinaires.
2. Domaines technico-professionnels de la production.
3. Domaines technico-professionnels des services.
4. Domaines du développement personnel.

La formation à l'accessibilité concerne les disciplines qui se trouvent dans les trois premiers domaines de cette nomenclature. Le quatrième, concerne les domaines de services aux personnes qui n'incluent pas de professionnels en rapport avec un métier du cadre bâti. En effet, sont retenues, à travers les trois domaines disciplinaires, les professions, dont la spécificité est la conception ou la réalisation de bâtiments, de lieux spécialement aménagés pour être ouverts au public, ainsi que des installations et équipements immobiliers susceptibles d'y être incorporés. Ce choix est fait sur la base du principe énoncé par la réglementation : « *est considéré comme accessible aux personnes handicapées tout bâtiment ou aménagement permettant, dans les conditions normales de fonctionnement, à des personnes handicapées, avec la plus grande autonomie possible, de circuler, d'accéder aux locaux et équipements, d'utiliser les équipements, de se repérer, de*

---

[5] Décret n° 94-522 du 21 juin 1994 portant approbation de la Nomenclature des spécialités de formation.

communiquer et de bénéficier des prestations en vue desquelles cet établissement ou cette installation a été conçu. Les conditions d'accès des personnes handicapées doivent être les mêmes que celles des personnes valides ou, à défaut, présenter une qualité d'usage équivalente »[6]. Ces conditions sont, bien évidemment, différentes selon le handicap. Comme par exemple sont concernés notamment :

- **le handicap moteur** : pour les dispositions architecturales, l'aménagement du bâtiment ou de l'espace, etc ;
- **le handicap sensoriel** : pour les moyens de communication audio et visuels qu'il faut installer ;
- **le handicap mental** : pour la signalétique, le choix des matériaux adaptés, etc. qui pourront apporter des réponses en terme d'accessibilité.

Les domaines retenus par la réglementation tiennent ainsi compte de ces spécificités et du principe de l'accessibilité.

Quelques exemples sont donnés ci-après, pour comprendre le lien entre les domaines disciplinaires sélectionnés par la réglementation, et la prise en compte de l'accessibilité des personnes handicapées dans le cadre bâti.

[6] Article R. 111-18-1 du Code de la construction et de l'habitation.

Domaines disciplinaires concernés par la formation à l'accessibilité

Disciplines	Spécialités	Domaines concernés par l'accessibilité
Lettres et arts	Arts plastiques	Les diplômes d'arts appliqués à la communication et à l'audiovisuel pour répondre aux besoins en accessibilité des personnes handicapées sensorielles. L'accessibilité des déficients sensoriels aux prestations offertes par un établissement ou une installation publique se concrétise par la mise en place des moyens de communication audio ou visuels adaptés.
	Arts et design, art et patrimoine, art et communication	Les domaines relatifs au patrimoine et à la communication. Ce choix vise la prise en compte de l'accessibilité, par exemple, dans les monuments historiques qui doivent se conformer, avant 2015, aux dispositions prévues par la loi, ou pour les patrimoines culturels et artistiques, exposés au public, qui doivent également être accessibles à tous les types de handicap. Ceci peut être le cas pour les théâtres, les opéras, les salles de spectacle, etc. qui, en tant qu'établissement recevant du public (ERP), doivent utiliser des moyens de communication adaptés, pour être accessibles aux personnes handicapées sensorielles.
Agriculture, pêche, forêt et espaces verts	Forêt, espaces naturels	Sont retenues les formations relatives à la gestion et à l'aménagement des espaces naturels. Par exemple : les parcs et jardins sont des installations ouvertes au public, leur accessibilité est une obligation découlant de la loi.
	Aménagement paysager	Sont pris en compte les formations relatives à l'aménagement des parcs, jardins, espaces verts, terrains de sport, etc.

Transformations	Agro-alimentaires, alimentation, cuisine	Il s'agit principalement des formations qui concernent l'aménagement et la gestion des équipements en industries agro-alimentaires.
	Matériaux de construction, verre, céramique	Ces disciplines sont tout particulièrement concernées, car l'utilisation des matériaux adaptés peut faciliter l'accessibilité dans beaucoup de cas. Exemple : permettre aux personnes atteintes d'un handicap moteur de se déplacer sans encombre, d'améliorer l'acoustique ou la visibilité pour les déficients auditifs ou visuels, de faciliter la perception et l'orientation dans l'espace pour les personnes handicapées mentales et dans certains cas, psychiques, etc.
	Energie, génie climatique	Sont retenues, par exemple, les formations portant sur l'installation et le montage des sanitaires dont l'adaptation aux besoins des personnes handicapées est réglementée par la loi.
Génie civil, construction, bois	Spécialités pluri-technologiques, génie civil, construction, bois	Sont visées tous les diplômes, titres et certifications qui concernent les domaines de la construction.
	Mines et carrières, génie civil, topographie	Ces disciplines visent les formations relatives aux travaux publics et aux aménagements de la voirie et des réseaux. Par exemple : l'aménagement des trottoirs et des espaces publics contribue pleinement à l'accessibilité de la chaîne de déplacements et peut faciliter l'accès de certains commerces.
	Bâtiment construction et couverture	Toutes les disciplines dans ces domaines sont concernées.
	Bâtiment finitions	Toutes les disciplines dans ces domaines sont concernées.
	Travail du bois et de l'ameublement	Sont notamment concernées, les formations relatives à l'agencement, à la conduite des travaux et de chantier, à la décoration et à la fabrication de meubles (l'agencement d'un espace et l'utilisation des mobiliers adaptés contribuent à l'amélioration de l'accessibilité).

Mécanique, électricité, électronique	Spécialités pluri-technologiques, mécanique, électricité	Les formations relatives aux installations électriques. Une installation électrique correctement adaptée peut répondre aux exigences de l'accessibilité de plusieurs types de handicap, notamment moteurs et sensoriels (dont les moyens de communication nécessitent une installation adaptée).
	Electricité, électronique	Les formations destinées aux concepteurs et aux installateurs des outils de nouvelles technologies. Par exemple, dans le cas des ERP, l'accessibilité pour certains types de handicap peut être facilitée par l'utilisation de nouvelles technologies comme moyens de communication.
Echanges et gestion	Transports, manutention, magasinage	Les formations relatives au transport et au contrôle, et à l'organisation du transit de personnes (une partie importante de transports publics se fait à travers des enceintes qui sont des ERP, comme les gares, les stations de métro, etc.).
Communication et information	Spécialités plurivalentes de la communication et de l'information	Les formations spécialisées dans la communication et l'information, afin de répondre aux exigences de l'accessibilité prévues par la loi, pour certains types de handicaps, notamment le déficient sensoriel et mental.
	Techniques de l'image et du son	Les formations portant sur les techniques de conception de l'image et du son. L'accessibilité des personnes handicapées sensorielles, par exemple dans les ERP, dépend des moyens de communication mis en place. Ces moyens utilisent les techniques de l'image et du son qui doivent prendre en compte les besoins spécifiques de ces personnes.
Services à la collectivité	Aménagement du territoire, développement, urbanisme	Toutes les formations relatives à l'aménagement et à la conception de l'espace sont concernées par l'obligation de mise en accessibilité.
	Développement et protection du patrimoine culturel	Sont notamment prises en compte les formations sur la conception et l'aménagement des musées et sur la mise en valeur et la protection des monuments historiques. Les musées et les monuments historiques doivent, comme tous les ERP, se mettre avant 2015, aux normes de l'accessibilité.
	Nettoyage, assainissement, protection de l'environnement	Sont visées les formations portant sur la conception de l'environnement, qu'il s'agisse de l'environnement du bâtiment, de l'espace public ou de l'espace vert, quand sont concernées par les installations ouvertes au public.

Sources : Décret n° 2007-436 du 25 mars 2007.

III. EXEMPLES DE DIPLÔMES CONCERNÉS

Les domaines disciplinaires, précités dans le tableau ci-avant, ne sont pas tous, concernés par la formation à l'accessibilité. Par exemple, pour les diplômes d'ingénieur de travaux publics, ne sont concernées que, les spécialités qui relèvent notamment des domaines du bâtiment, des transports et de l'urbanisme. Par contre, pour le diplôme d'architecture, toutes les spécialités de formations sont retenues. La liste de ces diplômes et spécialités est fixée par arrêté ministériel. Ci-après, est dressée une liste non exhaustive des différentes catégories de diplômes, au sein desquels une partie ou la totalité des formations sont concernées par l'obligation d'une formation à l'accessibilité :

- les BAC professionnels, les BAC techniques, les certificats d'aptitude professionnelle (CAP), les certificats techniques, les brevets d'études professionnels, les brevets des métiers d'art, les brevets techniques ;
- les diplômes délivrés par l'Assemblée des Chambres Françaises de Commerce et d'Industrie (ACFCI), les Chambres de Commerce et d'Industrie (CCI) ; l'Assemblée Permanente des Chambres des Métiers (APCM) ;
- certains diplômes universitaires (licence, maîtrise,...) ;
- les diplômes d'architecture ;
- les diplômes de l'Ecole Nationale Supérieure de Création Industrielle ;
- les diplômes en arts décoratifs, arts plastiques, expression plastique, ... ;
- les diplômes des paysagistes ;
- les diplômes de l'école nationale des ponts et chaussées ;
- les diplômes de l'école nationale des travaux publique de l'Etat ;
- les diplômes de l'école nationale des techniciens de l'équipement ;
- les diplômes des écoles nationales des travaux agricoles ;
- les diplômes d'ingénieur de l'Institut national agronomique.

La formation à l'accessibilité doit s'intégrer dans la formation générale de ces différentes écoles et universités. Cependant, cette généralisation dépend du type, de la spécificité, et du niveau du diplôme. Par exemple, si pour les diplômes d'architecture, la formation à l'accessibilité doit s'intégrer, tout au long du cursus, à tous les niveaux et dans toutes les matières enseignées, on peut estimer que, pour une formation de CAP maçon, cet enseignement peut être dispensé sous forme d'un cours dédié à l'accessibilité.

La formation à l'accessibilité est dispensée à partir d'un référentiel fixé par la réglementation. Ce référentiel est un socle commun qui présente un contenu de formation générale, adaptable par chaque spécialité et chaque niveau d'enseignement. Il s'ajuste en fonction des besoins de la formation, et comporte des informations sur les différents types de handicaps, notamment sur la nature des besoins générés par chaque forme de handicap. Il spécifie le concept de l'accessibilité, pour toute perte d'autonomie et explique les dispositions générales de l'accessibilité qui conduisent à intégrer les besoins de tous, y compris ceux des personnes âgées.

La réglementation sur l'accessibilité est devenue complexe du fait de la prise en compte de tous les types de handicaps et de l'intégration de tous les espaces publics et de leurs équipements dans le mode de production. Son application peut devenir compliquée, dès lors qu'elle est considérée comme une démarche supplémentaire à engager dans le processus de conception et de réalisation. La formation à l'accessibilité a pour rôle, d'une part, de simplifier l'appréhension des textes juridiques et, d'autre part, de sensibiliser les professionnels à la question de l'accessibilité qui ne concerne pas uniquement les personnes handicapées, mais toute la population qui, peut être, à un moment ou un autre, concernée soit en raison de l'âge, soit en raison de maladies ou d'accidents par cette question.

Chapitre 2

Accès aux moyens de communication

« La loi du 11 février 2005 pour l'égalité des droits et des chances, la participation et la citoyenneté des personnes handicapées et ses textes d'application constituent une réforme profonde dont le but premier est de changer le regard que la société porte sur le handicap ainsi que la considération dans laquelle elle tient la personne handicapée. Comme le souligne Patrick GOHET, Délégué interministériel aux personnes handicapées, cette réforme a été demandée par les citoyens concernés et leurs organisations, et voulue par l'Etat. Elle a été concertée avec les intéressés et l'ensemble de la société civile, comme rarement cela a été fait. Elle est mise en œuvre par tous les acteurs. Cette réforme engage et doit mobiliser toute la Cité, toutes sensibilités et toutes activités confondues. »

« Si cette politique répond largement aux attentes et aux besoins des personnes handicapées, elle se situe également au cœur des aspirations de tout citoyen, quels que soient ses origines, sa condition, ses convictions et son état physique et mental : connaitre la sécurité sous toutes ses formes (physique, alimentaire, sanitaire, écologique, sociale, économique...), être autonome (c'est-à-dire disposer du moyen de faire ses choix et de se réaliser, en observant les obligations auxquelles tout membre du corps social est tenu) et vivre dans la dignité, autrement dit, respecté des autres et disposant de moyens d'existence qui permettent l'épanouissement individuel et l'harmonie collective. » [1]

Tel est le but de cette loi qui vise la participation et la citoyenneté des personnes handicapées. La communication accessible se place au premier plan pour contribuer à ce que chaque personne, quel que soit son handicap, puisse trouver sa place dans la société.

[1] Bilan de la mise en œuvre de la loi du 11 février 2005 et de la mise en place des maisons départementales des personnes handicapées. Patrick Gohet, juillet 2007, Délégation interministérielle aux personnes handicapées.

➤ Principales références réglementaires

- Articles 41, 47, 74, 76 et 78, de la loi n° 2005-102 du 11 février 2005.
- La loi n° 86-1067 du 30 septembre 1986 relative à la liberté de communication.

I. LES MOYENS DE COMMUNICATION AU SERVICE DE L'ACCESSIBILITÉ

La communication est écrite, visuelle ou orale. Elle se fait en directe ou par des moyens intermédiaires, comme le courrier, le journal, le téléphone, la radio, la télévision, etc. Les nouvelles technologies de l'information et de communication contribuent désormais, à faciliter cette communication, lorsque celle-ci est altérée par la présence d'un handicap ou d'une déficience sensorielle. Mais il s'impose, au préalable, que ces nouveaux moyens de communication, ainsi que leurs contenus, soient accessibles. C'est pourquoi, l'accessibilité aux moyens de communication est devenue, aujourd'hui une obligation légale.

Effectivement, la loi du 11 février 2005, fait de l'accès aux nouvelles technologies un droit principal, au même titre que l'accès au cadre bâti et aux transports. C'est ainsi que l'on constate que le chapitre III du titre IV de la loi, consacré à l'accessibilité, est intitulé : « *accessibilité du cadre bâti, des transports et des nouvelles technologies* », et que plusieurs dispositions sont fondées par cette loi, pour faciliter la communication et l'accès aux nouvelles technologies des personnes, notamment avec une déficience sensorielle, comme par exemple dans les domaines suivants :

• Accessibilité du cadre bâti

« Pour faciliter l'accessibilité, il peut être fait recours aux nouvelles technologies de la communication ... ». *(article 41 de la loi)*

• Accès à internet

« Les services de communication publique en ligne des services de l'Etat, des collectivités territoriales et des établissements publics qui en dépendent, doivent être accessibles aux personnes handicapées. L'accessibilité des services de communication publique en ligne concerne l'accès à tout type d'information, sous forme numérique, quels que soient le moyen d'accès, les contenus et le mode de consultation. Les recommandations internationales pour l'accessibilité de l'Internet doivent être appliquées pour les services de communication publique en ligne. » *(article 47 de la loi)*

• Accès aux programmes de la télévision

« Des proportions substantielles des programmes qui, par des dispositifs adaptés et en particulier aux heures de grande écoute, sont accessibles aux personnes sourdes ou malentendantes. Pour les services dont l'audience moyenne annuelle dépasse 2,5 % de l'audience totale des services de télévision, cette obligation s'applique, dans un délai maximum de cinq ans, suivant la publication de la loi n° 2005-102 du 11 février 2005, à la totalité de leurs programmes, à l'exception des messages publicitaires. » *(article 74 de la loi)*

• Accès à la justice

« Devant les juridictions administratives, civiles et pénales, toute personne sourde bénéficie du dispositif de communication adapté de son choix. Ces frais sont pris en charge par l'Etat. Lorsque les circonstances l'exigent, il est mis à la disposition des personnes déficientes visuelles une aide technique leur permettant d'avoir accès aux pièces du dossier, selon des modalités fixées par voie réglementaire. Les personnes aphasiques peuvent se faire accompagner devant les juridictions par une personne de leur choix ou un professionnel, compte tenu de leurs difficultés de communication liées à une perte totale ou partielle du langage. » (*article 76 de la loi*)

• **Communication publique**

« Dans leurs relations avec les services publics, qu'ils soient gérés par l'Etat, les collectivités territoriales ou un organisme les représentant, ainsi que par des personnes privées chargées d'une mission de service public, les personnes déficientes auditives, bénéficient à leur demande, d'une traduction écrite simultanée ou visuelle de toute information orale ou sonore les concernant, selon des modalités et un délai fixés par voie réglementaire. Le dispositif de communication adapté peut notamment prévoir la transcription écrite ou l'intervention d'un interprète en langue des signes française ou d'un codeur en langage parlé complété. Un décret prévoit également des modalités d'accès des personnes déficientes auditives aux services téléphoniques d'urgence. » *(article 78 de la loi)*

II. ACCÈS À LA COMMUNICATION NUMÉRIQUE

Le principe de communication numérique s'est développé avec le progrès des nouvelles technologies et en particulier avec l'utilisation généralisée de l'outil informatique et le développement de l'internet. Les nouvelles technologies, avec leur évolution récente, représentent un potentiel important pour faciliter l'accès des personnes handicapées, mais aussi des personnes âgées et de celles qui ont des difficultés de lecture, de compréhension ou de vision, aux informations et à la communication. Elles concernent un nombre important de moyens, dont l'utilisation permet à ces personnes d'accéder à de multiples services. C'est le cas du développement de services de traduction en langue des signes en ligne, de la bibliothèque numérique, de la numérisation des livres scolaires et universitaires, de l'utilisation de la téléphonie mobile ou fixe pour communiquer et du réseau numérique pour accéder aux sites Web, etc.

Les moyens de communication numérique permettent d'avoir accès à un ensemble de services qui, jusqu'à maintenant, étaient inaccessibles pour certaines catégories de personnes. Lire ses courriers, écrire, communiquer et échanger avec d'autres personnes, faire ses courses, commander son billet de train, etc. sont autant d'actes qui facilitent la vie quotidienne de certaines personnes en situation de handicap. Par exemple, la personne sourde qui ne peut pas communiquer avec un service social, peut le faire par l'internet, la personne aveugle ou déficiente visuelle peut lire des livres numérisés, la personne handicapée moteur peut utiliser l'internet pour commander ses courses, la personne âgée qui éprouve des difficultés à se déplacer peut gérer son compte en banque, de chez elle, via internet, etc.

Ce sont autant d'exemples qui montrent la place des nouvelles technologies dans la vie des personnes qui ont des difficultés à communiquer. Mais, force est de constater que, dans certains cas, sans adaptation, ces outils de communication peuvent devenir un facteur d'exclusion supplémentaire pour elles. C'est pourquoi, il est important de mettre en œuvre des dispositifs d'accompagnement, afin d'organiser l'accessibilité de ces moyens de communication. Ces dispositifs sont multiples et peuvent concerner le matériel, mais aussi le service.

Dans le cas de communication numérique, en particulier de l'internet, le service doit pouvoir être utilisé par tous les équipements comme, par exemple, à partir d'un terminal braille, d'un dispositif de synthèse ou de commande vocale pour les déficients visuels, ou d'un système de transformation de son, en texte, pour les personnes malentendantes.

III. COMMUNICATION PUBLIQUE EN LIGNE

Le système de communication en ligne concerne les différents moyens et canaux utilisés, notamment électronique, téléphonique et télévisuel. Autrement dit, tous les moyens de communication publiques, comme l'internet, le téléphone et ses services d'information, les numéros verts, les appels d'urgence et autres systèmes de téléservices, l'utilisation de la messagerie, la télévision, etc. sont concernés.

L'accessibilité numérique garantit un traitement égalitaire par l'accès de tous aux moyens de communication. C'est pourquoi, la loi a rendu obligatoire, l'accessibilité des moyens de communication publique en ligne. Désormais, la création de tout service de communication publique en ligne est subordonnée au respect des règles d'accessibilité. Pour les services existants, deux délais sont prévus pour la mise en application de cette obligation. Un délai de deux ans est accordé aux services de l'Etat et aux établissements publics qui en dépendent et un délai de trois ans aux services des collectivités territoriales et de leurs établissements publics, afin de mettre leurs services de communication en ligne, en conformité avec les règles d'accessibilité.

Au terme de ces délais, les instances concernées sont tenues de faire une déclaration de conformité relative à leur service de communication publique en ligne. En cas d'absence de déclaration ou de non respect des règles, l'Etat ou son représentant met en demeure l'autorité concernée de se mettre en règle, dans un délai qui ne peut excéder six mois. Passé ce délai, les services de communication publique en ligne, qui ne se sont pas mis en conformité, peuvent être inscrits sur une liste de sites non conformes.

Afin d'assurer la mise en application de ce dispositif, deux outils sont prévus par la réglementation. L'un concerne la formation. Aussi, il est envisagé d'intégrer un module relatif à l'accessibilité aux formations initiales et continues du personnel intervenant sur les services de communication publique en ligne. Un tel dispositif a pour objectif de donner aux concepteurs des moyens de communication, les éléments de connaissance nécessaires pour créer des services numériques accessibles, à partir des différents matériels et moyens de communication. L'autre outil, concerne un référentiel commun d'accessibilité qui est proposé aux concepteurs, fournisseurs ou intégrateurs de service, éditeurs de logiciels, etc. afin de leur permettre de développer et d'évaluer les sites Web et les services intranet et internet de l'administration publique.

Dans le cadre d'une démarche internationale, un référentiel d'accessibilité des sites Web a été adopté depuis 2004, en France. Ce référentiel[2], vient d'être réactualisé pour tenir compte des dispositions prévues par la nouvelle réglementation concernant l'accessibilité de la communication publique en ligne et devient le « Référentiel Général d'Accessibilité pour les Administrations »

[2] http://www.rgaa.referentiels.modernisation.gouv.fr/.

(RGAA). Il définit les règles techniques, sémantiques, organisationnelles et ergonomiques, que doivent respecter les systèmes de communication, pour être accessibles. Les règles contenues dans ce référentiel concernent les différents types de handicaps et prévoient différents niveaux d'accessibilité. Il propose un mode de déploiement progressif visant à diffuser les règles qui permettront de rendre accessibles les services Web publics, les services d'information en téléphonie numérique et les programmes de la télévision pour les chaînes de services publics.

Ce référentiel est élaboré sur la base des recommandations du standard « Word Wide Web »[3]. Le consortium « Word Wide Web » (W3C) réunit, depuis 1997, les principaux acteurs mondiaux du réseau internet. Il a mis en place un groupe nommé « Web Accessibility Initiative (WAI) » qui a élaboré, depuis 1999, plusieurs recommandations concernant l'accessibilité des sites Web reconnus par l'Europe en 2002. Ces recommandations fixent, à travers 14 points, les critères que les sites Web doivent respecter pour être accessibles, et définissent trois niveaux de conformité à l'accessibilité par priorité :

1. Les critères que les sites Web doivent impérativement respecter.
2. Les critères recommandés pour réduire les obstacles dans l'accès au site.
3. Les critères qui améliorent le confort d'utilisation.

Le niveau de conformité à l'accessibilité des sites est mesuré en fonction du respect de ces trois critères :

- niveau A : le site respecte les critères retenus par la priorité 1 ;
- niveau AA : le site respecte les critères retenus par les priorités 1 et 2 ;
- niveau AAA : le site respecte l'ensemble des trois critères 1, 2 et 3.

On estime que dans les pays de l'Union Européenne, le niveau minimum d'accessibilité des sites Web se situe au niveau AA.

La prise en compte de ce standard international et des règles communes qui en découlent, permet d'éviter l'exclusion de certaines

[3] « Web Content Accessibility Guidelines » (WCAG) : www.w3.org.

catégories de personnes de l'accès à l'information. La définition adoptée par le W3C concernant l'accessibilité, va dans ce sens : « Mettre le Web et ses services à la disposition de tous les individus, quel que soit leur matériel ou logiciel, leur infrastructure réseau, leur langue maternelle, leur culture, leur localisation géographique, ou leurs aptitudes physiques ou mentales. »

IV. COMMUNICATION À DISTANCE

Avec l'évolution des nouvelles technologies, plusieurs modes de communication à distance sont aujourd'hui disponibles, tel que le courriel, la messagerie instantanée, le texto, le visiophone, le webcam... Cependant, le téléphone est encore le moyen de communication à distance le plus performant et le plus utilisé. Toutefois, il reste, en l'état actuel de la situation en France, inaccessible aux personnes sourdes et difficile d'accès aux personnes malentendantes et à certaines personnes malvoyantes.

➤ Appels d'urgence

L'utilisation du téléphone permet d'accéder à trois types de communications :
- communications vers un centre d'urgence (pompiers, SAMU...) ;
- communications vers un service public (Sécurité sociale, école...) ;
- communications personnelles (avec la famille, réservation de billets...).

Dans le cas des communications publiques vers un centre d'urgence, la loi du 11 février 2005, fixe les modalités de leur mise en accessibilité et prévoit la création d'un centre relais qui acheminera les appels d'urgence donnés par des personnes sourdes et malentendantes. Il s'agit d'un centre national de réception et d'orientation des demandes de ces personnes, qui leur permettra d'accéder, en permanence, aux numéros d'appel d'urgence. Ce centre national de relais sera interconnecté avec les centres d'appel d'urgence des services publics et doté d'un numéro d'appel téléphonique unique et gratuit. Comme pour tous les appels d'urgence,

l'opérateur téléphonique se chargera d'acheminer, gratuitement les appels d'urgence des personnes déficientes auditives. La définition de l'appel d'urgence est donnée par la réglementation. Il s'agit des appels à destination des numéros d'appel d'urgence des services publics[4] pour :
- la sauvegarde des vies humaines (urgence médicale...) ;
- des interventions de police ;
- la lutte contre l'incendie ;
- l'urgence sociale

Les installations du centre national de relais, telles que définies par la réglementation, permettront de réceptionner toute demande émanant d'une personne déficiente auditive, quel que soit le moyen de communication téléphonique ou informatique utilisé. Le centre national de relais bénéficiera des moyens nécessaires à la traduction simultanée de toute information écrite, sonore ou visuelle concernant le demandeur, notamment la transcription écrite ou l'intervention d'un interprète en Langue des Signes Française (LSF, reconnue désormais, par la loi du 11 février 2005, langue officielle) ou d'un codeur en Langage Parlé Complété (LPC). Le centre, pourvu des opérateurs spécialisés, doit assurer le relais entre la personne déficiente auditive et le service d'urgence demandé. L'interconnexion permet, par ailleurs, les transferts réciproques d'appels et la conférence téléphonique ou visuelle entre les centres d'appel d'urgence. Un tel dispositif intéresse un nombre important de personnes qui, à tout âge, pourraient être concernées par une déficience auditive. Cependant, il suppose que toutes les personnes malentendantes soient équipées des appareils de visiophone ou de transcription de texte par un équipement téléphonique adapté ou par un équipement numérique.

Dans le cas des communications téléphoniques vers les services publics ou pour toutes les autres communications, le même système pourrait se généraliser pour acheminer les appels des personnes sourdes ou malentendantes. Il pourrait prendre la forme d'un ou de plusieurs centres relais téléphoniques décentralisés. Une organisation similaire à celle qui est prévue pour la prise en charge des appels d'urgence pourrait être envisagée. Mais, plusieurs problèmes se posent actuellement, notamment, en ce qui concerne le financement de tels centres et la prise en charge du coût des appels, ainsi

[4] Article D. 98-8 du Code des postes et des télécommunications électroniques.

que l'équipement des personnes concernées. L'évolution rapide des nouvelles technologies, le progrès permanent de la communication numérique et la mobilisation du milieu associatif[5] apporteront, sans doute, dans les prochaines années, les réponses concrètes et adaptées à ces questions.

➤ Téléphonie mobile

Plus de 53 millions de Français utilisent le téléphone mobile qui est considéré, aujourd'hui, comme un moyen d'autonomie, d'insertion et de sécurité pour tous, notamment pour les personnes ayant une déficience. Le téléphone mobile facilite l'accès des personnes handicapées à de nombreux services et représente un outil de communication désormais, devenu indispensable. Mais, il peut également devenir un moyen d'exclusion s'il n'est pas adapté à l'usage de ces personnes, en fonction de leur handicap. Les personnes handicapées peuvent représenter un potentiel non négligeable de clientèle, à condition que les appareils mobiles et leurs services soient accessibles. C'est dans cet objectif que les opérateurs de téléphonie mobile, ont signé, en 2005, une charte d'engagement pour faciliter l'accès des personnes handicapées à la téléphonie mobile. Par cette charte, les opérateurs se sont engagés collectivement, pour renforcer leurs politiques d'offres et de services aux personnes handicapées et les inscrire dans la durée. Cette charte, qui est la première à être signée par un secteur d'activité, a été élaborée avec le concours des représentants des personnes handicapées et porte sur les engagements suivants[6] :

1. Proposer un téléphone mobile adapté pour les personnes handicapées : chaque opérateur mobile s'engage à sélectionner, dans sa gamme de téléphone mobile, le ou les appareils les mieux adaptés à certains handicaps. Cette sélection est réalisée à partir de critères commun aux opérateurs mobiles, en collaboration avec des personnes handicapées et leurs associations.

---

[5] Notamment, UNISDA – Union Nationale pour l'Insertion Sociale du Déficient Auditif, présidé par Jérémie Boroy.

[6] Association Française des Opérateurs Mobiles (AFOM) – Charte d'engagement pour faciliter l'accès des personnes handicapées à la téléphonie mobile, avril 2005.

2. Développer l'offre de services destinés à favoriser l'autonomie des personnes handicapées en s'engageant à :
- poursuivre le développement de services spécifiques destinés aux personnes handicapées ;
- promouvoir, dans ses documentations commerciales, les services et options pouvant répondre à des attentes particulières des personnes handicapées.

3. Informer le grand public des offres destinées aux personnes handicapées. Chaque opérateur mobile s'est engagé à faire connaître largement le contenu de ses offres, afin d'améliorer non seulement l'information des personnes handicapées, mais aussi celle de leur environnement social. Les opérateurs mobiles utilisent dans leurs communications les pictogrammes relatifs aux déficiences auditives, aux déficiences visuelles, aux déficiences motrices, aux déficiences d'élocution et aux déficiences mentales.

4. S'inscrire durablement dans une démarche de progrès. Cela nécessite pour les opérateurs de :
- renforcer, par le dialogue et la concertation avec les principales associations représentatives, ses actions vis-à-vis des personnes handicapées ;
- tirer le meilleur parti des innovations technologiques et les mettre à disposition des personnes handicapées ;
- travailler à l'amélioration de l'accueil des personnes handicapées, notamment dans ses réseaux de distribution propriétaires ;
- informer chaque année sur l'avancement des actions engagées pour la promotion de l'accessibilité de la téléphonie mobile aux personnes handicapées.

Par cette charte et suite à leurs engagements, les opérateurs de téléphonie mobile ont amélioré, depuis 2005, leurs services pour répondre aux besoins spécifiques exprimés par chaque type de handicap.

L'accessibilité au téléphone mobile dépend, d'une part, des services mis en place par l'opérateur et disponible sur le téléphone, comme le système de SMS qui peut être écrit ou dicté spécifiquement pour les personnes mal voyantes. D'autre part, cette accessibilité dépend de l'appareil et de ses fonctionnalités. C'est pourquoi il faut veiller à sélectionner les appareils les mieux adaptés aux différentes typologies de handicap.

Services de téléphonie mobile accessible par type de handicap

Handicap auditif et déficience d'élocution		Services adaptés au téléphone mobile
SMS	→	Permet des communications écrites
Image vidéo associée à la communication	→	Permet des communications en langage des signes
Site internet de l'opérateur	→	Permet d'accéder à l'information de l'opérateur et de gérer son abonnement, sans communication orale

Handicap visuel		Services adaptés au téléphone mobile
Logiciel de vocalisation	→	Permet la vocalisation des fonctions du téléphone, comme le répertoire, SMS, ou les services proposés sur les portails mobiles des opérateurs
SMS dictés	→	Permet de dicter les SMS à un serveur
Factures et documentation en braille	→	Permet d'accéder à l'information de l'opérateur
Rubriques dédiées et adaptées	→	Permet d'accéder à l'information de l'opérateur et gérer sur le site de l'opérateur son abonnement

Handicap moteur		Services adaptés au téléphone mobile
Logiciel de vocalisation	→	Permet de piloter le téléphone par des commandes vocales et de limiter les manipulations

Pour être utilisables par les personnes handicapées, les appareils de téléphonie mobile doivent répondre à des critères bien déterminés. Ces critères de sélection sont régulièrement réactualisés, notamment en fonction des évolutions technologiques. Trois catégories de critères sont à retenir pour définir l'accessibilité d'un appareil mobile :

Critères de base : permettant de déterminer l'accessibilité des téléphones mobiles selon le handicap ;

Critères de confort : concernent les aides supplémentaires que peut apporter un téléphone sans être fondamentales ;

Critères d'évolution : évolutions qui pourraient, dans le futur, intégrer les deux premiers critères.

Critères d'accessibilité de la téléphonie mobile par type de handicap

Type de handicap	Critères de base	Critères de confort	Critères d'évolution
Visuel	– Taille, forme, et contraste des caractères, les touches et l'écran (difficultés visuelles). – Perception tactile des touches pour identifier au toucher le passage d'une touche à une autre. – Identification de la touche pour un repérage spatial du clavier. – Identifiant sonore différencié pour avertir de l'absence de réseau, d'un faible niveau de batterie, d'une nécessité d'entrée du code PIN, etc. – Touches programmables permettant à l'utilisateur de simplifier l'accès à certaines fonctions. – Menus déroulants bloqués pour éviter les menus déroulants sans fin. – Documentation en fichier électronique, accessible sur le web.	– Taille de l'écran optimisée. – Identification de l'appelant par l'intermédiaire de sonneries personnalisées. – Vibrations personnalisables en fonction des types d'appels reçus (appel téléphonique, SMS, message, etc.). – Commande vocale des fonctions de l'appareil. – Effacement simplifié des SMS.	– Fonction loupe. – Gradation sonore différenciée pour avertir du niveau de la batterie. – Bip pour erreur de code PIN. – Solutions de vocalisation (SMS, menu, accès GPS). – Navigation avec aide GPS.
Auditif	– Puissance et qualité sonore des écouteurs au maximum de leur débit. – Compatibilité avec un appareil auditif : surface d'écoute large et/ou incurvée. – Signalisation des appels par vibreur et avertisseur lumineux. – Identification de l'appelant. – Ecriture simplifiée des SMS. – Client e-mail. – Journal des derniers appels : manqués, reçus, émis.	– Vibreur personnalisable. – Taille de l'écran optimisée pour la communication écrite. – Clavier alphanumérique. – Usage aisé et confortable du clavier. – Résolution de la caméra. – Synchronisation avec un PC. – Combinaison des 3 usages, voix, écrit, vidéo.	– Messagerie instantanée. – Taille d'écran et performance d'affichage (taille et résolution d'écran) dans le cadre de la visiophonie et des vidéomails. – Equaliseur : capacité à moduler le spectre pour s'adapter à la perte d'audition. – Connexion à un clavier externe.

Moteur	– Navigation intuitive et simple (en séquentiel, pas d'appui simultané sur des touches pour l'accès à certaines fonctions). – Commande vocale du répertoire. – Décroché depuis n'importe quelle touche ou décroché automatique. – Possibilité de connexion de périphériques : clavier externe, joystick, prise jack, kit oreillette. – Téléphone mobile à dos plat. – Téléphone mobile mono bloc (sans clapet). – Poids optimisé du mobile.	– Solidité du terminal : pouvoir résister aux chocs/chutes. – Compatibilité avec un support. – Sensibilité des touches.	– Raccroché depuis n'importe quelle touche ou raccroché automatique. – Commande vocale des menus/fonctions. – Déclenchement de la lumière à la voix. – 100 % vocal.
Mental	– Simplicité des menus (répertoire, prise d'appel, etc.). – Présence de menus bloqués. – Taille et contraste des caractères pour le clavier de l'écran. – Démarcation des touches. – Taille optimisée de l'écran. – Présence de touches programmables permettant à l'utilisateur de simplifier l'accès à certaines fonctions ou numéros. – Indicateur sonore de niveau de batterie. – Indicateur sonore de validité du code PIN. – Identification de l'appelant. – SMS pré-enregistrables pour différentes situations, notamment d'urgence.	– Enregistrement automatique des numéros dans le répertoire. – Messages vocaux pré-enregistrés.	– Géo-localisation. – Personnalisation de l'appelant et de l'appelé par les photos que le mobile permet de prendre. – Solidité du terminal.
Elocution	– Ecriture simplifiée des SMS. – Gestion des renvois d'appels : possibilité de renvoyer les appels vers un ou plusieurs numéros identifiés simplement. – Identification de l'appelant. – Journal des derniers appels : manqués, reçus, émis. – SMS pré-enregistrables pour différentes situations, notamment d'urgence.	– MMS, accès e-mail. – Accès services Wap, I-mode. – Possibilité de messages vocaux pré-enregistrés. – Compatibilité Bluetooth. – Possibilité de connexion de périphériques : clavier externe, appareil de synthèse vocale.	– Numérotation vocale.

D'importants progrès sont ainsi réalisés pour rendre l'utilisation de la téléphonie mobile accessible aux personnes ayant une déficience. Mais dans ce domaine, comme dans les autres domaines liés aux nouvelles technologies, le progrès est presque quotidien, il faut constamment veiller à leur adaptation aux besoins de chacun quelles que soient ses spécificités.

V. ACCÈS AUX PROGRAMMES TÉLÉVISÉS

Regarder la télévision ne doit pas être considéré comme une activité secondaire. Pour les personnes qui, du fait de leur handicap, ont des difficultés à communiquer, à échanger et à s'informer, la télévision peut être une source d'information et un moyen de divertissement non négligeable. Faciliter l'accès des personnes sourdes et malentendantes aux programmes télévisés signifie avant tout, de leur donner la possibilité d'accéder à l'information. Dans ce siècle de communication, quelle perception du monde peuvent avoir les personnes qui n'ont accès ni à la radio, ni au son de la télévision ? Comment peuvent-elles interpréter les images, sans son, qu'elles voient dans les journaux télévisés ? Certes, l'internet ou les journaux écrits peuvent être un moyen pour les personnes malentendantes de s'informer, mais il ne remplace pas la télévision, qui par ailleurs, diffuse également des programmes récréatifs. On peut alors considérer l'importance de l'accessibilité aux émissions télévisées.

La population sourde et malentendante représente un nombre important de personnes parmi lesquelles se trouvent également les personnes âgées. Leur niveau d'audition varie selon qu'il s'agit d'une surdité légère, d'une surdité sévère ou d'une surdité profonde. En fonction de ces différents niveaux d'audition, elles compensent leurs déficiences par la vue. Pour assurer l'adaptation des programmes audiovisuels pour ces personnes, deux solutions sont possibles. Chaque solution répond à une catégorie de déficience auditive :

– *le sous-titrage* : permet de rendre les programmes accessibles aux personnes malentendantes, et aux personnes sourdes qui ont acquis la connaissance de l'écrit. Pour ces personnes, le sous-titrage est un excellent moyen d'accéder aux programmes télévisés ;

- *la traduction en Langue des Signes* : pour une grande majorité de personnes sourdes de naissance, la langue française est une seconde langue, dont l'accès n'est pas facile. Elles ne peuvent donc pas utiliser le sous-titrage. Ces personnes pratiquent la Langue des Signes Françaises (LSF). Il s'agit d'une langue visuelle qui permet aux personnes sourdes de dialoguer par signes.

En 1975, à l'occasion de la loi d'orientation en faveur des personnes handicapées, les associations de sourds et malentendants ont obtenu un journal télévisé hebdomadaire sur une chaîne publique (Antenne 2) présenté en Langue des Signes Française. Par la suite, il a fallu attendre les années 1980, pour qu'une démarche plus volontariste soit mise en place à travers des efforts consentis pour le sous-titrage de certains programmes. En 1983, les systèmes de sous-titrages par télétexte ont fait leur apparition en France[7].

Cependant, jusqu'en 2000, aucune obligation n'imposait aux chaînes de télévision d'adapter leurs programmes pour les personnes déficientes auditives. Le volume des heures sous-titrées était limité et les offres des chaînes nettement insuffisantes. La modification de la loi relative à la liberté de communication le 1er août 2002, a donné l'occasion d'introduire, pour la première fois, le principe de l'accessibilité des personnes sourdes et malentendantes aux programmes diffusés par les télévisions hertziennes. A partir de cette date, les trois chaînes publiques ont augmenté leur volume d'heures sous-titrées, mais l'offre reste encore limitée.

Le Conseil Supérieur d'Audiovisuel (CSA) a adopté, le 15 janvier 2003, une recommandation afin d'inciter l'ensemble des chaînes à développer le sous-titrage de leurs émissions et à avoir le recours à la traduction en Langue des Signes Française. Depuis, à chaque occasion, le CSA rappelle aux responsables des chaînes de télévision, l'importance de la prise en compte des difficultés du public

---

[7] Adaptation des programmes télévisés aux personnes sourdes et malentendantes, rapport de Jacques Charpillon, Inspecteur général de l'administration des affaires culturelles, octobre 2002.

atteint de handicap auditif et la nécessité de mise en accessibilité des programmes diffusés.

C'est en 2005, avec la loi relative aux droits et aux chances, la participation et la citoyenneté des personnes handicapées, que le principe de mise en accessibilité de tous les programmes est acté avec des objectifs affirmés et un échéancier à respecter. Ce dispositif prévoit que toutes les chaînes publiques et les principales chaînes privées hertziennes qui ont une audience moyenne annuelle qui dépasse 2,5 % de l'audience totale des services de télévision, doivent rendre la totalité de leurs programmes accessibles aux personnes sourdes et malentendantes. Cette obligation s'applique, au plus tard, avant l'année 2010. « *dans un délai de cinq ans suivant la publication de la loi du 11 février 2005, l'adaptation à destination des personnes sourdes ou malentendantes, de la totalité des programmes de télévision diffusés, à l'exception des messages publicitaires, sous réserve des dérogations justifiées par les caractéristiques de certains programmes* » (article 74 de la loi du 11 février 2005). Ces engagements sont désormais inscrits dans les contrats d'objectifs et de moyens conclus entre l'Etat et chacune des sociétés de France Télévisions.

Depuis cette loi, les programmes accessibles des chaînes hertziennes ont vu leur volume horaire augmenté. Il s'agit principalement des programmes sous-titrés. La langue des signes reste encore peu utilisée sur les chaînes. Certaines émissions y ont cependant recours, comme le bulletin d'information diffusé sur France 2, les questions aux Gouvernement du Sénat et de l'Assemblée Nationale, retransmises en direct sur France 3 et l'émission « l'œil et la main » sur France 5. Ces émissions sont simultanément sous-titrées.

En ce qui concerne les chaînes de la télévision numérique terrestre, le câble et le satellite, leur convention avec le CSA comporte un article mentionnant les efforts nécessaires à accomplir, pour adapter les programmes aux besoins des personnes sourdes ou malentendantes.

Les chaînes actuellement numérisées ont pour obligation : « *de développer pour les personnes sourdes et malentendantes le sous-titrage spécifique des programmes ou le recours à la langue des signes. Le volume annuel de diffusion correspondant est au moins 2 % du temps de diffusion annuel, la première année. Ce pourcentage devra atteindre au moins 10 % du temps de diffusion annuel, la neuvième année (de la date prévue pour le début effectif des émissions de la chaîne), à raison de 1 % supplémentaire chaque année. Un effort particulier est fourni aux heures de grande écoute* » (extrait de l'article 3-1-3 de leur convention).

Quand aux chaînes du câble et du satellite, l'obligation de l'accessibilité de leurs programmes est pondérée, afin de prendre en compte leurs difficultés techniques et financières. Leur convention précise : « *l'éditeur s'engage, dans la mesure de ses possibilités techniques et financières, à développer, par des dispositifs adaptés, l'accès aux programmes diffusés. Il informe le Conseil supérieur de l'audiovisuel, dans son rapport d'exécution des obligations, des efforts réalisés chaque année.* » Enfin, pour les chaînes de cinéma, une diffusion supplémentaire d'un même titre est autorisée sous réserve de sa mise à disposition du public sourd ou malentendant au moyen du sous-titrage.

Ces modalités vont être réactualisées pour intégrer les nouvelles dispositions introduites par la loi du 11 février 2005. Les conventions des chaînes sont modifiées dans ce sens.

En ce qui concerne les élections présidentielles et législatives de 2007, de nouveaux efforts ont été consentis par les chaînes pour rendre accessibles les programmes consacrés à la campagne électorale. A ce titre, le CSA dans ses recommandations avait rappelé aux sociétés de production, la nécessité de veiller à favoriser l'accès, par sous-titrage ou par Langue des Signes, des personnes sourdes ou malentendantes aux principaux programmes consacrés à l'actualité électorale diffusés aux heures de grande écoute.

Des progrès sont enregistrés, mais l'attente des personnes handicapées est de parvenir rapidement, à mettre en place les obligations fixées par la loi en matière d'accessibilité de tous les programmes. Ces personnes, à l'instar des 77 % des français qui regardent presque tous les jours la télévision[8], doivent pouvoir accéder aux programmes et être en mesure d'en choisir. Des

---

[8] Pratique culturelle des français, enquête de 1977, Olivier Donnat, La Documentation française.

progrès restent à faire dans ce domaine. Ces progrès doivent également, être accompagnés par une diversification des émissions. Les émissions sous-titrées sont certes limitées en nombre, mais elles sont surtout très peu variées en catégories. Enfin, il convient de noter que ces progrès sont aussi accompagnés par les progrès des techniques de sous-titrage des programmes qui, avec le système de numérisation, facilitent de plus en plus leur mise en accessibilité.

Chapitre 3

Participation et citoyenneté

➤ Principales références réglementaires

- Articles 71, 72 et 73 de la loi n° 2005-102 du 11 février 2005.
- Le Code électoral, notamment les articles L. 57-1, L. 62-1 et L. 62-2 modifiés par la loi du 11 février 2005.
- Décret n° 2006-1287 du 20 octobre 2006 relatif à l'exercice du droit de vote par les personnes handicapées.

La loi du 11 février 2005, qui a pour titre « l'égalité des droits et des chances, la participation et la citoyenneté des personnes handicapées », est fondée sur le principe général de non-discrimination. Elle précise que : « *Toute personne handicapée a droit à la solidarité de l'ensemble de la collectivité nationale, qui lui garantit, en vertu de cette obligation, l'accès aux droits fondamentaux reconnus à tous les citoyens ainsi que le plein exercice de sa citoyenneté.* » En d'autres termes, la collectivité nationale doit garantir les conditions de l'égalité des droits et des chances à tous les citoyens, notamment aux personnes handicapées, quelle que soit la nature de leur handicap. Elle doit assurer leur participation et l'exercice de leur citoyenneté. C'est à ce titre que sont prévus l'ensemble des dispositions relatives à l'accessibilité de tous les actes de la vie, parmi lesquels l'exercice du droit de vote. L'accessibilité concerne donc le déroulement des élections : accessibilité des bureaux de vote et des opérations électorales, accessibilité de l'information et de la campagne électorale.

I. PARTICIPATION À LA VIE POLITIQUE NATIONALE

L'un des principes fondamentaux de la liberté et de l'égalité est l'exercice de la citoyenneté et la possibilité qui est donnée à chaque citoyen de s'exprimer par le vote. Pour y parvenir, il faut que chaque citoyen puisse avoir accès au processus électoral, sans discrimination et ceci en toute liberté. C'est tout particulièrement le cas pour des personnes qui, du fait de leurs incapacités, éprouvent des difficultés dans leur déplacement pour atteindre les bureaux de vote, ou dans leurs gestes pour accomplir l'acte de vote en toute autonomie. C'est pourquoi, il est important d'organiser le processus de vote afin de permettre aux personnes qui se trouvent en situation de handicap d'accéder aux professions de foi et aux bureaux de vote, de distinguer les bulletins de vote, de les glisser dans l'enveloppe, après avoir pu accéder à l'isoloir, et enfin de voter par un geste autonome. Ce processus doit pouvoir être accompli qu'il s'agisse de vote par la méthode classique ou par la voie électronique. La loi du 11 février 2005 rappelle ce droit fondamental et modifie le Code électoral afin d'introduire de nouvelles dispositions relatives à l'accessibilité des personnes handicapées aux bureaux et au processus de vote.

Ces dispositions législatives, qui sont cadrées par deux articles du Code électoral, sont les suivantes :

L'accessibilité des machines à voter et la possibilité pour les personnes handicapées de voter sur ces machines de façon autonome, quel que soit leur handicap. L'article L. 57-1 du Code électoral relatif à l'utilisation des machines à voter introduit cette obligation dans ces termes : « Des machines à voter peuvent être utilisées dans les bureaux de vote des communes de plus de 3 500 habitants figurant sur une liste arrêtée, dans chaque département par le représentant de l'Etat. Les machines à voter doivent être d'un modèle agréé par arrêté du ministre de l'Intérieur ». Ces machines doivent satisfaire à un certain nombre de conditions dont l'existence d'un dispositif qui soustrait l'électeur aux regards pendant le vote et la possibilité de vote autonome des personnes handicapées.

L'accessibilité des bureaux de vote et des moyens de voter aux personnes handicapées, quel que soit leur handicap. L'article L. 62-2 du Code électoral institue l'obligation de l'accessibilité : « *Les bureaux et les techniques de vote doivent être accessibles aux personnes handicapées, quel que soit le type de ce handicap, notamment physique, sensoriel, mental ou psychique, dans des conditions fixées par décret.* » Cette obligation se traduit concrètement par :

- l'accessibilité des locaux où sont implantés les bureaux de vote, le jour de scrutin ;
- l'installation dans les bureaux de vote, d'au moins un isoloir, permettant l'accès des personnes en fauteuil roulant ;
- l'installation des urnes à une hauteur accessible aux personnes en fauteuil roulant ;
- le président du bureau de vote a la responsabilité de prendre toute mesure utile permettant de favoriser le vote autonome des personnes handicapées.

Les modalités de la mise en œuvre de ces dispositions législatives sont précisées par le décret n° 2006-1287 du 20 octobre 2006 relatif à l'exercice du droit de vote par les personnes handicapées qui modifie le Code électoral pour y introduire plusieurs nouvelles dispositions. Ces dispositions ont pour objectif de donner aux responsables des scrutins le cadre réglementaire nécessaire à organiser les bureaux de vote afin d'accueillir les personnes handicapées et de leur permettre de voter en toute autonomie.

La réglementation précise :

- « Les locaux où sont implantés les bureaux de vote doivent être accessibles, le jour du scrutin, aux personnes handicapées, quel que soit leur handicap. Les personnes handicapées, notamment celles qui se déplacent en fauteuil roulant, doivent pouvoir, dans des conditions normales de fonctionnement, y pénétrer, y circuler et en sortir, le cas échéant au moyen d'aménagements provisoires ou permanents. » *(Art. D. 56-1)*
- « Les bureaux de vote doivent être équipés d'au moins un isoloir permettant l'accès des personnes en fauteuils roulants. » *(Art. D. 56-2)*
- « Les urnes doivent être accessibles aux personnes en fauteuil roulant. » *(Art. D. 56-3)*

– « Les techniques de vote doivent être accessibles aux personnes handicapées, quel que soit le type de ce handicap. Le président du bureau de vote prend toute mesure utile afin de faciliter le vote autonome des personnes handicapées. » *(Art. D. 61-1)*

II. VOTE DES PERSONNES HANDICAPÉES

L'accès à l'information écrite, moyen de communication largement utilisé en période de campagne électorale, est difficile voire impossible pour les personnes aveugles ou malvoyantes sauf si les candidats prévoient l'accessibilité de leurs documents. Comme l'accès aux tracts, annonce de réunion, dossiers, programmes, lettres. Il en est de même pour les personnes handicapées intellectuelles. Les personnes sourdes et malentendantes ont des difficultés à accéder aux informations orales. Des dispositions sont à prévoir pour rendre la communication accessible à ces différentes déficiences.

➤ Pour les personnes déficientes auditives

Si une permanence téléphonique ou d'autres outils de communication orale sont utilisés, il existe des moyens complémentaires pour les rendre accessibles aux personnes déficientes auditives, comme par exemple le courriel, la télécopie, la messagerie instantanée, le texto.

➤ Pour les personnes déficientes visuelles

Les caractères utilisées dans les documents écrits doivent être de taille corps 16 afin de faciliter la lecture des textes non seulement aux déficients visuels mais également aux personnes âgées qui rencontrent fréquemment des difficultés pour prendre connaissance des textes imprimés.

Le contraste est également très important, le mieux étant des documents édités en noir sur blanc.

Les documents sonores : les personnes qui rencontrent des difficultés pour lire doivent pouvoir prendre connaissance des textes enregistrés, soit sur cassette, soit sur disque compatible (CD) audibles sur n'importe quelle chaîne stéréo. Les formats spécifiques (Daisy) sont très utilisés par les déficients visuels, mais inaccessibles pour le grand public, ce qui présente un inconvénient en la matière, notamment pour les personnes âgées.

Le braille : les documents qui peuvent être utilement produits en braille doivent être courts (en raison de l'encombrement du braille) et en nombre d'exemplaires limités. En effet, les personnes qui sont devenues aveugles à l'âge adulte n'utilisent pas le braille ou ne sont pas toujours en mesure de le lire suffisamment vite pour l'utiliser couramment. On estime entre 5 000 et 8 000 le nombre de personnes « braillistes ». Enfin, la production du braille est coûteuse, ce qui impose de n'éditer en ce format que des documents à utiliser souvent et non à lire une seule fois.

Les éditions bilingues : les candidats aux élections et les formations politiques peuvent utilement prévoir la traduction de leurs documents en Langue des Signes Française sur des fichiers vidéos pour les mettre en ligne sur leurs sites et blogs, en faisant appel à des traducteurs diplômés. Si la Langue des Signes n'est pas le mode de communication de toutes les personnes sourdes, elle répond à celles qui sont en difficulté, face à l'écrit.

Le langage simplifié : la réalisation d'une version simplifiée des documents permettra aux personnes handicapées intellectuelles d'accéder, au mieux, aux messages des candidats aux élections. Il s'agit de faire des phrases courtes, de dire l'essentiel, d'employer des mots simples et d'écrire en gros caractères. L'utilisation des images et de pictogrammes permet de faciliter la lecture des textes.

➤ Pour les personnes handicapées mentales

La loi du 11 février 2005 permet au juge des tutelles d'autoriser un majeur sous tutelle à voter. Si ce dernier demeure inéligible, en revanche, il pourra voter, à partir du moment où le juge des tutelles y aura consenti et sous réserve de son inscription sur la liste électorale. Contribuant à la citoyenneté du plus grand nombre de personnes, cette avancée fait prendre conscience de la nécessité de rendre les campagnes électorales également accessibles aux publics handicapés intellectuels.

III. DE NOUVELLES ÉCHÉANCES

L'année 2007 a été marquée par les élections du Président de la République et des députés. A cette occasion, les mesures instituées par la loi du 11 février 2005 relatives à l'accès des personnes handicapées au processus électoral ont pu être mises en place et testées par les personnes concernées. Si pour beaucoup de citoyens handicapés cet important rendez-vous démocratique a pu se dérouler dans de bonnes conditions, pour un certain nombre d'entre eux, cet exercice a été compromis du fait de leur handicap et de l'inaccessibilité qui caractérise encore certains lieux et bureaux de vote.

L'année 2008 sera marquée par de nouveaux rendez-vous, avec l'élection des conseillers municipaux et de certains conseillers généraux. C'est l'occasion de sensibiliser tous les acteurs concernés : les candidats qui ont vocation à s'adresser au public le plus large possible et les services chargés d'organiser les scrutins qui doivent veiller au respect des règles d'accessibilité. Pour que la pleine citoyenneté des personnes handicapées soit respectée, le principe de mise en accessibilité pour tous, quels que soient les handicaps, doit devenir effectif. Cet objectif fondamental, signe de la modernité d'une société, suppose donc que toutes les étapes du processus électoral soient conçues de manière à être accessibles. C'est-à-dire des dispositions doivent être prises pour mettre en accessibilité les bureaux de vote et les opérations électorales, mais également le cadre bâti, les transports, les moyens d'information...

Cette nouvelle échéance est aussi l'occasion de rappeler aux candidats à l'élection municipale, qu'ils auront, s'ils sont élus, à appliquer les dispositions prévues par la loi en matière d'accessibilité. Il ne s'agit donc pas de traiter le handicap, lors de prochaines échéances, uniquement comme sujet de campagne électorale, mais comme un programme qu'il faut mettre en œuvre, selon le calendrier établi par la loi.

L'année 2008 sera également marquée par un autre rendez-vous qui est celui de la première conférence nationale du handicap. Instaurée par la loi du 11 février 2005, cette conférence a pour objectif de débattre des orientations et des moyens de la politique concernant les personnes handicapées. A l'issue des travaux de cette conférence, le Gouvernement doit déposer sur le bureau des assemblées parlementaires un rapport sur la mise en œuvre de la politique nationale en faveur des personnes handicapées. Parmi les thèmes prioritaires retenus pour cette première conférence, se trouve la question de l'accessibilité. Deux impératifs s'imposent pour les équipes municipales nouvellement installées : mettre en place ou confirmer la commission communale d'accessibilité, instituée par la loi pour les communes de 5 000 habitants et plus, et de faire le point sur l'état d'accessibilité du cadre bâti existant, de la voirie, des espaces publics et des transports sur leur territoire. Cette conférence sera l'occasion de faire le bilan de ce qui aura été réalisé en matière d'accessibilité, et surtout, d'élaborer le programme des travaux à mener, jusqu'à l'échéance de 2015, date limite de mise en accessibilité de toute la Cité.

Conclusion

Accéder à la vie sociale et citoyenne est un droit inhérent à la personne, notamment à celle qui est handicapée. C'est pourquoi le principe de « l'accès à tout, pour tous » trouve toute sa place dans les mesures et programmes relatifs à l'organisation de la société. Il ne saurait être considéré comme un obstacle ou un frein au regard des données économiques, sociales, sécuritaires, architecturales, environnementales, etc. L'accessibilité, considérée sous l'angle d'un confort d'usage pour tous, peut, en effet, s'inscrire dans toutes les politiques publiques relatives à l'aménagement du territoire, à la préservation de l'environnement, à l'urbanisme et au développement durable.

Au fil de cet ouvrage il a été exposé comment le corpus juridique national s'est enrichi par un ensemble de textes réglementaires prévoyant une meilleure accessibilité pour tous ceux qui, du fait d'un handicap temporaire ou permanent, se voient frappés d'exclusion de la vie sociale. Cette exclusion se manifeste par de multiples restrictions, tant au niveau éducatif, professionnel, culturel qu'à propos de l'hébergement, des déplacements, de la communication ou plus largement de l'exercice de la citoyenneté. La nouvelle réglementation en matière d'accessibilité a pour objectif essentiel de mettre un terme à de telles discriminations.

Par ces nouveaux textes, le législateur a donné à la France le moyen de combler le retard qu'elle a cumulé, ces dernières décennies, par rapport aux autres pays européens et notamment ses voisins, en matière d'une mise en accessibilité de la Cité. Aujourd'hui, un dispositif global et cohérent, couvrant tous les aspects de la vie de la personne, est intégré à l'ensemble des obligations relatives à l'aménagement et à la construction, ce qui est unique en Europe. Mais, le retard ne sera véritablement corrigé que dans la mesure où la réglementation qui vient d'être exposée dans cet ouvrage sera effectivement mise en application par les maîtres d'ouvrage, tant publics que privés, élus locaux, gestionnaires, promoteurs, concepteurs, réalisateurs, contrôleurs... Il convient aussi que ces nouvelles obligations soient prises en compte dans le cursus des cycles de formation des architectes, mais aussi de ceux qui veulent devenir des professionnels du cadre bâti, de l'aménagement, des transports, de la communication et de l'information.

Comme pour nombre de lois, la mise en œuvre des mesures relatives à l'accessibilité, issues de la loi du 11 février 2005 « pour l'égalité des droits et des chances, la participation et la citoyenneté des personnes handicapées », rencontre une série de situations qui font obstacle au respect des échéances prévues par les textes. Plusieurs dispositions devaient s'appliquer dès la promulgation de la loi, d'autres doivent entrer en vigueur au plus tard en 2008. C'est le cas par exemple, de la création des commissions communales d'accessibilité ou des schémas directeurs d'accessibilité de transports publics qui doivent être annexés au Plan de Déplacements Urbains propre à chaque agglomération. C'est également le cas de la mise en accessibilité des moyens de communications publics en ligne, etc.

Dans ce vaste effort vers une plus grande équité sociale à l'égard des personnes handicapées, il est évident que se sont, avant tout, des habitudes et pratiques ancrées de longue date dans la société, qu'il faut modifier. Les personnes handicapées et leurs représentants associatifs ont un rôle déterminant dans ce processus de changement culturel qu'appelle notre société. Les milieux associatifs ont effectivement contribué à l'enrichissement conceptuel et pratique de cette réglementation. Ils auront aussi à accompagner sa mise en pratique au quotidien. Par leur participation aux différentes instances de concertation et de consultation, ils aideront à l'intégration du principe d'accessibilité dans tous les programmes d'aménagement, de construction et de rénovation et, par voie de conséquence, dans tous les aspects de la vie citoyenne. Mais, il appartient, également à chacun d'entre nous d'y contribuer et de veiller à ce que les pratiques de conception et de réalisation évoluent, dans tous les domaines, vers une meilleure prise en compte de l'accessibilité des personnes en situation de handicap.

Toutefois, l'ensemble de ces dispositions relatives à l'accessibilité, aussi élargi soit-il, ne saurait être complet que lorsque l'on tiendra compte également de l'accessibilité des moyens, des équipements et des biens de consommation. Le principe de concept universel ou « design for all » devrait être la prochaine étape à franchir, pour que réellement et concrètement notre société devienne accessible à tous.

Annexes

Annexe 1.

Loi n° 2005-102 du 11 février 2005

Chapitre III
Cadre bâti, transports et nouvelles technologies

Article 41

I. – L'article L. 111-7 du Code de la construction et de l'habitation est remplacé par cinq articles L. 111-7 à L. 111-7-4 ainsi rédigés :

« Art. L. 111-7. – Les dispositions architecturales, les aménagements et équipements intérieurs et extérieurs des locaux d'habitation, qu'ils soient la propriété de personnes privées ou publiques, des établissements recevant du public, des installations ouvertes au public et des lieux de travail doivent être tels que ces locaux et installations soient accessibles à tous, et notamment aux personnes handicapées, quel que soit le type de handicap, notamment physique, sensoriel, cognitif, mental ou psychique, dans les cas et selon les conditions déterminés aux articles L. 111-7-1 à L. 111-7-3. Ces dispositions ne sont pas obligatoires pour les propriétaires construisant ou améliorant un logement pour leur propre usage.

« Art. L. 111-7-1. – Des décrets en Conseil d'Etat fixent les modalités relatives à l'accessibilité aux personnes handicapées prévue à l'article L. 111-7 que doivent respecter les bâtiments ou parties de bâtiments nouveaux. Ils précisent les modalités particulières applicables à la construction de maisons individuelles.

« Les mesures de mise en accessibilité des logements sont évaluées dans un délai de trois ans à compter de la publication de la loi n° 2005-102 du 11 février 2005 pour l'égalité des droits et des chances, la participation et la citoyenneté des personnes handicapées et une estimation de leur impact financier sur le montant des loyers est réalisée afin d'envisager, si nécessaire, les réponses à apporter à ce phénomène.

« Art. L. 111-7-2. – Des décrets en Conseil d'Etat fixent les modalités relatives à l'accessibilité aux personnes handicapées prévue à l'article L. 111-7 que doivent respecter les bâtiments ou parties de bâtiments d'habitation existants lorsqu'ils font l'objet de travaux, notamment en fonction de la nature des bâtiments et parties de bâtiments concernés, du type de travaux entrepris ainsi que du rapport entre le coût de ces travaux et la valeur des bâtiments au-delà duquel ces modalités s'appliquent. Ils prévoient dans quelles conditions des dérogations motivées peuvent être autorisées en cas d'impossibilité technique ou de contraintes liées à la préservation du patrimoine architectural, ou lorsqu'il y a disproportion manifeste entre les améliorations apportées et leurs conséquences. Ces décrets sont pris après avis du Conseil national consultatif des personnes handicapées.

« En cas de dérogation portant sur un bâtiment appartenant à un propriétaire possédant un parc de logements dont le nombre est supérieur à un seuil fixé par décret en Conseil d'Etat, les personnes handicapées affectées par cette dérogation bénéficient d'un droit à être relogées dans un bâtiment accessible au sens de l'article L. 111-7, dans des conditions fixées par le décret en Conseil d'Etat susmentionné.

« Art. L. 111-7-3. – Les établissements existants recevant du public doivent être tels que toute personne handicapée puisse y accéder, y circuler et y recevoir les informations qui y sont diffusées, dans les parties ouvertes au public. L'information destinée au public doit être diffusée par des moyens adaptés aux différents handicaps.

« Des décrets en Conseil d'Etat fixent pour ces établissements, par type et par catégorie, les exigences relatives à l'accessibilité prévues à l'article L. 111-7 et aux prestations que ceux-ci doivent fournir aux personnes handicapées. Pour faciliter l'accessibilité, il peut être fait recours aux nouvelles technologies de la communication et à une signalétique adaptée.

« Les établissements recevant du public existants devront répondre à ces exigences dans un délai, fixé par décret en Conseil d'Etat, qui pourra varier par type et catégorie d'établissement, sans excéder dix ans à compter de la publication de la loi n° 2005-102 du 11 février 2005 pour l'égalité des droits et des chances, la participation et la citoyenneté des personnes handicapées.

« Ces décrets, pris après avis du Conseil national consultatif des personnes handicapées, précisent les dérogations exceptionnelles qui peuvent être accordées aux établissements recevant du public après démonstration de l'impossibilité technique de procéder à la mise en accessibilité ou en raison de contraintes liées à la conservation du patrimoine architectural ou lorsqu'il y a disproportion manifeste entre les améliorations apportées et leurs conséquences.

« Ces dérogations sont accordées après avis conforme de la commission départementale consultative de la protection civile, de la sécurité et de l'accessibilité, et elles s'accompagnent obligatoirement de mesures de substitution pour les établissements recevant du public et remplissant une mission de service public.

« Art. L. 111-7-4. – Un décret en Conseil d'Etat définit les conditions dans lesquelles, à l'issue de l'achèvement des travaux prévus aux articles L. 111-7-1, L. 111-7-2 et L. 111-7-3 et soumis à permis de construire, le maître d'ouvrage doit fournir à l'autorité qui a délivré ce permis un document attestant de la prise en compte des règles concernant l'accessibilité. Cette attestation est établie par un contrôleur technique visé à l'article L. 111-23 ou par une personne physique ou morale satisfaisant à des critères de compétence et d'indépendance déterminés par ce même décret. Ces dispositions ne s'appliquent pas pour les propriétaires construisant ou améliorant leur logement pour leur propre usage. »

II. – Après l'article L. 111-8-3 du même code, il est inséré un article L. 111-8-3-1 ainsi rédigé :

« Art. L. 111-8-3-1. – L'autorité administrative peut décider la fermeture d'un établissement recevant du public qui ne répond pas aux prescriptions de l'article L. 111-7-3. »

III. – L'article L. 111-26 du même code est complété par un alinéa ainsi rédigé :

« Dans les cas prévus au premier alinéa, le contrôle technique porte également sur le respect des règles relatives à l'accessibilité aux personnes handicapées. »

IV. – Une collectivité publique ne peut accorder une subvention pour la construction, l'extension ou la transformation du gros œuvre d'un bâtiment soumis aux dispositions des articles L. 111-7-1, L. 111-7-2 et L. 111-7-3 du Code de la construction et de l'habitation que si le maître d'ouvrage a produit un dossier relatif à l'accessibilité. L'autorité ayant accordé une subvention en exige le remboursement si le maître d'ouvrage n'est pas en mesure de lui fournir l'attestation prévue à l'article L. 111-7-4 dudit code.

V. – La formation à l'accessibilité du cadre bâti aux personnes handicapées est obligatoire dans la formation initiale des architectes et des professionnels du cadre bâti. Un décret en Conseil d'Etat précise les diplômes concernés par cette obligation.

Article 42

L'article L. 123-2 du Code de la construction et de l'habitation est complété par une phrase ainsi rédigée :

« Ces mesures complémentaires doivent tenir compte des besoins particuliers des personnes handicapées ou à mobilité réduite. »

Article 43

I. – La première phrase du deuxième alinéa de l'article L. 151-1 du Code de la construction et de l'habitation et la première phrase du premier alinéa de l'article L. 460-1 du Code de l'urbanisme sont complétées par les mots : « , et en particulier ceux concernant l'accessibilité aux personnes handicapées quel que soit le type de handicap ».

II. – Le Code de la construction et de l'habitation est ainsi modifié :

1° A l'article L. 152-1, les « références : L. 111-4, L. 111-7 » sont remplacées par les références : « L. 111-4, L. 111-7 à L. 111-7-4 » ;

2° A l'article L. 152-3, les mots : « à l'article L. 152-4 (2e alinéa) » sont remplacés par les mots : « au premier alinéa de l'article L. 152-4 ».

III. – L'article L. 152-4 du même code est ainsi rédigé :

« Art. L. 152-4. – Est puni d'une amende de 45 000 € le fait, pour les utilisateurs du sol, les bénéficiaires des travaux, les architectes, les entrepreneurs ou toute autre personne responsable de l'exécution de travaux, de méconnaître les obligations imposées par les articles L. 111-4, L. 111-7, L. 111-8, L. 111-9, L. 112-17, L. 125-3 et L. 131-4, par les règlements pris pour leur application ou par les autorisations délivrées en conformité avec leurs dispositions. En cas de récidive, la peine est portée à six mois d'emprisonnement et 75 000 € d'amende.

« Les peines prévues à l'alinéa précédent sont également applicables :

« 1° En cas d'inexécution, dans les délais prescrits, de tous travaux accessoires d'aménagement ou de démolition imposés par les autorisations mentionnées au premier alinéa ;

« 2° En cas d'inobservation, par les bénéficiaires d'autorisations accordées pour une durée limitée ou à titre précaire, des délais impartis pour le rétablissement des lieux dans leur état antérieur ou la réaffectation du sol à son ancien usage.

« Ainsi qu'il est dit à l'article L. 480-12 du Code de l'urbanisme :

« "Sans préjudice de l'application, le cas échéant, des peines plus fortes prévues aux articles 433-7 et 433-8 du Code pénal, quiconque aura mis obstacle à l'exercice du droit de visite prévu à l'article L. 460-1 sera puni d'une amende de 3 750 €.

« "En outre, un emprisonnement d'un mois pourra être prononcé."

« Les personnes physiques coupables de l'un des délits prévus au présent article encourent également la peine complémentaire d'affichage ou de diffusion, par la presse écrite ou par tout moyen de communication audiovisuelle, de la décision prononcée, dans les conditions prévues à l'article 131-35 du Code pénal.

« Les personnes morales peuvent être déclarées responsables pénalement, dans les conditions prévues à l'article 121-2 du Code pénal, des infractions aux dispositions de l'article L. 111-7, ainsi que des règlements pris pour son application ou des autorisations délivrées en conformité avec leurs dispositions. Elles encourent les peines suivantes :

« a) L'amende, suivant les modalités prévues par l'article 131-38 du Code pénal ;

« b) La peine complémentaire d'affichage ou de diffusion, par la presse écrite ou par tout moyen de communication audiovisuelle, de la décision prononcée, dans les conditions prévues à l'article 131-35 du même code ;

« c) La peine complémentaire d'interdiction, à titre définitif ou pour une durée de cinq ans au plus, d'exercer directement ou indirectement une ou plusieurs activités professionnelles ou sociales, selon les modalités prévues à l'article 131-48 du même code. »

Article 44

A l'article 1391 C du Code général des impôts, après les mots : « , organismes d'habitations à loyer modéré », sont insérés les mots : « ou par les sociétés d'économie mixte ayant pour objet statutaire la réalisation ou la gestion de logements ».

Article 45

I. – La chaîne du déplacement, qui comprend le cadre bâti, la voirie, les aménagements des espaces publics, les systèmes de transport et leur intermodalité, est organisée pour permettre son accessibilité dans sa totalité aux personnes handicapées ou à mobilité réduite.

Dans un délai de dix ans à compter de la date de publication de la présente loi, les services de transport collectif devront être accessibles aux personnes handicapées et à mobilité réduite.

Les autorités compétentes pour l'organisation du transport public au sens de la loi n° 82-1153 du 30 décembre 1982 d'orientation des transports intérieurs ou le Syndicat des transports d'Ile-de-France prévu à l'article 1er de l'ordonnance n° 59-151 du 7 janvier 1959 relative à l'organisation des transports de voyageurs en Ile-de-France et, en l'absence d'autorité organisatrice, l'Etat, ainsi que les exploitants des aérodromes mentionnés à l'article 1609 quatervicies A du Code général des impôts et les gestionnaires de gares maritimes dont la liste est fixée par arrêté en fonction de l'importance de leur trafic élaborent un schéma directeur d'accessibilité des services dont ils sont responsables, dans les trois ans à compter de la publication de la présente loi.

Ce schéma fixe la programmation de la mise en accessibilité des services de transport, dans le respect du délai défini au deuxième alinéa, et définit les modalités de l'accessibilité des différents types de transport.

En cas d'impossibilité technique avérée de mise en accessibilité de réseaux existants, des moyens de transport adaptés aux besoins des personnes handicapées ou à mobilité réduite doivent être mis à leur disposition. Ils sont organisés et financés par l'autorité organisatrice de transport normalement compétente dans un délai de trois ans. Le coût du transport de substitution pour les usagers handicapés ne doit pas être supérieur au coût du transport public existant.

Les réseaux souterrains de transports ferroviaires et de transports guidés existants ne sont pas soumis au délai prévu au deuxième alinéa, à condition d'élaborer un schéma directeur dans les conditions prévues au troisième alinéa et de mettre en place, dans un délai de trois ans, des transports de substitution répondant aux conditions prévues à l'alinéa précédent.

Dans un délai de trois ans à compter de la publication de la présente loi, les autorités organisatrices de transports publics mettent en place une procédure de dépôt de plainte en matière d'obstacles à la libre circulation des personnes à mobilité réduite.

Un plan de mise en accessibilité de la voirie et des aménagements des espaces publics est établi dans chaque commune à l'initiative du maire ou, le cas échéant, du président de l'établissement public de coopération intercommunale. Ce plan fixe notamment les dispositions susceptibles de rendre accessible aux personnes handicapées et à mobilité réduite l'ensemble des circulations piétonnes et des aires de stationnement d'automobiles situées sur le territoire de la commune ou de l'établissement public de coopération intercommunale. Ce plan de mise en accessibilité fait partie intégrante du plan de déplacements urbains quand il existe.

L'octroi des aides publiques favorisant le développement des systèmes de transport collectif est subordonné à la prise en compte de l'accessibilité.

II. – Tout matériel roulant acquis lors d'un renouvellement de matériel ou à l'occasion de l'extension des réseaux doit être accessible aux personnes handicapées ou à mobilité réduite. Des décrets préciseront, pour chaque catégorie de matériel, les modalités d'application de cette disposition.

III. – Le premier alinéa de l'article 28 de la loi n° 82-1153 du 30 décembre 1982 d'orientation des transports intérieurs est ainsi modifié :

1° Après les mots : « afin de renforcer la cohésion sociale et urbaine », sont insérés les mots : « et d'améliorer l'accessibilité des réseaux de transports publics aux personnes handicapées ou à mobilité réduite » ;

2° Il est complété par deux phrases ainsi rédigées :

« Il comporte également une annexe particulière traitant de l'accessibilité. Cette annexe indique les mesures d'aménagement et d'exploitation à mettre en œuvre afin d'améliorer l'accessibilité des réseaux de transports publics aux personnes handicapées et à mobilité réduite, ainsi que le calendrier de réalisation correspondant. »

IV. – La loi n° 82-1153 du 30 décembre 1982 précitée est ainsi modifiée :

1° Dans le dernier alinéa de l'article 1er, après le mot : « usager », sont insérés les mots : « , y compris les personnes à mobilité réduite ou souffrant d'un handicap, » ;

2° Le deuxième alinéa de l'article 2 est complété par les mots : « ainsi qu'en faveur de leurs accompagnateurs » ;

3° Dans le deuxième alinéa de l'article 21-3, après les mots : « associations d'usagers des transports collectifs », sont insérés les mots : « et notamment d'associations de personnes handicapées » ;

4° Dans le deuxième alinéa de l'article 22, après les mots : « d'usagers, », sont insérés les mots : « et notamment des représentants d'associations de personnes handicapées » ;

5° Dans le deuxième alinéa de l'article 27-2, après les mots : « associations d'usagers des transports collectifs », sont insérés les mots : « et notamment d'associations de personnes handicapées » ;

6° Dans le deuxième alinéa de l'article 30-2, après les mots : « associations d'usagers des transports collectifs, », sont insérés les mots : « et notamment d'associations de personnes handicapées » ;

7° Au premier alinéa de l'article 28-2, après les mots : « Les représentants des professions et des usagers des transports », sont insérés les mots : « ainsi que des associations représentant des personnes handicapées ou à mobilité réduite ».

V. – Au troisième alinéa de l'article L. 302-1 du Code de la construction et de l'habitation, les mots : « et à favoriser la mixité sociale » sont remplacés par les mots : « , à favoriser la mixité sociale et à améliorer l'accessibilité du cadre bâti aux personnes handicapées ».

VI. – Les modalités d'application du présent article sont définies par décret.

Article 46

Après l'article L. 2143-2 du Code général des collectivités territoriales, il est inséré un article L. 2143-3 ainsi rédigé :

« Art. L. 2143-3. – Dans les communes de 5 000 habitants et plus, il est créé une commission communale pour l'accessibilité aux personnes handicapées composée notamment des représentants de la commune, d'associations d'usagers et d'associations représentant les personnes handicapées.

« Cette commission dresse le constat de l'état d'accessibilité du cadre bâti existant, de la voirie, des espaces publics et des transports. Elle établit un rapport annuel présenté en conseil municipal et fait toutes propositions utiles de nature à améliorer la mise en accessibilité de l'existant.

« Le rapport présenté au conseil municipal est transmis au représentant de l'Etat dans le département, au président du conseil général, au conseil départemental consultatif des personnes handicapées, ainsi qu'à tous les responsables des bâtiments, installations et lieux de travail concernés par le rapport.

« Le maire préside la commission et arrête la liste de ses membres.

« Cette commission organise également un système de recensement de l'offre de logements accessibles aux personnes handicapées.

« Des communes peuvent créer une commission intercommunale. Celle-ci exerce pour l'ensemble des communes concernées les missions d'une commission communale. Cette commission intercommunale est présidée par l'un des maires des communes, qui arrêtent conjointement la liste de ses membres.

« Lorsque la compétence en matière de transports ou d'aménagement du territoire est exercée au sein d'un établissement public de coopération intercommunale, la commission pour l'accessibilité aux personnes handicapées doit être créée auprès de ce groupement. Elle est alors présidée par le président de l'établissement. La création d'une commission intercommunale est obligatoire pour les établissements publics de coopération intercommunale compétents en matière de transports ou d'aménagement du territoire, dès lors qu'ils regroupent 5 000 habitants ou plus. »

Article 47

Les services de communication publique en ligne des services de l'Etat, des collectivités territoriales et des établissements publics qui en dépendent doivent être accessibles aux personnes handicapées.

L'accessibilité des services de communication publique en ligne concerne l'accès à tout type d'information sous forme numérique quels que soient le moyen d'accès, les contenus et le mode de consultation. Les recommandations internationales pour l'accessibilité de l'internet doivent être appliquées pour les services de communication publique en ligne.

Un décret en Conseil d'Etat fixe les règles relatives à l'accessibilité et précise, par référence aux recommandations établies par l'Agence pour le développement de l'administration électronique, la nature des adaptations à mettre en œuvre ainsi que les délais de mise en conformité des sites existants, qui ne peuvent excéder trois ans, et les sanctions imposées en cas de non-respect de cette mise en accessibilité. Le décret énonce en outre les modalités de formation des personnels intervenant sur les services de communication publique en ligne.

Article 49

Le 4° de l'article L. 302-5 du Code de la construction et de l'habitation est complété par une phrase ainsi rédigée :

« Dans les foyers d'hébergement et les foyers de vie destinés aux personnes handicapées mentales, les chambres occupées par ces personnes sont comptabilisées comme autant de logements locatifs sociaux dès lors qu'elles disposent d'un élément de vie indépendante défini par décret. »

Article 50

Les propriétaires bailleurs peuvent passer des conventions avec les établissements ou services spécialisés afin de :

1° Déterminer les modifications nécessaires à apporter aux logements pour les adapter aux différentes formes de handicap de leurs locataires ;

2° Prévoir une collaboration afin d'intégrer notamment les personnes handicapées physiques dans leur logement sur la base d'un projet personnalisé.

TITRE VI
CITOYENNETÉ ET PARTICIPATION À LA VIE SOCIALE

Article 71

Le Code électoral est ainsi modifié :

1° L'article L. 5 est ainsi rédigé :

« Art. L. 5. – Les majeurs placés sous tutelle ne peuvent être inscrits sur les listes électorales à moins qu'ils n'aient été autorisés à voter par le juge des tutelles. » ;

2° L'article L. 200 est ainsi rédigé :

« Art. L. 200. – Ne peuvent être élus les majeurs placés sous tutelle ou sous curatelle. » ;

3° A l'article L. 199, la référence : « L. 5, » est supprimée ;

4° Le 2° de l'article L. 230 est ainsi rédigé :

« 2° Les majeurs placés sous tutelle ou sous curatelle ; ».

Article 72

Après le troisième alinéa de l'article L. 57-1 du Code électoral, il est inséré un alinéa ainsi rédigé :

« – permettre aux électeurs handicapés de voter de façon autonome, quel que soit leur handicap ; ».

Article 73

Après l'article L. 62-1 du Code électoral, il est inséré un article L. 62-2 ainsi rédigé :

« Art. L. 62-2. – Les bureaux et les techniques de vote doivent être accessibles aux personnes handicapées, quel que soit le type de ce handicap, notamment physique, sensoriel, mental ou psychique, dans des conditions fixées par décret. »

Article 74

I. – La loi n° 86-1067 du 30 septembre 1986 relative à la liberté de communication est ainsi modifiée :

1° Le treizième alinéa (5° bis) de l'article 28 est ainsi rédigé :

« 5° bis Les proportions substantielles des programmes qui, par des dispositifs adaptés et en particulier aux heures de grande écoute, sont accessibles aux personnes sourdes ou malentendantes. Pour les services dont l'audience moyenne annuelle dépasse 2,5 % de l'audience totale des services de télévision, cette obligation s'applique, dans un délai maximum de cinq ans suivant la publication de la loi n° 2005-102 du 11 février 2005 pour l'égalité des droits et des chances, la participation et la citoyenneté des personnes handicapées, à la totalité de leurs programmes, à l'exception des messages publicitaires. La convention peut toutefois prévoir des dérogations justifiées par les caractéristiques de certains programmes. Pour les services de télévision à vocation locale, la convention peut prévoir un allègement des obligations d'adaptation ; »

2° Après le troisième alinéa de l'article 33-1, il est inséré un alinéa ainsi rédigé :

« La convention porte notamment sur les proportions des programmes qui, par des dispositifs adaptés et en particulier aux heures de grande écoute, sont rendus accessibles aux personnes sourdes ou malentendantes, en veillant notamment à assurer l'accès à la diversité des programmes diffusés. Pour les services dont l'audience moyenne annuelle dépasse 2,5 % de l'audience totale des services de télévision, cette obligation s'applique, dans un délai maximum de cinq ans suivant la publication de la loi n° 2005-102 du 11 février 2005 pour l'égalité des droits et des chances, la participation et la citoyenneté des personnes handicapées, à la totalité de leurs programmes, à l'exception des messages publicitaires. La convention peut toutefois prévoir des dérogations justifiées par les caractéristiques de certains programmes » ;

3° Le troisième alinéa du I de l'article 53 est complété par les mots : « ainsi que les engagements permettant d'assurer, dans un délai de cinq ans suivant la publication de la loi n° 2005-102 du 11 février 2005 pour l'égalité des droits et des chances, la participation et la citoyenneté des personnes handicapées, l'adaptation à destination des personnes sourdes ou malentendantes de la totalité des programmes de télévision diffusés, à l'exception des messages publicitaires, sous réserve des dérogations justifiées par les caractéristiques de certains programmes » ;

4° Après l'article 80, il est rétabli un article 81 ainsi rédigé :

« Art. 81. – En matière d'adaptation des programmes à destination des personnes sourdes ou malentendantes et pour l'application du 5° bis de l'article 28, du quatrième alinéa de l'article 33-1 et du troisième alinéa de l'article 53, le Conseil supérieur de l'audiovisuel et le Gouvernement consultent chaque année, chacun pour ce qui le concerne, le Conseil national consultatif des personnes handicapées mentionné à l'article L. 146-1 du Code de l'action sociale et des familles. Cette consultation porte notamment sur le contenu des obligations de sous-titrage et de recours à la langue des signes française inscrites dans les conventions et les contrats d'objectifs et de moyens, sur la nature et la portée des dérogations justifiées par les caractéristiques de certains programmes et sur les engagements de la part des éditeurs de services en faveur des personnes sourdes ou malentendantes. »

II. – Dans un délai d'un an à compter de la publication de la présente loi, le Gouvernement déposera devant le Parlement un rapport présentant les moyens permettant de développer l'audiodescription des programmes télévisés au niveau de la production et de la diffusion, ainsi qu'un plan de mise en œuvre de ces préconisations.

Article 75

Après la section 3 du chapitre II du titre Ier du livre III de la deuxième partie du Code de l'éducation, il est inséré une section 3 bis ainsi rédigée :

Section 3 bis
L'enseignement de la langue des signes

« Art. L. 312-9-1. – La langue des signes française est reconnue comme une langue à part entière. Tout élève concerné doit pouvoir recevoir un enseignement de la langue des signes française. Le Conseil supérieur de l'éducation veille à favoriser son enseignement. Il est tenu régulièrement informé des conditions de son évaluation. Elle peut être choisie comme épreuve optionnelle aux examens et concours, y compris ceux de la formation professionnelle. Sa diffusion dans l'administration est facilitée. »

Article 76

Devant les juridictions administratives, civiles et pénales, toute personne sourde bénéficie du dispositif de communication adapté de son choix. Ces frais sont pris en charge par l'Etat.

Lorsque les circonstances l'exigent, il est mis à la disposition des personnes déficientes visuelles une aide technique leur permettant d'avoir accès aux pièces du dossier selon des modalités fixées par voie réglementaire.

Les personnes aphasiques peuvent se faire accompagner devant les juridictions par une personne de leur choix ou un professionnel, compte tenu de leurs difficultés de communication liées à une perte totale ou partielle du langage.

Article 77

I. – Afin de garantir l'exercice de la libre circulation et d'adapter les nouvelles épreuves du permis de conduire aux personnes sourdes et malentendantes, un interprète ou un médiateur langue des signes sera présent aux épreuves théoriques et pratiques du permis de conduire pour véhicules légers (permis B) lors des sessions spécialisées pour les personnes sourdes, dont la fréquence minimale sera fixée par décret.

II. – Afin de permettre aux candidats de suivre les explications de l'interprète ou du médiateur en langue des signes, il sera accordé, lors des examens théoriques, le temps nécessaire, défini par décret, à la bonne compréhension des traductions entre les candidats et le traducteur.

Article 78

Dans leurs relations avec les services publics, qu'ils soient gérés par l'Etat, les collectivités territoriales ou un organisme les représentant, ainsi que par des personnes privées chargées d'une mission de service public, les personnes déficientes auditives bénéficient, à leur demande, d'une traduction écrite simultanée ou visuelle de toute information orale ou sonore les concernant selon des modalités et un délai fixés par voie réglementaire.

Le dispositif de communication adapté peut notamment prévoir la transcription écrite ou l'intervention d'un interprète en langue des signes française ou d'un codeur en langage parlé complété.

Un décret prévoit également des modalités d'accès des personnes déficientes auditives aux services téléphoniques d'urgence.

Annexe 2.

Arrêté du 22 mars 2007 [1]

Arrêté [1] fixant les dispositions prises pour l'application des articles R. 111-19-21 et R. 111-19-24 du Code de la construction et de l'habitation, relatives à l'attestation constatant que les travaux sur certains bâtiments respectent les règles d'accessibilité aux personnes handicapées

NOR : SOCU0612415A

ATTESTATION DE VÉRIFICATION DE L'ACCESSIBILITÉ AUX PERSONNES HANDICAPÉES
Construction ou création d'établissements recevant du public (ERP) soumis à Permis de Construire

A transmettre par le Maître de l'Ouvrage à l'Autorité Administrative ayant délivré le permis de construire et au maire dans les 30 jours suivant l'achèvement des travaux et délivrée par un Contrôleur Technique ou un Architecte au Maître de l'Ouvrage en application des articles L. 111-7-4 et R. 111-19-21 à R. 111-19-24 du Code de la construction et de l'habitation.

Je soussigné : ...., de la société ...., en qualité de :

□ Organisme de Contrôle Technique au sens du CCH, art. L. 111-23, titulaire d'un agrément ministériel l'habilitant à intervenir sur les bâtiments.

□ Architecte soumis à l'art. 2 de la loi 77-2 du 3 janvier 1977 sur l'architecture, et n'ayant pas signé la demande de Permis de Construire relative à la présente opération.

atteste que par contrat de vérification technique n° ....
en date du : ....
La Société : ....
Maître de l'Ouvrage de l'opération de construction (ou de réhabilitation lourde) suivante : ....
....
....

---

[1] Modifié par l'arrêté du 3 décembre 2007. NOR : MLVU0766528A.

Réf. du PC : ....
Date du dépôt de demande de PC : .... Date du PC : ....
Modificatifs éventuels : ....
a confié, à ...., qui l'a réalisée, une mission de vérification technique après travaux visant à vérifier si les travaux réalisés (dans le cadre du PC référencé ci-dessus) respectent les règles d'accessibilité qui leur sont applicables.

Nota : les règles d'accessibilité applicables sont les règles en vigueur rappelées ci-après auxquelles sont adjointes les éventuelles dérogations propres à l'opération et citées ci-après.

Nombre de bâtiments, équipements ou locaux séparés : ....

- **Règles en vigueur considérées** :
  - ☐ Articles R. 111-19 à R. 111-19-3 du CCH relatifs à l'accessibilité aux personnes handicapées des établissements recevant du public et des installations ouvertes au public construits ou créés.
  - ☐ Arrêté du 1er août 2006 fixant les conditions prises pour l'application des articles R. 111-19 à R. 111-19-3 et R. 111-19-6 du CCH relatifs à l'accessibilité aux personnes handicapées des établissements recevant du public et des installations ouvertes au public lors de leur construction ou de leur création.

- **Dérogations accordées, telles que portées à la connaissance du Vérificateur** :

- **Documents remis au Vérificateur et pris en compte dans le cadre de sa mission** :

☞ A l'issue de sa visite de vérification, réalisée selon les termes et conditions du contrat précité et qui s'est déroulée le ...., le vérificateur récapitule sur la liste ci-après ses constats formulés ainsi :

➢ **R** Le Vérificateur a constaté sur les travaux réalisés le respect des règles d'accessibilité applicable (*).

➢ **NR** Le Vérificateur a constaté sur les travaux réalisés une ou des dispositions contraires au respect des règles d'accessibilité applicable (*).

➢ **SO** La disposition considérée est Sans Objet pour la présente opération.

Date : Signature :

(*) Voir commentaire général CG 01, p. 3.

LISTE DES CONSTATS

Commentaires généraux

CG 01	Certaines règles sont essentiellement d'ordre qualitatif et ne font pas l'objet de référentiel technique commun précis. Les avis R ou NR portés à leur sujet par le Vérificateur sont donc à considérer comme présomptions de respect ou de non-respect, établies selon sa propre appréciation des dispositions constatées, et ne préjugeant pas d'interprétations contraires.
CG 02	Mention des éventuels locaux ou parties du bâtiment qui n'ont pu être visités :

Récapitulatif des commentaires particuliers

1 – Généralités

CP 101	
CP 102	
CP 103	

2 – Cheminements extérieurs

CP 201	
CP 202	
CP 203	

3 – Places de stationnement

CP 301	
CP 302	

4 – Accès au(x) bâtiment(s) ou à l'Etablissement

CP 401	
CP 402	

5 – Circulations intérieures horizontales

CP 501	
CP 502	

6 – Circulations intérieures verticales

CP 601	
CP 602	

7 – Tapis, escaliers et plans inclinés mécaniques

CP 701	
CP 702	

8 – Revêtements de sols, murs et plafonds

CP 501	
CP 502	

9 – Portes, portiques et sas

CP 501	
CP 502	

10 – Dispositifs d'accueil, équipements et dispositifs de commande

CP 501	
CP 502	

11 – Sanitaires

CP 501	
CP 502	

12 – Sorties

CP 501	
CP 502	

13 – Eclairage

CP 501	
CP 502	

14 – Information et signalisation

CP 501	
CP 502	

15 – Etablissements recevant du public assis

CP 501	
CP 502	

16 – Etablissements comportant des locaux à sommeil

CP 501	
CP 502	

17 – Etablissements avec douches ou cabines

CP 1701	

✓ 18 – Caisses de paiement

CP 1801	

Etablissements recevant du public ✓ Points examinés	Constat			Commentaires	N° de commentaire
1 – Généralités					
Appréciation de synthèse sur le respect de l'arrêté					
2 – Cheminements extérieurs					
Généralités					
✓ Cheminement usuel ou un des cheminements usuels accessible de l'accès au terrain jusqu'à l'entrée principale du bâtiment	R	NR	SO		
✓ Cheminement accessible entre les places de stationnement adaptées et l'entrée du bâiment	R	NR	SO		
✓ Accessibilité aux équipements ou aménagements extérieurs	R	NR	SO		
Cheminement ou repère continu contrasté tactilement et visuellement	R	NR	SO		
Largeur ≥ 1,40 m	R	NR	SO		
Rétrécissements ponctuels ≥ 1,20 m	R	NR	SO		
Dévers ≤ 2 %	R	NR	SO		
Pentes					
✓ Existence de pente à chaque dénivellation du cheminement accessible aux personnes en fauteuil roulant	R	NR	SO		
✓ Pente ≤ 4 %	R	NR	SO		
✓ Pente entre 4 et 5 % : palier de repos tous les 10 m	R	NR	SO		
✓ Pente entre 5 et 8 % sur 2 m maxi	R	NR	SO		
✓ Pente entre 8 et 10 % sur 0,50 m maxi	R	NR	SO		
✓ Pente > 10 % : interdite	R	NR	SO		
✓ Paliers de repos en haut et en bas de chaque pente	R	NR	SO		
Caractéristiques des paliers de repos					
✓ 1,20 × 1,40 m	R	NR	SO		
✓ Paliers horizontaux au dévers près	R	NR	SO		

Seuils et ressauts ✓ ≤ 2 cm (ou 4 cm si pente < 33 %) ✓ Arrondis ou chanfreinés ✓ Distance entre 2 ressauts ≥ 2,50 m ✓ Pas de ressauts successifs dans une pente	 R R R R	 NR NR NR NR	 SO SO SO SO		
Repérage des éléments structurants du cheminement par les malvoyants	R	NR	SO		
Espaces de manœuvre avec possibilité de 1/2 tour aux points de choix d'itinéraire ✓ Emplacements ✓ Dimensions : ∅ 1,50 m	 R R	 NR NR	 SO SO		
Espaces de manœuvre de porte ✓ Emplacements ✓ Dimensions	 R R	 NR NR	 SO SO		
Espaces d'usage ✓ Devant chaque équipement ou aménagement ✓ Dimensions : 0,80 m × 1,30 m	 R R	 NR NR	 SO SO		
Sols non meuble, non glissant, non réfléchissant et sans obstacle à la roue	R	NR	SO		
Trous en sol : ∅ ou largeur ≤ 2 cm	R	NR	SO		
Cheminement libre de tout obstacle ✓ Hauteur libre ≥ 2,20 m ✓ Repérage visuel, tactile ou par un prolongement au sol des éléments implantés ou en saillie de plus de 15 cm	 R R	 NR NR	 SO S		
Protection si rupture de niveau ≥ 0,40 m à moins de 0,90 m	R	NR	SO		
Protection des espaces sous escaliers	R	NR	SO		
Volée d'escalier de 3 marches ou plus ✓ Largeur entre mains courantes ≥ 1,20 m ✓ Hauteur des marches ≤ 16 cm ✓ Giron des marches ≥ 28 cm	 R R R	 NR NR NR	 SO SO SO		

✓ Mains courantes • De chaque côté • Hauteur entre 0,80 et 1,00 m • Continue rigide et facilement préhensible • Dépassant les premières et les dernières marches • Différenciée du support par éclairage particulier ou contraste visuel	 R R R R R	 NR NR NR NR NR	 SO SO SO SO SO		
✓ Appel de vigilance pour les mal voyants à 50 cm en partie haute	R	NR	SO		
✓ Contremarche de 10 cm mini pour la 1re et la dernière marche	R	NR	SO		
✓ Nez de marches • De couleur contrastée • Non glissant • Sans débord excessif	 R R R	 NR NR NR	 SO SO SO		
Volée d'escalier de moins de 3 marches ✓ Appel de vigilance pour les malvoyants à 50 cm en partie haute ✓ Contremarche de 10 cm mini pour la 1re et la dernière marche ✓ Nez de marches • De couleur contrastée • Non glissant • Sans débord excessif	 R R R R R	 NR NR NR NR NR	 SO SO SO SO SO		
Présence d'un dispositif d'éclairage du cheminement	R	NR	SO		
3 – Places de stationnement					
2 % de l'ensemble des places aménagées ou suivant arrêté municipal si plus de 500 places	R	NR	SO		
Localisation à proximité de l'entrée du bâtiment	R	NR	SO		
Caractéristiques dimensionnelles et atteinte ✓ Largeur ≥ 3,30 m ✓ Espace horizontal au dévers de 2 % près ✓ Raccordement au cheminement d'accès • Ressaut ≤ 2 cm	 R R R	 NR NR NR	 SO SO SO		

• Sur 1,40 m à partir de la place : cheminement horizontal au dévers près	R	NR	SO		
✓ Contrôle d'accès et de sortie utilisables par des personnes sourdes, malentendantes ou muettes • Bornes visibles directement du poste de contrôle **Ou** • Signaux liés au fonctionnement du dispositif : sonores et visuels • **Et** visiophonie ✓ Sortie en fauteuil des places « boxées »	R R R R	NR NR NR NR	SO S SO SO		
Repérage horizontal et vertical des places ✓ Signalisation adaptée à proximité des places de stationnement pour le public ✓ Signalisation des croisements véhicules/piétons • Eveil de vigilance des piétons • Signalisation vers les conducteurs	R R R	NR NR NR	SO SO SO		
4 – Accès au(x) bâtiment(s) ou à l'Etablissement et aux locaux ouverts au public					
Accès principal accessible en continuité avec le cheminement accessible	R	NR	SO		
Entrée principale facilement repérable	R	NR	SO		
Dispositifs d'accès au bâtiment ✓ Facilement repérable ✓ Signal sonore et visuel	R R	NR NR	SO SO		
Système de communication et dispositif de commande manuelle ✓ A plus de 40 cm d'un angle rentrant ou d'un obstacle au fauteuil ✓ Hauteur comprise entre 0,90 et 1,30 m. Contrôle d'accès et de sortie ✓ Visualisation directe du visiteur par le personnel **Ou** ✓ Visiophone	R R R R	NR NR NR NR	SO SO SO SO		
Accès de manière autonome à tous les locaux ouverts au public	R	NR	SO		

5 – Circulations intérieures horizontales					
Largeur ≥ 1,40 m	R	NR	SO		
Rétrécissements ponctuels ≥ 1,20 m	R	NR	SO		
Dévers ≤ 2 cm	R	NR	SO		
Pentes					
✓ Pente ≤ 4 %	R	NR	SO		
✓ Pente entre 4 et 5 % : palier de repos tous les 10 m	R	NR	SO		
✓ Pente entre 5 et 8 % sur 2 m maxi	R	NR	SO		
✓ Pente entre 8 et 10 % sur 0,50 m maxi	R	NR	S		
✓ Pente > 10 % : interdite	R	NR	SO		
✓ Paliers de repos en haut et en bas de chaque pente	R	NR	SO		
Caractéristiques des paliers de repos					
✓ 1,20 × 1,40 m	R	NR	SO		
✓ Paliers horizontaux au dévers près	R	NR	SO		
Seuils et ressauts					
✓ ≤ 2 cm (ou 4 cm si pente < 33 %)	R	NR	SO		
✓ Arrondis ou chanfreinés	R	NR	SO		
✓ Pas d'âne interdits	R	NR	SO		
Espaces de manœuvre de portes					
✓ Emplacements	R	NR	SO		
✓ Dimensions	R	NR	SO		
Espaces d'usage					
✓ Devant chaque équipement ou aménagement	R	NR	SO		
✓ Dimensions : 0 80 m × 1 30 m	R	NR	SO		
Sols non meuble, non glissant, non réfléchissant et sans obstacle à la roue	R	NR	SO		
Trous en sol : ∅ ou largeur ≤ 2 cm	R	NR	SO		
Cheminement libre de tout obstacle					
✓ Hauteur libre : ≥ 2,20 m ou 2,00 m pour les parcs de stationnement	R	NR	SO		
✓ Repérage visuel, tactile ou par un prolongement au sol des éléments implantés ou en saillie de plus de 15 cm	R	NR	SO		

Protection si rupture de niveau ≥ 0,40 m à moins de 0,90 m	R	NR	SO		
Protection des espaces sous escaliers	R	NR	SO		
Marches isolées					
✓ Si trois marches ou plus					
• Largeur entre mains courantes ≥ 1,20 m	R	NR	SO		
• Hauteur des marches ≤ 16 cm	R	NR	SO		
• Giron des marches ≥ 28 cm	R	NR	SO		
• Appel de vigilance pour les malvoyants à 50 cm en partie haute	R	NR	SO		
• Contremarche de 10 cm mini pour la 1re et la dernière marche	R	NR	SO		
• Nez de marche					
– De couleur contrastée	R	NR	SO		
– Non glissant	R	NR	S		
– Sans débord excessif	R	NR	SO		
• Mains courantes					
– De chaque côté	R	NR	SO		
– Hauteur entre 0,80 et 1,00 m	R	NR	SO		
– Continue rigide et facilement préhensible	R	NR	SO		
– Dépassant les premières et les dernières marches	R	NR	SO		
– Différenciées du support par un éclairage particulier ou un contraste visuel	R	NR	SO		
✓ Si moins de 3 marches					
• Appel de vigilance pour les malvoyants à 50 cm en partie haute	R	NR	SO		
• Contremarche de 10 cm mini pour la 1re et la dernière marche	R	NR	SO		
• Nez de marche					
De couleur contrastée	R	NR	SO		
– Non glissant	R	NR	SO		
– Sans débord excessif	R	NR	SO		
6 – Circulations intérieures verticales					
Obligation d'ascenseur	R	NR	SO		
Escaliers utilisables dans les conditions normales de fonctionnement					
✓ Largeur entre mains courantes ≥ 1,20 m	R	NR	SO		
✓ Hauteur des marches ≤ 16 cm	R	NR	SO		
✓ Giron des marches ≥ 28 cm	R	NR	SO		

✓ Mains courantes • De chaque côté • Hauteur entre 0,80 et 1,00 m • Continue, rigide et facilement préhensible • Dépassant les premières et dernières marches • Différenciées du support par un éclairage particulier ou un contraste visuel	 R R R R R	 NR NR NR NR NR	 SO SO SO SO SO		
✓ Appel de vigilance pour les malvoyants à 50 cm en partie haute	R	NR	S		
✓ Contremarches de 10 cm mini pour la 1re et la dernière marche visuellement contrastées par rapport aux marches	R	NR	SO		
✓ Nez de marches • De couleur contrastée • Non glissant • Sans débord excessif	 R R R	 NR NR NR	 SO SO SO		
Ascenseurs					
✓ Tous les ascenseurs doivent être accessibles	R	NR	SO		
✓ Si ascenseur : Tous les étages comportant des locaux ouverts au public sont desservis	R	NR	SO		
✓ Commande à plus de 40 cm d'un angle rentrant ou d'un obstacle au fauteuil	R	NR	SO		
✓ Conformes à la norme NF EN 81-70 relative à l'accessibilité aux ascenseurs pour toutes les personnes y compris les personnes avec handicap	R	NR	SO		
✓ Munis d'un dispositif permettant de prendre appui	R	NR	SO		
✓ Permettent de recevoir les informations liées aux mouvements de la cabine, aux étages desservis, au système d'alarme	R	NR	SO		
Appareils élévateurs pour personnes à mobilité réduite					
✓ Dérogation obtenue	R	NR	SO		
✓ Conformes aux normes les concernant	R	NR	SO		
✓ D'usage permanent	R	NR	SO		

7 – Tapis, escaliers et plans inclinés mécaniques					
Doublé par un cheminement accessible ou un ascenseur	R	NR	SO		
Mains courantes accompagnant le mouvement	R	NR	SO		
Mains courantes dépassant de 30 cm le départ et l'arrivée	R	NR	SO		
Arrêt d'urgence facilement repérable, accessible et manœuvrable en position debout ou assis	R	NR	SO		
Départ et arrivée différenciés par éclairage ou contraste visuel	R	NR	SO		
Signal tactile ou sonore en partie terminale d'un tapis ou plan incliné mécaniques	R	NR	SO		
8 – Revêtements de sols, murs et plafonds					
Tapis ✓ Dureté suffisante ✓ Pas de ressaut ≥ 2 cm	 R R	 NR NR	 SO SO		
Qualité acoustique des revêtements des espaces d'accueil, d'attente ou de restauration ✓ Conforme à la réglementation en vigueur **Ou** ✓ Aire d'absorption équivalente ≥ 25 % de la surface au sol	R R	NR NR	SO SO		
9 – Portes, portiques et sas					
Dimensions des sas	R	NR	SO		
Espace de manœuvre de portes devant chaque porte à l'exception des portes d'escalier	R	NR	SO		
Largeur des portes principales et des portiques ✓ 0,90 m pour les locaux ou zones recevant moins de 100 personnes	R	NR	SO		

✓ 1,40 m pour les locaux ou zones recevant au moins 100 personnes ✓ 1 vantail ≥ 0,90 m pour les portes à 2 vantaux ✓ 0,80 m pour les portiques de sécurité et les sanitaires, douches et cabines non adaptés	R R R	NR NR NR	SO SO SO		
Poignées des portes ✓ Facilement préhensibles ✓ Extrémité à plus de 40 cm d'un angle rentrant ou d'un obstacle au fauteuil (sauf portes ouvrant uniquement sur un escalier et portes des sanitaires, douches et cabines non adaptés)	R R	NR NR	SO SO		
Effort pour ouvrir une porte ≤ 50 N	R	NR	SO		
Portes vitrées repérables	R	NR	SO		
Portes à ouverture automatique ✓ Durée d'ouverture réglable ✓ Détection des personnes de toutes tailles	R R	NR NR	SO SO		
Signal sonore et lumineux du déverrouillage des portes à verrouillage électrique	R	NR	SO		
Possibilité d'accès y compris en cas de dispositif lié à la sécurité ou à la sûreté est installé	R	NR	SO		
10 – Dispositifs d'accueil, équipements et dispositifs de commande					
Si existence d'un point d'accueil ✓ Au moins un accessible ✓ Point d'accueil aménagé prioritairement ouvert ✓ Banques d'accueil utilisables en position debout ou assis	R R R	NR NR NR	SO SO SO		
Equipements divers accessibles au public ✓ Au moins 1 équipement par type aménagé ✓ Espace d'usage de 0,80 × 1,30 m devant chaque équipement	R R	NR NR	SO S		

✓ Commandes manuelles et fonctions voir, lire, entendre, parler • 0,90 m ≤ H ≤ 1,30 m	R	NR	SO		
✓ Elément de mobilier permettant de lire, écrire ou utiliser un clavier • Face supérieure ≤ à 0,80 m	R	NR	SO		
• Vide de 0,70 × 0,60 × 0,30 m (H × L × P)	R	NR	SO		
✓ Dispositif de sonorisation équipé d'une boucle magnétique	R	NR	SO		
Panneaux d'affichage instantané relayant les informations sonores	R	NR	SO		
11 – Sanitaires					
Cabinets aménagés ✓ Au moins 1 par niveau comportant des sanitaires	R	NR	SO		
✓ Aux mêmes emplacements que les autres	R	NR	SO		
✓ Séparés H/F si autres sanitaires séparés	R	NR	SO		
1 lavabo accessible par groupe de lavabos	R	NR	SO		
Espace de manœuvre avec possibilité de demi-tour ✓ Emplacement : dans le cabinet ou devant la porte	R	NR	SO		
✓ Dimensions : ∅ 1,50 m	R	NR	SO		
Aménagements intérieurs des cabinets ✓ Dispositif permettant de refermer la porte	R	NR	SO		
✓ Espace d'usage latéral de 0,80 × 1,30 m	R	NR	SO		
✓ Hauteur de la cuvette entre 0,45 et 0,50 m	R	NR	SO		
✓ Lave-mains accessible d'une hauteur ≤ 0,85 m	R	NR	SO		
✓ Barre d'appui latérale entre 0,70 et 0,80 m du sol	R	NR	SO		
✓ Barre d'appui supportant le poids d'une personne	R	NR	SO		
✓ Commande de chasse d'eau facilement accessible et manœuvrable	R	NR	SO		

Lavabos accessibles ✓ Vide en-dessous de 0,70 × 0,60 × 0,30 m (H × L × P)	R	NR	SO		
Accessoires divers – porte-savon, séchoirs, etc. à 1,30 m maxi	R	NR	SO		
Urinoirs à différentes hauteurs si batteries d'urinoirs	R	NR	S		
12 – Sorties					
Sorties repérables sans risque de confusion avec les issues de secours	R	NR	SO		
13 – Eclairage					
Valeurs d'éclairement ✓ 20 lux pour les cheminements extérieurs ✓ 200 lux aux postes d'accueil ✓ 100 lux pour les circulations horizontales ✓ 150 lux pour les escaliers et équipements mobiles ✓ 50 lux pour les circulations piétonnes des parc de stationnement ✓ 20 lux pour les parcs de stationnement (hors circulations piétonnes)	R R R R R R	NR NR NR NR NR NR	SO SO SO SO SO SO		
Eblouissement / Reflet	R	NR	SO		
Durée de fonctionnement des éclairages temporisés	R	NR	SO		
Extinction doit être progressive si éclairage est temporisé	R	NR	SO		
Eclairages par détection de présence	R	NR	SO		
14 – Information et signalisation					
Cheminements extérieurs ✓ Signalisation adaptée aux points de choix d'itinéraires ou en cas de pluralité de cheminements ✓ Repérage des parois vitrées ✓ Passage piétons	R R R	NR NR NR	SO SO SO		

Accès à l'établissement et accueil ✓ Repérage des entrées ✓ Repérage du système de contrôle d'accès	 R R	 NR NR	 SO SO		
Accueils sonorisés ✓ Transmission ou doublage visuel des informations sonores nécessaire ✓ Système de transmission du signal acoustique par induction magnétique ✓ Signalisation de la boucle par un pictogramme	 R R R	 NR NR NR	 SO SO SO		
Circulations intérieures ✓ Eléments structurants du cheminement repérables ✓ Repérage des parois et portes vitrées ✓ Informations d'aide au choix de la circulation à proximité des commandes d'appel d'ascenseur ✓ Dans le cas des équipements mobiles, escaliers roulants, tapis et rampes mobiles, signalisation du cheminement accessible	 R R R R	 NR NR NR NR	 SO SO SO S		
Equipements divers ✓ Signalisation du point d'accueil, du guichet ✓ Equipements et mobilier repérables par contraste de couleur ou d'éclairage ✓ Dispositifs de commande repérables par contraste visuel ou tactile	 R R R	 NR NR NR	 SO SO SO		
Exigences portant sur tous les éléments de signalisation et d'information et définies à l'annexe 3 ✓ Visibilité (localisation du support, contrastes) ✓ Lisibilité (hauteur des caractères) ✓ Compréhension (pictogrammes)	 **R** R R	 NR NR NR	 SO SO SO		

15 – Etablissements recevant du public assis					
Nombre de places réservées : 1 + 1 par tr. de 50	R	NR	SO		
Salle de + de 1 000 places : selon arrêté municipal	R	NR	SO		
Dimension de l'emplacement : 0,80 × 1,30 m	R	NR	SO		
Cheminement accessible jusqu'à l'emplacement	R	NR	SO		
Réparties en fonction des différentes catégories de places	R	NR	**SO**		
16 – Etablissements comportant des locaux à sommeil					
Nombre de chambres adaptées ✓ 1 si moins de 21 chambres **Ou** ✓ 1 + 1 par tranche de 50 **Ou** ✓ Toutes les chambres si établissement d'hébergement de personnes âgées ou présentant un handicap moteur	R R R	NR NR NR	SO SO SO		
Caractéristiques des chambres adaptées ✓ Espace de rotation Ø 1,50 m ✓ 0,90 m sur les 2 grands côtés du lit et 1,20 m au pied du lit ou 1,20 m sur les 2 grands côtés du lit et 0,90 m au pied du lit ✓ Hauteur du plan de couchage des lits fixés au sol : 40 à 50 cm	R R R	NR NR NR	SO SO SO		
Cabinet de toilette ✓ 1 au moins accessible depuis chaque chambre adaptée ✓ Toutes si établissement d'hébergement personnes âgées ou présentant un handicap moteur ✓ Espace de rotation ∅ 1,50 m ✓ Douche accessible avec barre d'appui	R R R R	NR NR NR NR	SO SO SO S		

Cabinet d'aisance accessible					
✓ 1 au moins accessible depuis chaque chambre adaptée	R	NR	SO		
✓ Tous si personnes âgées ou à mobilité réduites	R	NR	SO		
✓ Espace d'usage 0,80 × 1,30 m	R	NR	SO		
✓ Barre d'appui	R	NR	SO		
Pour toutes les chambres					
✓ 1 prise de courant à proximité du lit	R	NR	SO		
✓ 1 prise téléphonique en cas de réseau de téléphonie interne	R	NR	SO		
✓ N° de la chambre en relief sur la porte	R	NR	SO		
17 – Etablissements avec douches ou cabines					
Cabines					
✓ Au moins 1 cabine aménagée	R	NR	SO		
✓ Au même emplacement que les autres cabines	R	NR	SO		
✓ Cheminement accessible jusqu'à la cabine	R	NR	SO		
✓ Cabines séparées H/F si autres cabines séparées	R	NR	SO		
✓ Espace de manœuvre avec possibilité de demi-tour : ∅ 1,50 m	R	NR	SO		
✓ Siège	R	NR	SO		
✓ Dispositif d'appui en position debout	R	NR	SO		
Douches					
✓ Au moins 1 douche aménagée	R	NR	SO		
✓ Au même emplacement que les autres douches	R	NR	SO		
✓ Cheminement accessible jusqu'à la douche	R	NR	SO		
✓ Douches séparées H/F si autres douches séparées	R	NR	SO		
✓ Espace d'usage de 0,80 × 1,30 m latéralement à la douche	R	NR	SO		
✓ Siphon de sol	R	NR	SO		
✓ Siège	R	NR	SO		
✓ Dispositif d'appui en position debout	R	NR	SO		
✓ Equipements divers utilisables en position assis	R	NR	SO		

18 – Caisses de paiement					
Au moins 1 caisse adaptée par niveau avec caisses	R	NR	SO		
Une caisse adaptée par tr. de 20	R	NR	SO		
Répartition uniforme des caisses adaptées	R	NR	SO		
Caractéristiques des caisses adaptées	R	NR	SO		
Cheminement d'accès aux caisses adaptées ≥ 0,90 m	R	NR	SO		
Affichage directement lisible pour les personnes sourdes ou malentendantes	R	NR	SO		

Annexe 3.

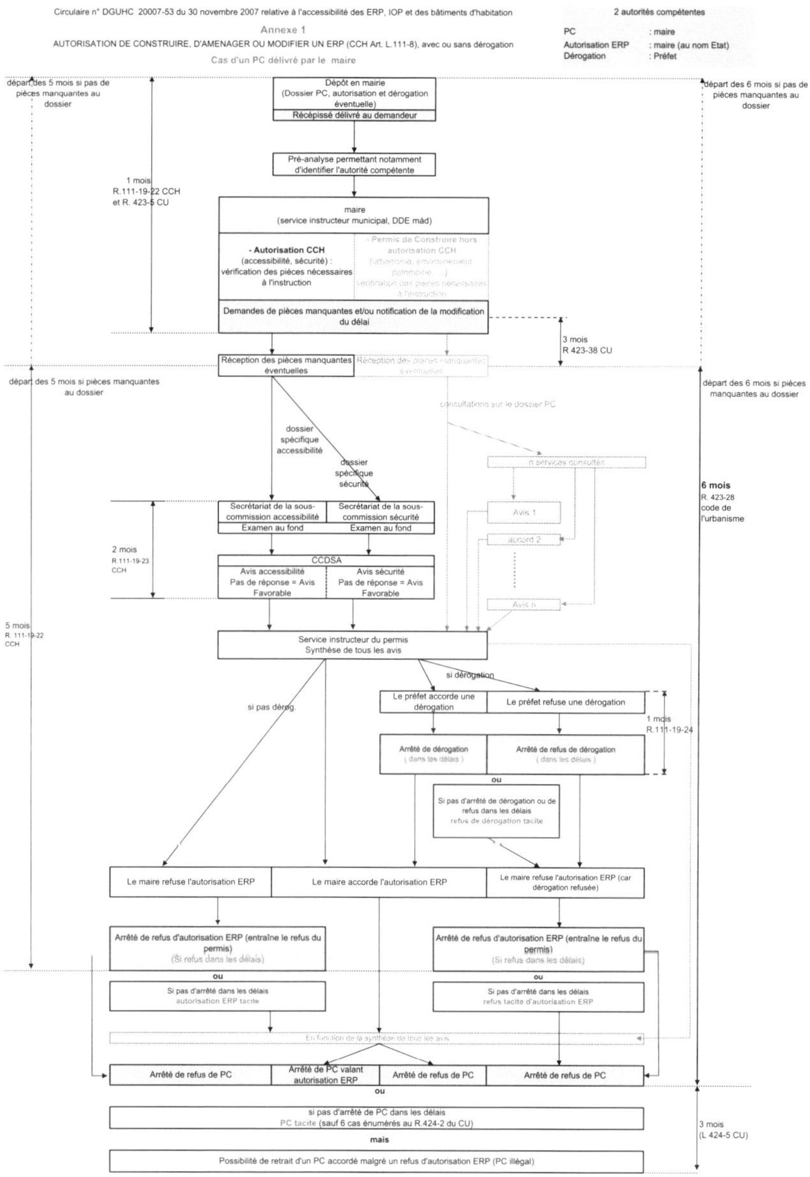

Circulaire n° DGUHC 20007-53 du 30 novembre 2007 relative à l'accessibilité des ERP, IOP et des bâtiments d'habitation
Annexe 1
AUTORISATION DE CONSTRUIRE, D'AMENAGER OU MODIFIER UN ERP (CCH Art. L.111-8), avec ou sans dérogation
Cas d'un PC délivré par le maire
2 autorités compétentes
PC : maire
Autorisation ERP : maire (au nom Etat)
Dérogation : Préfet
départ des 5 mois si pas de pièces manquantes au dossier
départ des 6 mois si pas de pièces manquantes au dossier
Dépôt en mairie (Dossier PC, autorisation et dérogation éventuelle)
Récépissé délivré au demandeur
Pré-analyse permettant notamment d'identifier l'autorité compétente
1 mois R.111-19-22 CCH et R. 423-5 CU
maire (service instructeur municipal, DDE màd)
- Autorisation CCH (accessibilité, sécurité) : vérification des pièces nécessaires à l'instruction
- Permis de Construire hors autorisation CCH
Demandes de pièces manquantes et/ou notification de la modification du délai
3 mois R 423-38 CU
Réception des pièces manquantes éventuelles
Réception des pièces manquantes éventuelles
départ des 5 mois si pièces manquantes au dossier
départ des 6 mois si pièces manquantes au dossier
consultations sur le dossier PC
dossier spécifique accessibilité
dossier spécifique sécurité
n services consultés
6 mois R. 423-28 code de l'urbanisme
Secrétariat de la sous-commission accessibilité
Examen au fond
Secrétariat de la sous-commission sécurité
Examen au fond
Avis 1
accord 2
Avis n
2 mois R.111-19-23 CCH
CCDSA
Avis accessibilité Pas de réponse = Avis Favorable
Avis sécurité Pas de réponse = Avis Favorable
5 mois R. 111-19-22 CCH
Service instructeur du permis Synthèse de tous les avis
si dérogation
si pas dérog.
Le préfet accorde une dérogation
Le préfet refuse une dérogation
1 mois R.111-19-24
Arrêté de dérogation (dans les délais)
Arrêté de refus de dérogation (dans les délais)
ou
Si pas d'arrêté de dérogation ou de refus dans les délais refus de dérogation tacite
Le maire refuse l'autorisation ERP
Le maire accorde l'autorisation ERP
Le maire refuse l'autorisation ERP (car dérogation refusée)
Arrêté de refus d'autorisation ERP (entraîne le refus du permis) (Si refus dans les délais)
Arrêté de refus d'autorisation ERP (entraîne le refus du permis) (Si refus dans les délais)
ou
Si pas d'arrêté dans les délais autorisation ERP tacite
Si pas d'arrêté dans les délais refus tacite d'autorisation ERP
En fonction de la synthèse de tous les avis
Arrêté de refus de PC
Arrêté de PC valant autorisation ERP
Arrêté de refus de PC
Arrêté de refus de PC
ou
si pas d'arrêté de PC dans les délais PC tacite (sauf 6 cas énumérés au R.424-2 du CU)
3 mois (L 424-5 CU)
mais
Possibilité de retrait d'un PC accordé malgré un refus d'autorisation ERP (PC illégal)

Circulaire n° DGUHC 20007-53 du 30 novembre 2007 relative à l'accessibilité des ERP, IOP et des bâtiments d'habitation

Annexe 2

AUTORISATION DE CONSTRUIRE, D'AMENAGER OU MODIFIER UN ERP (CCH Art. L.111-8), avec ou sans dérogation

Cas d'un PC délivré par le prefet

1 autorité compétente

PC
Autorisation ERP
Dérogation
} Préfet

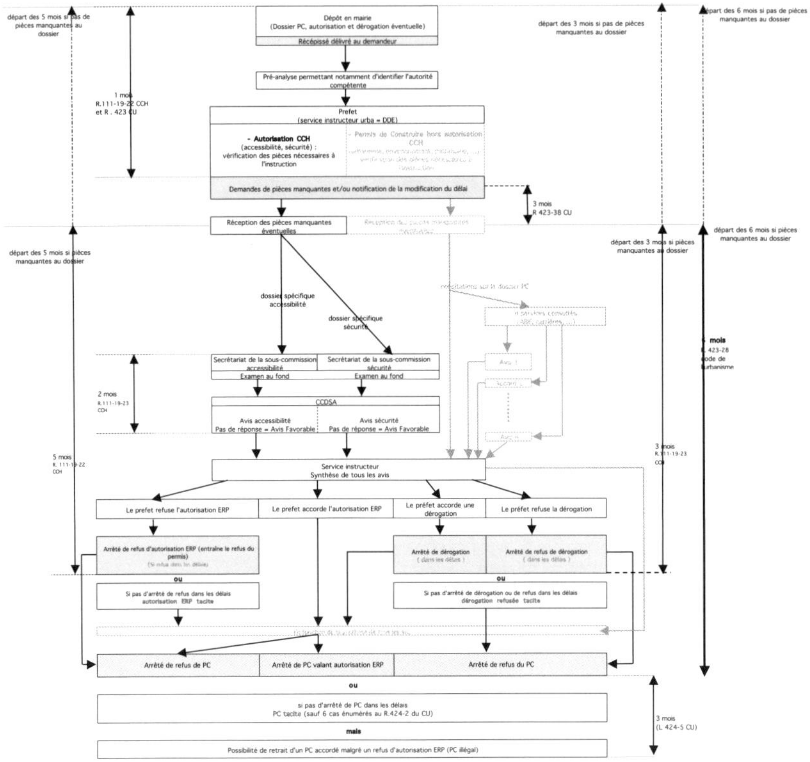

Circulaire n° DGUHC 20007-53 du 30 novembre 2007 relative à l'accessibilité des ERP, IOP et des bâtiments d'habitation

Annexe 3

AUTORISATION DE CONSTRUIRE, D'AMENAGER OU MODIFIER UN ERP (CCH Art. L.111-8), avec ou sans dérogation

Cas d'un PC délivré par un président d'EPCI

3 autorités compétentes distinctes

PC : Président EPCI
Autorisation ERP : Maire
Dérogation : Préfet

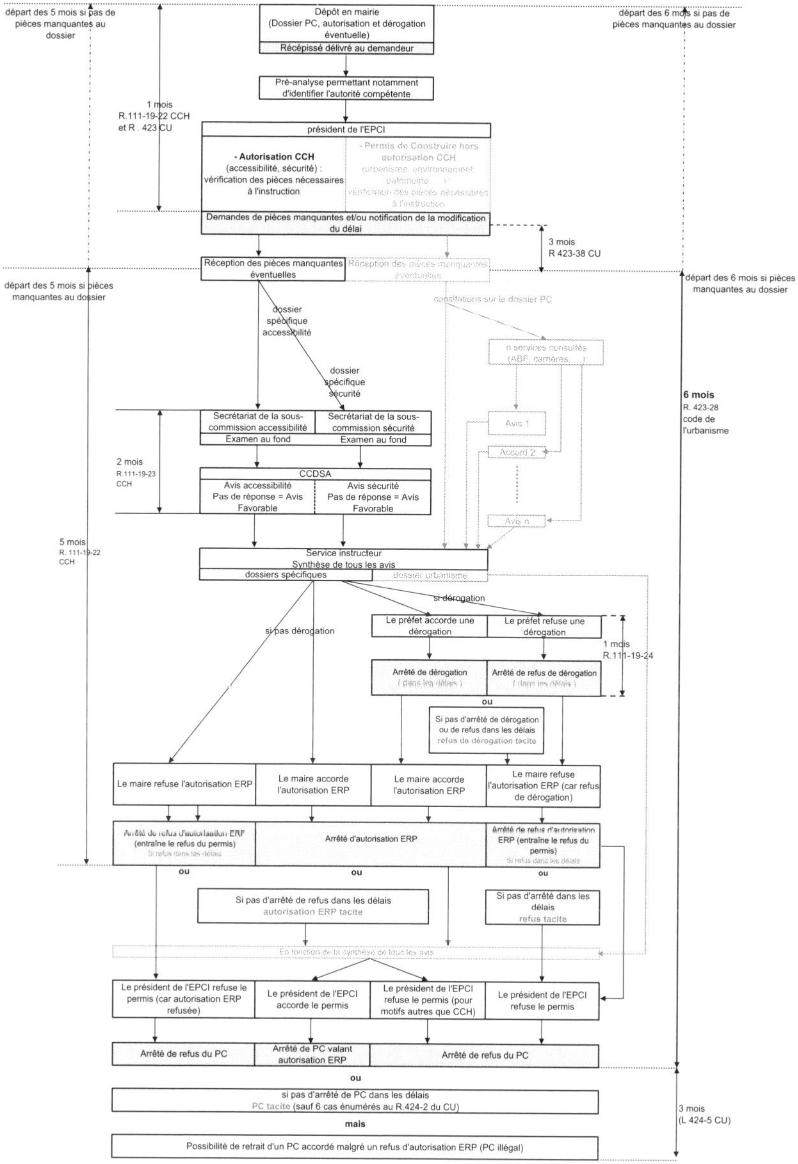

Circulaire n° DGUHC 20007-53 du 30 novembre 2007 relative à l'accessibilité des ERP, IOP et des bâtiments d'habitation

2 autorités compétentes

Autorisation ERP : maire (au nom Etat)
Dérogation : préfet

Annexe 4

AUTORISATION DE CONSTRUIRE, D'AMENAGER OU MODIFIER UN ERP (CCH Art. L.111-8), avec ou sans dérogation

Cas d'une autorisation d'ERP sans PC pour un ERP

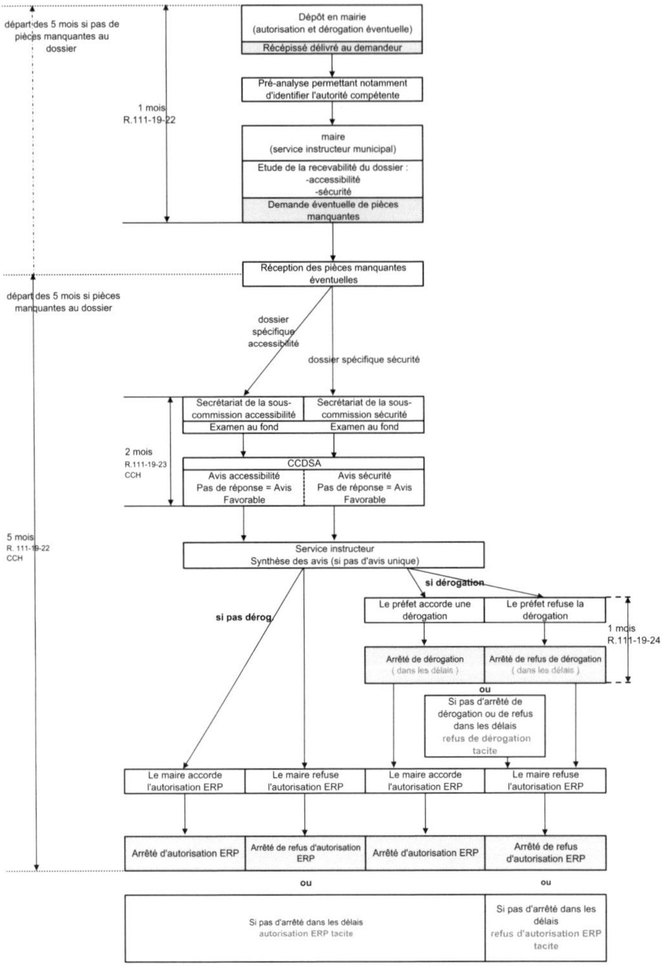

Circulaire n° DGUHC 20007-53 du 30 novembre 2007 relative à l'accessibilité des ERP, IOP et des bâtiments d'habitation

1 autorité compétente

Autorisation ERP
Dérogation } Préfet

Annexe 5

AUTORISATION DE CONSTRUIRE, D'AMENAGER OU MODIFIER UN ERP (CCH Art. L.111-8), avec ou sans dérogation

Cas d'une autorisation d'ERP sans PC pour un ERP situé dans un IGH

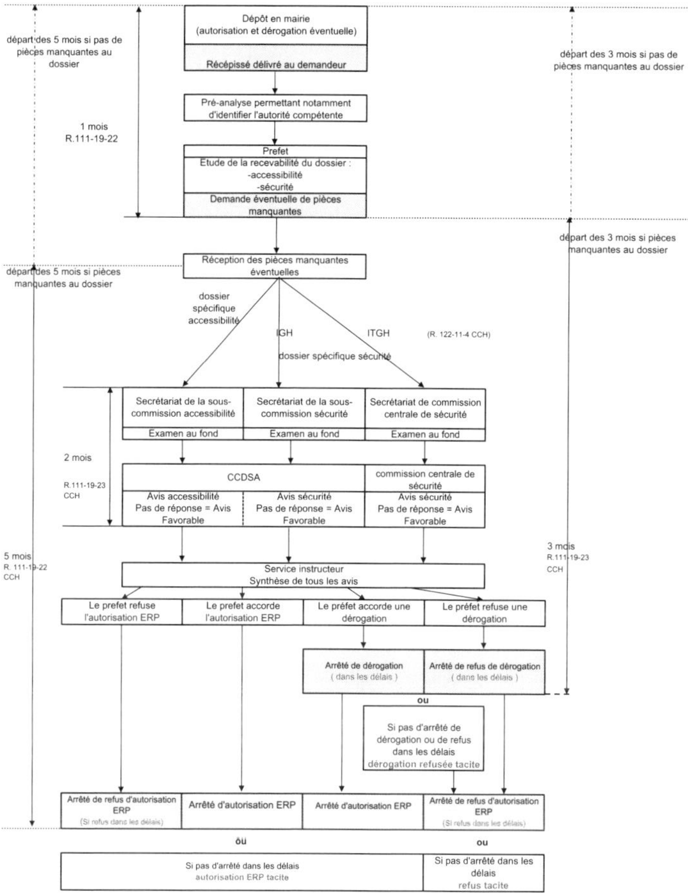

Annexe 4.

Arrêté du 15 janvier 2007

Arrêté portant application du décret n° 2006-1658 du 21 décembre 2006 relatif aux prescriptions techniques pour l'accessibilité de la voirie et des espaces publics
NOR : EQUR0700133A

Article 1

Les caractéristiques techniques destinées à faciliter l'accessibilité aux personnes handicapées ou à mobilité réduite des équipements et aménagements relatifs à la voirie et aux espaces publics sont les suivantes :

Pentes

Lorsqu'une pente est nécessaire pour franchir une dénivellation, elle est inférieure à 5 %. Lorsqu'elle dépasse 4 %, un palier de repos est aménagé en haut et en bas de chaque plan incliné et tous les 10 mètres en cheminement continu. Un garde-corps permettant de prendre appui est obligatoire le long de toute rupture de niveau de plus de 0,40 mètre de hauteur.

En cas d'impossibilité technique, due notamment à la topographie et à la disposition des constructions existantes, une pente de cheminement supérieure à 5 % est tolérée. Cette pente peut aller jusqu'à 8 % sur une longueur inférieure ou égale à 2 mètres et jusqu'à 12 % sur une longueur inférieure ou égale à 0,50 mètre.

Paliers de repos

Les paliers de repos sont horizontaux et ménagent un espace rectangulaire de 1,20 mètre par 1,40 mètre, hors obstacle éventuel. Ils sont aménagés conformément aux prescriptions du 1° du présent article et à chaque bifurcation du cheminement.

Profil en travers

En cheminement courant, le dévers est inférieur ou égal à 2 %. La largeur minimale du cheminement est de 1,40 mètre libre de mobilier ou de tout autre obstacle éventuel. Cette largeur peut toutefois être réduite à

1,20 mètre en l'absence de mur ou d'obstacle de part et d'autre du cheminement.

Traversées pour piétons

Au droit de chaque traversée pour piétons, des « abaissés » de trottoir, ou « bateaux », sont réalisés avec des ressauts respectant les prescriptions du 5° du présent article. La partie abaissée du bateau, a une largeur minimale de 1,20 mètre et les pentes des plans inclinés sont conformes au 1° du présent article.

Si la largeur du trottoir le permet, un passage horizontal d'au moins 0,80 mètre est réservé au droit des traversées pour piétons entre la pente du plan incliné vers la chaussée et le cadre bâti ou tout autre obstacle.

Une bande d'éveil de vigilance conforme aux normes en vigueur est implantée pour avertir les personnes aveugles ou malvoyantes au droit des traversées matérialisées.

Les passages pour piétons sont dotés d'un marquage réglementaire conformément à l'arrêté du 16 février 1988 modifié susvisé, et notamment aux dispositions de l'article 113 de l'instruction interministérielle sur la signalisation routière, septième partie (Marques sur chaussées). Ils comportent un contraste visuel, tel que précisé en annexe 1 du présent arrêté.

Un contraste tactile appliqué sur la chaussée ou le marquage, ou tout autre dispositif assurant la même efficacité, permet de se situer sur les passages pour piétons ou d'en détecter les limites.

Les matériaux utilisés et les éventuels dispositifs d'éclairage respectent les dispositions de l'annexe 2 du présent arrêté.

Ressauts

Les ressauts sur les cheminements et au droit des passages pour piétons sont à bords arrondis ou munis de chanfreins. La hauteur des ressauts est au maximum de 2 centimètres. Elle peut atteindre 4 centimètres lorsque les ressauts sont aménagés en chanfrein « à un pour trois ».

La distance minimale entre deux ressauts successifs est de 2,50 mètres. Les pentes comportant plusieurs ressauts successifs, dits « pas-d'âne », sont interdites.

Equipements et mobiliers sur cheminement

a) Les trous ou fentes dans le sol résultant de la présence de grilles ou autres équipements ont un diamètre ou une largeur inférieurs à 2 centimètres.

b) Afin de faciliter leur détection par les personnes malvoyantes, les bornes et poteaux et autres mobiliers urbains situés sur les cheminements comportent une partie contrastée soit avec son support, soit avec son arrière-plan selon les modalités définies en annexe 1 du présent arrêté. La partie de couleur contrastée est constituée d'une bande d'au moins 10 centimètres de hauteur apposée sur le pourtour du support ou sur chacune de ses faces, sur une longueur au moins égale au tiers de sa largeur, et à une hauteur comprise entre 1,20 mètre et 1,40 mètre.

Ce contraste est réalisé dans la partie haute des bornes et poteaux d'une hauteur inférieure ou égale à 1,30 mètre. La hauteur de la partie contrastée peut alors être adaptée si elle permet d'atteindre un résultat équivalent.

Les dispositifs d'éclairage répondent aux prescriptions indiquées dans l'annexe 2 du présent arrêté.

c) La largeur et la hauteur des bornes et poteaux respectent l'abaque de détection d'obstacles représenté dans l'annexe 3 du présent arrêté.

Tout mobilier urbain sur poteaux ou sur pieds comporte un élément bas situé à l'aplomb des parties surélevées lorsque celles-ci ne ménagent pas un passage libre d'au moins 2,20 mètres de hauteur. Cet élément est installé au maximum à 0,40 mètre du sol.

d) S'ils ne peuvent être évités sur le cheminement, les obstacles répondent aux exigences suivantes :

- s'ils sont en porte-à-faux, ils laissent un passage libre d'au moins 2,20 mètres de hauteur ;
- s'ils sont en saillie latérale de plus de 15 centimètres et laissent un passage libre inférieur à 2,20 mètres de hauteur, ils sont rappelés par un élément bas installé au maximum à 0,40 mètre du sol ou par une surépaisseur au sol d'au moins 3 centimètres de hauteur.

e) Si un cheminement pour piétons comporte un dispositif de passage sélectif, ou « chicane », sans alternative, ce dispositif permet le passage d'un fauteuil roulant d'un gabarit de 0,80 mètre par 1,30 mètre.

Escaliers, à l'exception des escaliers mécaniques

La largeur minimale d'un escalier est de 1,20 mètre s'il ne comporte aucun mur de chaque côté, de 1,30 mètre s'il comporte un mur d'un seul côté et de 1,40 mètre s'il est placé entre deux murs.

La hauteur maximale des marches est de 16 centimètres. La largeur minimale du giron des marches est de 28 centimètres. Le nez des première et dernière marches est visible, avec un contraste visuel tel que défini en annexe 2 du présent arrêté. Il présente une largeur de 5 centimètres au minimum.

Tout escalier de trois marches ou plus comporte une main courante de chaque côté ou une main courante intermédiaire permettant de prendre appui de part et d'autre. Au moins une double main courante intermédiaire est implantée lorsque l'escalier est d'une largeur supérieure à 4,20 mètres. Il y a au moins un passage d'une largeur minimale de 1,20 mètre entre mains courantes. Chaque main courante dépasse les première et dernière marches de chaque volée d'une largeur au moins égale au giron. La main courante est positionnée à une hauteur comprise entre 0,80 mètre et 1 mètre mesurée à la verticale des nez de marches. Toutefois, lorsque la main courante fait fonction de garde-corps, celle-ci se situe à la hauteur minimale requise pour le garde-corps.

Stationnement réservé

Un emplacement réservé ne peut être d'une largeur inférieure à 3,30 mètres et présente une pente et un dévers transversal inférieurs à 2 %. S'il n'est pas de plain-pied avec le trottoir, un passage d'une largeur au moins égale à 0,80 mètre permet de rejoindre le trottoir en sécurité sans emprunter la chaussée au moyen d'un abaissé aménagé conformément aux prescriptions énoncées au 4° du présent article.

Par dérogation à la règle énoncée à l'alinéa précédent, en cas de stationnement longitudinal à gauche et de plain-pied avec le trottoir, la largeur de l'emplacement prévu pour le véhicule peut être réduite à 2 mètres, à condition de ménager une largeur de trottoir de 1,80 mètre comprenant une bande latérale matérialisée de 0,80 mètre au droit de cet emplacement.

Les emplacements réservés sont signalés conformément à l'arrêté du 7 juin 1977 et à l'arrêté du 16 février 1988 susvisés, et notamment aux dispositions de l'article 55 et de l'article 118 de l'instruction interministérielle sur la signalisation routière, quatrième partie (Signalisation de prescription) et septième partie (Marques sur chaussées). Ils sont répartis de manière homogène sur la totalité de la voirie de la commune, selon un plan de zonage élaboré après avis de la commission communale pour l'accessibilité aux personnes handicapées ou dans le cadre du plan de mise en accessibilité de la voirie et des espaces publics.

En cas de stationnement payant, les instructions figurant sur les parcmètres ou les horodateurs sont lisibles en toute condition en position assise comme en position debout. Les commandes permettant d'actionner le dispositif de paiement sont situées entre 0,90 mètre et 1,30 mètre du sol.

Signalétique et systèmes d'information, hors signalisation routière

Les informations visuelles apposées sur le mobilier urbain et destinées à l'indication des lieux ou à l'information du public peuvent être doublées par un signal sonore. Les informations visuelles sont facilement compréhensibles, lisibles en toutes conditions, y compris d'éclairage, visibles en position debout comme en position assise et contrastées par rapport au fond, tel que précisé en annexe 1 du présent arrêté. Les caractères ont une hauteur de 1,5 centimètre au minimum pour une lecture proche, de 15 centimètres pour une lecture à 4 mètres et de 20 centimètres pour une lecture à 6 mètres.

Lorsque le système d'information comporte des commandes, leur surface de contact tactile est située entre 0,90 mètre et 1,30 mètre du sol. Ces éléments sont identifiés par un pictogramme ou une inscription en relief. Le dispositif peut être atteint par une personne en fauteuil roulant, un espace d'au moins 0,90 mètre par 1,30 mètre en permettant l'usage sans danger. Lorsque des messages sonores doublent les messages visuels, ils sont délivrés par un matériel permettant à une personne présentant une déficience auditive de les comprendre.

Les escaliers et, chaque fois que cela est possible, les autres équipements susceptibles d'être signalés au moyen d'idéogrammes sont indiqués de cette manière.

Feux de circulation permanents

Les signaux pour les piétons associés aux feux de signalisation lumineuse sont complétés par des dispositifs sonores ou tactiles conformes à l'arrêté du 21 juin 1991 susvisé, et notamment aux dispositions de l'article 110-2 de l'instruction interministérielle de signalisation routière, sixième partie (Feux de circulation permanents), et aux normes en vigueur.

Postes d'appel d'urgence

Les postes d'appel d'urgence sont conformes aux normes en vigueur. Ils sont munis du matériel nécessaire pour délivrer un retour d'information pouvant être reçu et interprété par une personne handicapée.

Emplacements d'arrêt de véhicule de transport collectif

L'emplacement d'arrêt, jusqu'à la bordure, est situé à une hauteur adaptée aux matériels roulants qui circulent sur la ligne de transport. Au moins un cheminement donnant accès à l'aire d'attente des voyageurs est totalement dégagé d'obstacle depuis le trottoir.

Une largeur minimale de passage de 0,90 mètre, libre de tout obstacle, est disponible entre le nez de bordure de l'emplacement d'arrêt et le retour d'un abri pour voyageur éventuel. Si le cheminement pour piétons n'est pas accessible du côté du cadre bâti, cette largeur est au minimum de 1,40 mètre.

Une aire de rotation de 1,50 mètre de diamètre permet la manoeuvre d'un fauteuil roulant qui utilise le dispositif d'aide à l'embarquement ou au débarquement du véhicule. En milieu urbain, sauf en cas d'impossibilité technique, les arrêts sont aménagés en alignement ou « en avancée ».

Les lignes de transport et leur destination sont indiquées à chaque emplacement d'arrêt desservi par celles-ci.

Le nom, la lettre ou le numéro identifiant éventuellement la ligne est indiqué en caractères de 12 centimètres de hauteur au minimum et de couleur contrastée par rapport au fond, tel que précisé en annexe 1 du présent arrêté. Le nom du point d'arrêt peut être lu perpendiculairement à l'axe de la chaussée. Il doit commencer par une lettre majuscule suivie de minuscules et comporter des caractères d'au moins 8 centimètres de hauteur contrastés par rapport au fond, tel que défini en annexe 1 du présent arrêté.

Dans le cas d'un emplacement d'arrêt de transport guidé surélevé à plus de 26 centimètres de hauteur par rapport à la chaussée, une bande d'éveil de vigilance conforme aux normes en vigueur est implantée sur toute la longueur de l'arrêt.

Article 2

En cas d'impossibilité technique de satisfaire aux prescriptions imposées par le décret n° 2006-1658 du 21 décembre 2006 susvisé ou par le présent arrêté, l'autorité gestionnaire de la voie ou de l'espace public objet du projet de construction, d'aménagement ou de travaux tels que définis à l'article 1er du décret n° 2006-1657 du 21 décembre 2006 susvisé sollicite l'avis de la commission consultative départementale de sécurité et d'accessibilité pour dérogation à une ou plusieurs règles d'accessibilité dans les conditions suivantes :

- la demande est adressée au préfet en qualité de président de ladite commission avant approbation du projet ;
- la demande est accompagnée d'un dossier établi en trois exemplaires comprenant tous les plans et documents permettant à la commission de se prononcer sur la pertinence de la dérogation ;
- lorsque la demande de dérogation est justifiée par des contraintes liées à la protection d'espaces protégés, l'avis de l'architecte des Bâtiments de France est joint au dossier.

A défaut de réponse de la commission dans un délai de deux mois à compter de la date à laquelle son président a reçu la demande, l'avis demandé est réputé favorable.

Si le dossier est incomplet, le président de la commission invite le demandeur, par lettre recommandée avec accusé de réception et dans le mois suivant la réception de la demande, à fournir les pièces complémentaires. Dans ce cas, le délai d'instruction de deux mois commence à courir à compter de la réception des pièces complétant le dossier.

Article 3

L'arrêté du 31 août 1999 relatif aux prescriptions concernant l'accessibilité aux personnes handicapées de la voirie publique ou privée ouverte à la circulation publique pris pour l'application de l'article 2 de la loi n° 91-663 du 13 juillet 1991 est abrogé.

Contrastes visuels

Pour faciliter la détection des aménagements, équipements et mobiliers par les personnes malvoyantes, un contraste visuel est établi soit entre l'objet et son support ou son arrière-plan, soit entre deux parties de l'objet.

Un contraste en luminance est mesuré entre les quantités de lumières réfléchies par l'objet et par son support direct ou son environnement immédiat, ou entre deux éléments de l'objet. Si cet objet est moins lumineux, la valeur de 70 % doit être recherchée lors de la mise en œuvre en réalisant les mesures sur les revêtements neufs. Une solution technique permettant d'obtenir de manière durable un contraste de luminance de 40 % peut se substituer à cet objectif. Ces valeurs deviennent 2,3 et 0,6 respectivement dans le cas où l'objet est plus lumineux que son environnement.

Un contraste équivalent peut également être recherché d'une manière chromatique, au moyen d'une différence de couleur entre les deux surfaces.

Le choix des matériaux mis en œuvre et des dispositifs d'éclairage éventuels tient compte de leur capacité à maintenir des niveaux de contraste suffisants, en luminance ou en couleur.

Visibilité des cheminements

L'installation de l'éclairage et les matériaux mis en œuvre doivent permettre aux usagers de repérer les zones de cheminement et les zones de conflit.

Les éclairages placés en dessous de l'œil et dont les sources peuvent être directement visibles, notamment les projecteurs encastrés dans le sol, doivent être conçus de manière à éviter qu'ils constituent des sources d'éblouissement.

Abaque de détection d'obstacle bas

La largeur et la hauteur des bornes et poteaux respectent l'abaque de détection d'obstacles ci-dessous.

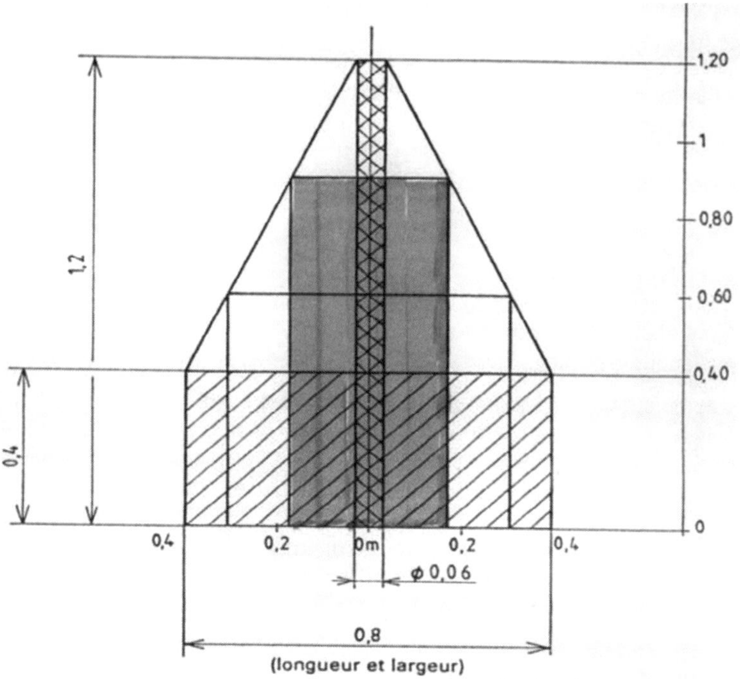

cotes indiquées en mètres

La hauteur du poteau est de 1,20 m au minimum pour un diamètre ou une largeur de 0,06 m.

La longueur et la largeur de la borne (ou massif bas) sont de 0,80 m au minimum pour une hauteur maximale de 0,40 m.

Au-dessous de 0,80 m de côté, la hauteur à respecter augmente à mesure que la largeur de la base diminue, selon les dimensions intermédiaires lues sur l'abaque.

Bibliographie

- *Les enquêtes Handicaps*, Incapacité, Dépendance (HID) de 1998 et 1999 résultats détaillés, Catherine Gillot et Pierre Mormiche, INSEE, octobre 2003.
- *Handicap en chiffres CTNRHI, DREES, DGAS*, ministère des Affaires sociales, du Travail et de la Solidarité, février 2004.
- *Projection de population pour la France Métropolitaine à l'horizon 2050*, Isabelle Robert-Bobée, Division enquêtes et études démographiques, INSEE Première, n° 1089, juillet 2006.
- *Le handicap se conjugue au pluriel*, Pierre Mormiche et le groupe de Projet HID, INSEE Première, n° 742, octobre 2000.
- *Eurobaromètre 54.2*, the European Opinion Research, Group, Commission européenne, Direction générale de l'emploi, des relations industrielles et des affaires sociales, mai 2001.
- *Difficultés à se déplacer et problèmes d'accessibilité, une approche à partir de l'enquête HID*, J.M. Chanut, H. Michaudon, Etudes et Résultats, n° 306, DREES, ministère des Affaires sociales, avril 2004.
- *La mesure de la qualité de l'environnement et le processus de production du handicap*, Patrick Fougeyrollas, Luc Noreau, Julie Tremblay de l'Institut de réadaptation en déficience physique de Québec, les entretiens de la Fondation Garches, novembre 2005.
- *Classification internationale du fonctionnement, du handicap et de la santé*, Organisation mondial de la santé, Genève, 2001.
- *Convention des droits de l'homme et des libertés fondamentales*, Rome, 4 novembre 1950, promulguée en France en 1974.
- *Convention relative aux droits des personnes handicapées*, Organisation des Nations Unies, adoptée le 13 décembre 2006.

- *Résolution AP(2001)1 « Résolution de Tomar »*, Comité des ministres du Conseil de l'Europe du 15 février 2001.
- *L'accès des personnes handicapées aux infrastructures et espaces publics*, Erich Haider, avec contribution de Marc Maudinet pour la France, Commission de la cohésion sociale, Conseil de l'Europe, mars 2007.
- *Politique en faveur des personnes handicapées, grandes tendances dans quelques pays européens*, Revue françaises des affaires sociales, direction de la recherche des études, de l'évaluation et des statistiques, documentation française, juillet 2005.
- *Rapport n° 2758, Application de la loi du 11 février 2005 pour l'égalité des droits et des chances, la participation et la citoyenneté des personnes handicapées*, Jean-François Chossy, député, Commission des affaires culturelles, Assemblée Nationale, décembre 2005.
- *Rapports n° 210 du 11 février 2004, et n° 359 du 3 juillet 2007*, sénateur Paul Blanc, commission des affaires sociales du Sénat.
- *Bilan de la mise en œuvre de la loi du 11 février 2005 et de la mise ne place des maisons départementales des personnes handicapées*, Patrick Gohet, juillet 2007, Délégation interministérielle aux personnes handicapées.
- *Règles d'accessibilité pour les personnes handicapées, ERP et bâtiments privatifs collectifs ou individuels*, AFNOR, octobre 2005.
- *Les personnes handicapées*, Claude Hamonet, édition Que sais-je, novembre 2004.
- *Construire pour tous, éléments d'une réflexion*, dix-septième assises Justice-Construction, éditions CTNERHI et Justice Construction, décembre 2003.
- *Handicap et maladie mentale*, Romain Liberman, édition Que sais-je, octobre 2004.
- *Handicap et environnement, de l'adaptation du logement à l'accessibilité de la cité*, Actes des entretiens de la Fondation Garches, coordination Jean-François Ravaud et Frédéric Lofaso, édition Frison-Roche, novembre 2005.

- *Quelles trajectoires d'insertion pour les personnes handicapées*, ministère de la Santé et des Solidarités et ministère de l'Emploi, de la Cohésion sociale et du Logement. Edition ENSP, mars 2007.
- *Observations, évaluations, propositions, rapport annuel de l'Observatoire national de la sécurité des établissements scolaires et d'enseignement supérieur*, Jean-Marie Schléret, président, Robert Chapuis, rapporteur, ministère de l'Education nationale, 2006.
- *Dictionnaire du handicap*, Gérard Zribi, Dominique Poupée-Fontaine, 6e édition, édition ENSP, mai 2007.
- *Guide Néret, droit des personnes handicapées*, Groupe Liaisons, CTNERHI, mai 2007.
- *Concevoir un espace public accessible à tous*, Nadia Sahmi, Christopher Longé, Marcos Brètas, CSTB, août 2005.
- *Handicap et construction*, Louis-Pierre Grosbois, Le Moniteur, septième édition, novembre 2007.
- *De la règle à l'usage, mettre les besoins de l'usager au cœur des projets*, Dominique Ferté, ministère de l'Education nationale, Université de Grenoble, 2e édition, octobre 2007.
- *Espace intérieurs, accessibilité pour tous*, les actes du colloque de FNSAI, mars 2007.
- *Culture et handicap, guide pratique de l'accessibilité*, ministère de la Culture et de la Communication, février 2007.
- *Référentiel accessibilité des services internet de l'administration française*, Agence pour le développement de l'administration électronique, 2004.
- *Définition de l'accessibilité, une démarche interministérielle*, ministère de la Santé et des Solidarités, septembre 2006.
- *Association Française des Opérateurs Mobiles (AFOM)*, Charte d'engagement pour faciliter l'accès des personnes handicapées à la téléphonie mobile, avril 2005.
- *Guide pratique de la communication aidée*, les cahiers de l'UNAPEI, novembre 2003.

- *Adaptation des programmes télévisés aux personnes sourdes et malentendantes*, rapport de Jacques Charpillon, Inspecteur général de l'administration des affaires culturelles, octobre 2002.
- *Pratique culturelle des Français*, enquête de 1977, Olivier Donnat, La Documentation française.
- Sites WEB :
  http://www.un.org/french/disabilities/convention
  http://ec.europa.eu/employment_social/disability
  http://www.stop-discrimination.info
  http://www.coe.int/ : rubrique Social cohésion – social affaires – public health
  http://www.legifrance.gouv.fr
  http://www.handicap.gouv.fr
  http://www.ecologie.gouv.fr
  http://www2.equipement.gouv.fr/accessibilite/index.htm
  http://www.culture-handicap.org
  http://www.ctnerhi.com.fr
  http://www.coliac.cnt.fr
  http://www.cnsa.fr
  http://www.anah.fr
  http://www.braillenet.org
  http://www.rgaa.referentiels.modernisation.gouv.fr/
  http://www.w3.org

Egalement disponible

Comment les faire reconnaître ? Les établir ? Droit de passage, cours communes, écoulement des eaux, servitudes de plantation, de vues, mitoyenneté, bornage, clôtures : tous vos droits et vos obligations.

Au sommaire (extraits)

Partie 1. Les servitudes
A. Définition et limites des diverses espèces de servitudes
2. Modes d'établissement
3. Usage et étendue
4. Extinction
5. Déclaration des servitudes

Partie 2. La mitoyenneté
A. Définition et droits des copropriétaires mitoyens
B. Preuves de la mitoyenneté
C. Règles spéciales aux murs
D. Règles spéciales aux autres clôtures

Partie 3. Le bornage
A. Définition et droit de bornage
B. Bornage à l'amiable
C. Action en bornage
D. Frais

Partie 4. Le droit de clôture
A. Définition et limites
B. Droit de vaine pâture
C. Conséquences

Partie 5. La justice et vous

Servitudes.
Mitoyenneté.
Bornage.
Clôture.

Lucie GUCHET
Suzanne LANNEREE
8ème édition

220 pages
19,80 €

Plus de renseignements au 01 64 23 61 46

Egalement disponible

Face au phénomène d'exode rural, de nouveaux commerces apparaissent : les multiservices, à la fois lieux de commerce, de convivialité, voire de services publics. Voici réunies dans ce dossier technique et "pragmatique" toutes les clés pour ouvrir, gérer ou relancer une activité multiservices.

Au sommaire (extraits)

1. Le marché du multiservices.
— La migration des populations.
— Revitalisation du milieu rural.
— Les chiffres du multiservices.
2. Monter un projet solide.
— Diagnostiquer la potentialité de votre commune.
— Obtenir une aide pour le développement économique.
— Prévoir une aide à l'installation.
— Le prêt bancaire.
3. Choisir sa formule.
— Louer un local (location gérance).
— Acheter un fonds de commerce et le louer (droit de préemption).
— Passer une annonce.
4. Les démarches avant l'ouverture.
— Assurances : quoi, comment ?
— L'information des habitants.
— L'ouverture le dimanche.
5. L'exploitation au quotidien.
— Mettre en place un point Poste (réglementation, convention, déontologie...), un débit de tabac, un dépôt de pain, un café-bistrot...
— Développer les attraits touristiques.

Créer ou maintenir un commerce multiservices

Dossier
Etudes & Réalisation.

Muriel TREMEUR
105 pages A4
59,00 €

Plus de renseignements au 01 64 23 61 46

Egalement disponible

Modèles de discours pour les élus

Les concevoir.
Les écrire.
Les prononcer.
Le protocole.

Jean-Claude RIGAULT
224 pages
22,50 €

Ce guide propose de nombreux modèles de discours pour toutes les occasions et les publics : manifestations régulières (vœux, Fête nationale, remise de médaille, ...) ou ponctuelles (inauguration d'une nouvelle infrastructure, accueil d'une personnalité, visite d'un lieu...). Il donne aussi les techniques nécessaires pour bâtir soi-même des discours percutants et pour les lire avec un maximum d'efficacité en toutes circonstances (l'intonation, les gestes,...).

Au sommaire (extraits)

Partie 1. COMMENT CONSTRUIRE SON DISCOURS ?

. La préparation du discours
. La prise de parole
. La rédaction du discours
. Le protocole
. Lire son discours
. Vaincre ses peurs
. L'après discours

Partie 2. MODÈLES DE DISCOURS

. 40 modèles
. 150 citations pour enrichir vos discours
. Les sources d'inspiration à consulter

Plus de renseignements au 01 64 23 61 46

Pour être informé de nos publications

Si vous avez acheté votre ouvrage en librairie, voici un ***Bon à nous retourner***
pour recevoir notre catalogue complet et être informé de nos futures publications.
Si une mise à jour éventuelle *complète l'ouvrage indiqué ci-dessous, elle sera jointe à l'envoi gratuitement.*

NOM : .... Prénom : ....

Organisme : ....

Adresse : ....

....

Code postal : .... Ville : ....

- Titre de l'ouvrage : **Accessibilité pour tous : la nouvelle réglementation**
- Date d'achat : ....
- Nom du libraire : ....

Vous pouvez également nous joindre ces renseignements
par fax : 01 64 23 69 42 ou e-mail : puitsfleuri@wanadoo.fr

COMPOGRAVURE
IMPRESSION, BROCHAGE

imprimerie
CHIRAT

42540 ST-JUST-LA-PENDUE
JANVIER 2008
DÉPÔT LÉGAL 2008 N° 7513

IMPRIMÉ EN FRANCE